세상에서 제일

친절한
엑셀

개정판

박재영 지음

한빛미디어
Hanbit Media, Inc.

지은이 박재영

서울대학교 독어교육과를 졸업하고 경영학(마케팅) 석사학위를 취득했다. 엑셀 관련 도서를 집필하였으며 엑셀 VBA를 활용한 중소기업 대상 솔루션 제작 컨설턴트로 활동했다. 엑셀 강좌 웹사이트(www.ozjin.com)를 운영하고 있으며, 2006년 마이크로소프트 공인 엑셀 MVP에 선정되었고, 조선닷컴 교육 센터 등에서 다수의 엑셀, VBA 강좌와 세미나를 개최했다. 현재 SK텔레콤에 근무하고 있다. 주요 저서로 《세상에서 제일 친절한 엑셀 매크로&VBA》(2020, 한빛미디어), 《일머리가 좋아지는 엑셀》(2011, 한빛미디어), 《누구도 알려주지 않은 마케팅을 위한 엑셀》(2005, 삼양미디어)이 있다.

박재영의 엑셀 강좌 | www.ozjin.com
이메일 | krazy@ozjin.com

세상에서 제일 친절한 엑셀(개정판)

초판 1쇄 발행 2021년 06월 25일
초판 2쇄 발행 2022년 03월 22일

지은이 박재영 / **펴낸이** 김태헌
펴낸곳 한빛미디어(주) / **주소** 서울시 서대문구 연희로2길 62 한빛미디어(주) IT출판부
전화 02-325-5544 / **팩스** 02-336-7124
등록 1999년 6월 24일 제25100-2017-000058호 / **ISBN** 979-11-6224-454-8 13000

총괄 전정아 / **책임편집** 배윤미 / **기획·편집** 박지수
디자인 이아란 / **전산편집** 김보경
영업 김형진, 김진불, 조유미 / **마케팅** 박상용, 송경석, 한종진, 이행은, 고광일, 성화정 / **제작** 박성우, 김정우

이 책에 대한 의견이나 오탈자 및 잘못된 내용에 대한 수정 정보는 한빛미디어(주)의 홈페이지나 아래 이메일로
알려주십시오. 잘못된 책은 구입하신 서점에서 교환해 드립니다. 책값은 뒤표지에 표시되어 있습니다.

한빛미디어 홈페이지 www.hanbit.co.kr / **이메일** ask@hanbit.co.kr / **자료실** www.hanbit.co.kr/src/10454

지금 하지 않으면 할 수 없는 일이 있습니다.
책으로 펴내고 싶은 아이디어나 원고를 메일(writer@hanbit.co.kr)로 보내주세요.
한빛미디어(주)는 여러분의 소중한 경험과 지식을 기다리고 있습니다.

엑셀의 사용 빈도는 사람에 따라, 하는 일에 따라 전부 다르겠지만 학교나 회사에서 꼭 한 번쯤은 사용하게 됩니다. 그래서인지 서점에 가면 수많은 엑셀 책이 끊임없이 출간되고 불티나게 팔립니다. 내용은 크게 다르지 않은 것 같은데 사람들은 왜 매번 엑셀 책을 사고 또 사는 걸까요?

큰마음 먹고 컴퓨터 앞에 앉아 두꺼운 엑셀 책의 실습 내용을 순서대로 따라 해봐도 책을 덮고 나면 아무것도 기억나지 않거나, 몇 가지 배운 내용은 기억나도 새 워크시트를 열면 머릿속이 하얗게 되고 막막했던 경험이 있을 겁니다. 단순히 특정 기능을 암기하는 것만으로는 실무에서 써먹기가 쉽지 않기 때문입니다. 결국 엑셀 책은 책상에 꽂아두고 그때그때 찾아보는 사전 정도로만 활용하게 되지요. 엑셀 업무를 좀 더 효율적으로 할 수 있도록 도와줄 책은 없을까요?

《세상에서 제일 친절한 엑셀》은 이런 고민에서 출발해 엑셀 원리를 맨투맨으로 배우는 것 같은 쉽고 친절한 설명으로 구성했습니다. 엑셀의 기본 원리를 하나씩 읽다 보면 복잡하게 느껴졌던 엑셀의 다양한 서식과 함수, 기능을 쉽게 이해하고 응용할 수 있습니다. 새로운 문서를 만들 때도 어떤 순서로 어떻게 만들어야 할지 대략적인 그림이 그려집니다. 엑셀의 단순 기능을 익히는 것을 뛰어넘어 실무 문제 해결 능력을 키우는 데 큰 효과를 발휘하는 것이지요. 엑셀로 골머리를 앓던 여러분에게 이 책으로 어떻게 공부해야 할지 간단하게 말씀드리겠습니다.

작업 방식부터 점검해보자

셀에 데이터를 입력할 줄 알고, SUM 함수 같은 간단한 기능만 사용하는 엑셀 사용자라도 당장의 결과물을 만드는 데 급급해하지 말고 자신의 작업 방식부터 되돌아보세요. 《세상에서 제일 친절한 엑셀》은 이러한 기본 방식부터 짚어보며 스스로 엑셀에 대한 아이디어를 발전시키거나, 엑셀에 관련된 내용을 학습할 수 있도록 도와줍니다.

이 책은 다른 책들과 달리 엑셀 작업의 기초가 되는 각종 기법부터 소개합니다. 대표적인 것이 효율적으로 셀 범위를 지정하는 방법입니다. 다음 예시의 지역별 매출표에서 [B3:B8] 셀 범위를 지정하는 방법을 생각해보겠습니다. 대부분 사람들은 마우스로 [B3:B8] 셀 범위를 드래그해 지정합니다. 하지만 더욱 효율적인 방법이 있습니다. [B3] 셀 아래쪽 구분선에 마우스 포인터를 대면 마우스 포인터 모양이 얇은 십자가 모양으로 바뀝니다. 이때 더블클릭하면 [B3:B8] 범위가 자동으로 지정됩니다. 특정 범위를 효율적으로 지정하는 기법은 이 책의 CHAPTER 01에서 자세히 알아보겠습니다.

	A	B	C	D	E	F	G	H	I
1	■ 월별 지역별 매출								
2									
3		구분	1월	2월	3월	합계			
4		강동	8,533	9,733	9,127	27,393			
5		강서	9,217	6,736	6,669	22,622			
6		강남	5,327	7,848	8,420	21,595			
7		강북	4,534	4,838	7,478	16,850			
8		합계	27,611	29,155	31,694	88,460			
9									
10									

셀 범위 선택하기 031쪽

엑셀의 원리를 하나씩 익히면 응용도 척척

엑셀 기능을 무작정 따라 해도 책을 덮으면 기억에서 금방 사라지기 마련입니다. 하지만 기본 원리를 이해한 후에는 한두 가지의 기법만 익히면 기억에도 오래남고 응용하기도 훨씬 쉬워집니다.

CHAPTER 03에서 소개할 날짜와 시간의 개념이 대표적인 예입니다. 엑셀에서 날짜 서식은 **1900년 1월 1일**이 숫자 1로 표시되며, 하루에 숫자가 1씩 증가하는 방식입니다. 따라서 셀에 **2020년 10월 25일**을 입력한 후 셀 서식을 날짜 서식에서 숫자 서식으로 바꾸면 **44,129**가 표시됩니다.

1900년 1월 1일	1900년 1월 2일	1900년 1월 3일		2020년 10월 23일	2020년 10월 24일	2020년 10월 25일
1	1+1 =2	2+1 =3	...	44,126+1 =44,127	44,127+1 =44,128	44,128+1 =44,129

날짜의 원리 이해하기 115쪽

이러한 원리를 이해하고 있다면 날짜나 시간을 입력할 때 데이터가 원하는 형태로 표시되지 않아도 쉽게 처리하고 여러 가지로 응용해볼 수도 있습니다. 하지만 기본 원리를 모른다면 날짜나 시간 데이터를 정리하거나 계산할 때마다 필요한 서식 및 함수 기능을 찾느라 매번 시간을 낭비할 수밖에 없겠지요.

실제 업무에서 문제 해결 능력을 키운다

엑셀의 함수나 차트의 종류를 모두 외웠다고 엑셀을 잘하는 것은 아닙니다. 시인이 시를 잘 쓰는 것도 단순히 단어를 많이 알고 있기 때문은 아닙니다. 일상적으로 사용하는 단어들을 운율에 맞게 잘 배치해 작품을 완성하기 때문에 감동을 줄 수 있는 것입니다. 엑셀도 마찬가지입니다. 엑셀을 잘 다루는 고수라면 복잡한 기능보다는 간단한 함수 몇 개 또는 기본 차트를 응용하는 것만으로도 복잡한 업무를 척척 해냅니다.

각 CHAPTER에 소개된 내용은 대부분 실무에 바로 적용 가능한 예제로 구성되어 있습니다. 특히 엑셀 기능의 핵심이라 할 수 있는 함수와 차트는 각 기능을 일일이 나열하기보다는 실무에 적용할 수 있는 예제를 중심으로 설명했습니다. 함수를 다룬 CHAPTER 04를 보면 업무에서 사용할 수 있는 전형적인 예제를 중심으로 문제 해결 능력을 키우는 데 중점을 두어 설명했습니다. 예를 들어 아래의 영업사원별 매출 목표처럼 실무에서 빈번하게 쓰는 예제가 그러합니다. 예제를 실습하면서 표의 행과 열을 나타내는 값을 이용하면 원하는 정보를 추출하는 INDEX 함수와 MATCH 함수를 학습하고 자연스럽게 이해할 수 있을 것입니다.

D10	▼ :	× ✓	fx	=INDEX(C2:H6,MATCH(B10,B2:B6,0),MATCH(C10,C1:H1,0))			
▲ A	B	C	D	E	F	G	H
1	**구분**	**1월**	**2월**	**3월**	**4월**	**5월**	**6월**
2	최현우	42,637	4,358	24,616	53,814	57,700	66,917
3	김현수	70,894	86,544	73,498	88,307	89,235	86,835
4	김나영	52,819	54,844	40,378	71,522	65,860	80,354
5	박성우	41,545	54,263	59,702	63,631	81,719	65,955
6	이철호	71,375	77,636	70,535	89,982	89,255	70,118
7							
8							
9	**영업사원**	**월**	**매출 목표**				
10	김현수	3월	73,498				
11							

INDEX와 MATCH 함수를 이용한 데이터 찾기 예제 208쪽

2021년 6월
박재영

이 책의 구성

세상에서 가장 친절한 구성으로 엑셀의 기초부터 응용 활용 방법까지 가장 쉬운 방법으로 배워보세요!
술술 읽히는 설명, 업무에 적용 가능한 예제와 함께 하면 어려웠던 엑셀도 금방 극복할 수 있습니다!

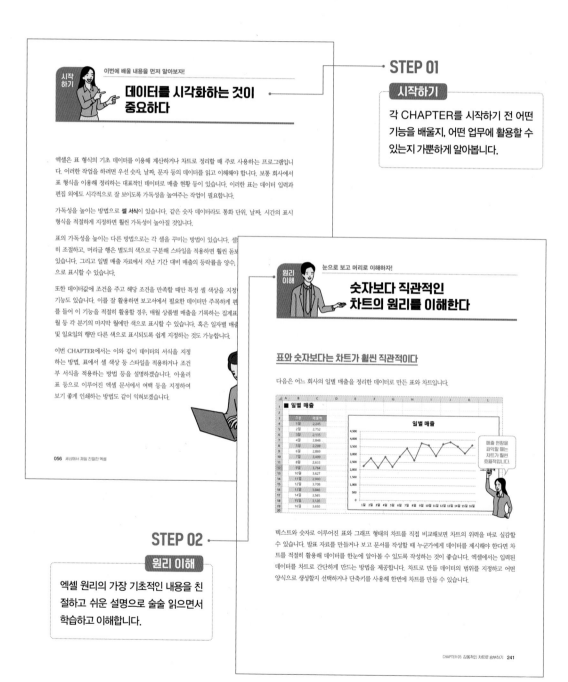

STEP 01

시작하기

각 CHAPTER를 시작하기 전 어떤 기능을 배울지, 어떤 업무에 활용할 수 있는지 가뿐하게 알아봅니다.

STEP 02

원리 이해

엑셀 원리의 가장 기초적인 내용을 친절하고 쉬운 설명으로 술술 읽으면서 학습하고 이해합니다.

본격
실습

예제로 배워서 업무에 응용해보자!

조건에 따라 셀 강조하기

표에 숫자만 나열되어 있으면 데이터가 가지는 값이 바로 눈에 들어오지 않습니다. 이때는 조건부 서식 기능을 활용하여 특정 숫자들을 강조할 수 있습니다.

조건부 서식을 활용할 경우 숫자가 들어 있는 셀 자체를 데이터 막대 또는 아이콘을 통해 숫자의 크기를 시각화하여 보여줄 수 있고, 숫자가 커질수록 셀 색상을 더 진하게 표현하여 강조할 수도 있습니다.

또한 함수와 조건부 서식 기능을 적절히 활용해 2행 또는 3행마다 셀에 자동으로 색상을 입힐 수도 있고, 일별 실적 자료에서 토요일 또는 일요일 등 원하는 요일이 있는 행에만 색상을 입혀 강조할 수도 있습니다.

STEP 01   셀에 데이터 막대와 아이콘 표시하기

예제 파일 CHAPTER 02\04_데이터 막대와 아이콘.xlsx

영업사원별 판매 실적을 비교하는 표에서 단순히 숫자만 나타낸다면 어떤 영업사원이 얼마만큼 실적을 올렸는지 한눈에 보기 힘듭니다. 이 경우 데이터 막대를 이용해서 시각적으로 사원별 실적 비교가 가능합니다. [데이터막대] 시트에서 작업합니다.

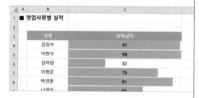

084 세상에서 제일 친절한 엑셀

STEP 03

본격 실습

[원리 이해]에서 학습한 이론과 실습을 바탕에 두고 응용 가능한 작업을 예제 파일을 따라 하며 학습할 수 있습니다.

예제 파일
실습 예제 파일로 [본격 실습]의 학습 내용을 직접 따라 하며 배울 수 있습니다.

학습
점검

배운 내용을 내 것으로 만들어보자!

핵심 내용 실습 점검

예제 파일 CHAPTER 04\13_학습점검.xlsx

01 합계, 평균, 최댓값, 최솟값을 각각 [C6:C9] 범위에 표시하세요.

구분	국어	영어	수학	과학	사회
점수	98	87	78	90	86
합계	441				
평균	88				
최대값	98				
최소값	78				

Help! 합계는 SUM, 평균은 AVERAGE, 최댓값은 MAX, 최솟값은 MIN 함수를 사용할 수 있습니다. 각각의 함수를 직접 입력할 수도 있지만, 이 네 개의 함수는 [자동 합계] 기능을 활용해 쉽게 입력할 수도 있습니다. ▶p.186

02 다음 회원 목록에서 전체 회원 수, 회비를 낸 회원 수, 회비를 내지 않은 회원 수를 각각 산출하세요.

회원번호	연간회비		전체인원수	13
강나림	57,729		회비를 낸 회원수	7
김가람			회비를 내지 않은 회원수	6
김다운				
김보람	36,817			
김승준	46,986			
김재영				
김진수	60,132			
김현조				
김혜림	23,857			
박영호	76,952			
이미현				
장길수				
장연성	31,286			

Help! 전체 인원 수를 구하려면 회원번호에 입력된 범위에 COUNTA 함수를 사용합니다. 회비를 낸 회원수는 연간회비에 숫자로 입력되어 있는 데이터의 개수를 구하면 되므로 COUNT 함수를 이용하고, 회비를 내지 않은 인원은 연간회비가 비어 있으므로 COUNTBLANK 함수를 이용해 구할 수 있습니다. 만약 회비를 내지 않은 인원의 연간회비가 0으로 처리되어 있다면 COUNTIF 함수를 대신 사용합니다. ▶p.190

STEP 04

학습 점검

앞에서 배운 내용을 응용하며 문제를 해결하는 예제를 통해 문제를 해결해보세요. 따로 복습할 필요 없이 스스로 실력을 점검하여 내 기술로 만들 수 있습니다.

Help!
[학습 점검]을 진행하며 어려운 부분은 자세하고 친절한 설명으로 해답을 얻을 수 있습니다.

친절한 엑셀의 더 친절한 구성

《세상에서 제일 친절한 엑셀》의 [원리 이해], [본격 실습], [학습 점검]은 물론 [실무 해법]과 다양하고 친절한 구성으로 엑셀 공부를 쉽고 빠르게 해결하세요! 어렵거나 막히는 부분, 더 알고 싶은 내용을 추가로 구성하여 여러분의 엑셀 실력을 쑥쑥 키울 수 있도록 도와드립니다!

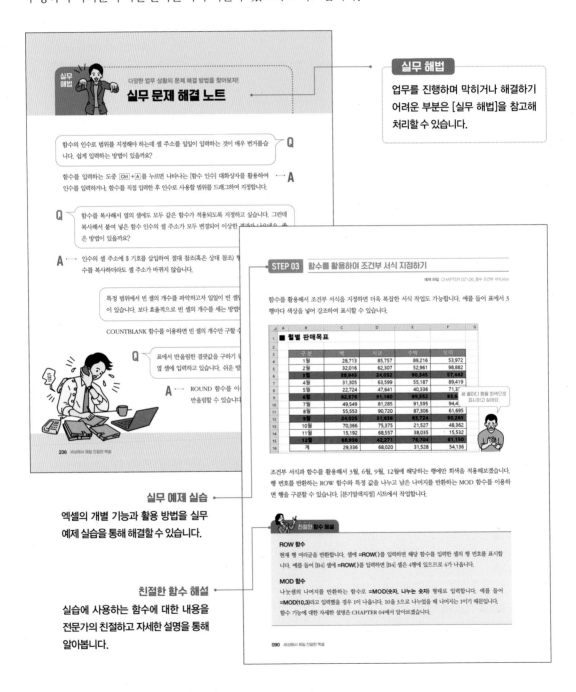

실무 해법

업무를 진행하며 막히거나 해결하기 어려운 부분은 [실무 해법]을 참고해 처리할 수 있습니다.

실무 예제 실습

엑셀의 개별 기능과 활용 방법을 실무 예제 실습을 통해 해결할 수 있습니다.

친절한 함수 해설

실습에 사용하는 함수에 대한 내용을 전문가의 친절하고 자세한 설명을 통해 알아봅니다.

01 [B2] 셀에 **월**을 입력합니다.

02 마우스 포인터를 [B2] 셀 오른쪽 하단의 채우기 핸들[▪]에 위치시킨 후 마우스 포인터가 십자가
모양➕으로 변하면 [B8] 셀까지 아래로 드래그합니다. 드래그한 범위에 요일이 순차적으로 입력
됩니다.

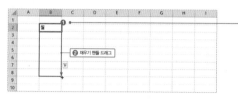

② 채우기 핸들 드래그

친절한 Point Note | **사용자 지정 목록 기능 활용하기**

이렇게 요일이 자동으로 입력되는 것은 사용자 지정 목록에 '일, 월, 화, 수, 목, 금, 토'가 미리 입력되어
있기 때문입니다. 사용자 지정 목록에 미리 입력된 값들은 엑셀에서 자동으로 입력할 수 있습니다.
새로운 사용자 지정 목록을 추가하려면 [파일] 탭–[옵션]을 클릭하고 [Excel 옵션] 대화상자에서 [고급]
을 클릭한 후 [일반] 영역의 [사용자 지정 목록 편집]을 클릭합니다. [사용자 지정 목록] 대화상자가 나타
나면 [사용자 지정 목록]에서 [새 목록]을 클릭한 후 [목록 항목]에 자동으로 완성할 내용을 직접 입력합
니다. 항목 구분은 Enter 를 누릅니다. 입력이 완료되면 [추가]를 클릭합니다.

각 실습의 01, 02 … 번호는 따라 하기
그림의 ❶, ❷ … 혹은 01, 02와 같습니
다. 따라 하기 설명과 그림의 번호를 확
인하며 실습을 진행해보세요!

친절한 Point Note
실습을 진행하며 추가로 알아두면 좋은
내용, 응용해서 활용할 수 있는 내용을
친절하게 설명해드립니다.

TIP
부연 설명이 필요한 부분, 이론과 실습
에서 어렵거나 막히는 부분은 친절한
엑셀 꿀팁으로 해결해보세요.

---

01 [D4] 셀에 **=IF(C4>=80,"합격","불합격")**를 입력한 후 Enter 를 누릅니다.

02 [D4] 셀의 채우기 핸들[▪]을 드래그하여 [D5:D10] 범위에 수식을 붙여 넣습니다.

D4	▾	fx	=IF(C4>=80,"합격","불합격")	❶ Enter

80점 이상이면 **합격**, 미만이면
불합격이 표시되는 수식입니다.

■ 성적 처리

성명	시험 성적	합격 여부
강나림	65	불합격
김가림	98	합격
김나운	77	불합격
김보람	70	불합격
김승춘	64	불합격
김재영	84	합격
김진수	88	합격

❷ 채우기 핸들 드래그

TIP [D4] 셀에 **=IF(C4<80,"불합격","합격")**를 입력해도 동일한 결과를 얻을 수 있습니다. 즉, [C4] 셀의 값이 80 미만인 경우
불합격이 표시되고, 그렇지 않은 경우 **합격**이 표시됩니다.

이번에는 아래 포상 처리 표에서 성적이 60점 이상이고, 목표 달성율이 80% 이상일 경우 **포상**을 표
시하는 작업을 해보겠습니다. [IF_AND 함수] 시트에서 작업합니다.

■ 포상 처리

성명	시험 성적	목표달성율	포상 여부
강나림	65	80%	포상
김가람	98	31%	
김나운	77	49%	
김보람	70	46%	
김승춘	64	65%	
김재영	84	88%	포상
김진수	88	47%	

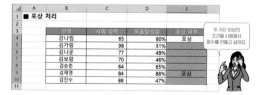

두 가지 이상의
조건을 사용해서
함수를 만들고 싶어요.

시험 성적은 60점 이상이고, 목표 달성율은 80% 이상인 직원들에게만 포상을 줄 경우 IF 함수와 함
께 AND 함수를 이용하여 조건을 입력합니다. 두 가지 조건을 동시에 만족하는 경우에는 AND 함수,
두 가지 조건 중 하나라도 만족하는 경우에는 OR 함수를 사용합니다.

CHAPTER 04 엑셀 수식의 핵심, 함수의 원리 익히기 **199**

예제/완성 파일 다운로드

이 책에서 사용하는 모든 예제/완성 파일은 한빛출판네트워크 홈페이지에서 다운로드할 수 있습니다. 한빛출판네트워크 홈페이지는 검색 사이트에서 **한빛출판네트워크**로 검색하여 접속하거나 인터넷 브라우저 주소 입력란에 www.hanbit.co.kr을 입력해 접속합니다.

01 한빛출판네트워크 홈페이지에 접속합니다. 오른쪽 아래에 있는 [자료실]을 클릭합니다.

02 ① 검색란에 **친절한 엑셀**을 입력하고 ② [검색]을 클릭합니다. 《세상에서 제일 친절한 엑셀》도서가 나타나면 ③ [예제소스]를 클릭합니다. 다운로드한 예제 파일을 압축 해제하여 실습에 사용합니다.

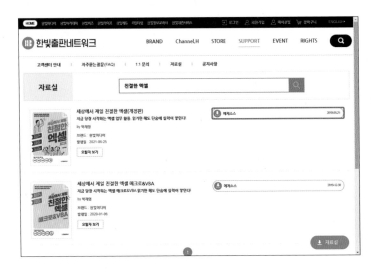

빠르게 다운로드하기

www.hanbit.co.kr/src/10454
단축 주소를 이용하면 바로 예제 파일 다운로드 페이지에 바로 접속할 수 있습니다.

목차

목차

CHAPTER 02   데이터 편집, 서식의 원리 이해하기

CHAPTER 03   숫자와 문자의 원리 파악하기

목차

CHAPTER 04   엑셀 수식의 핵심, 함수의 원리 익히기

CHAPTER 05   감동적인 차트로 승부하기

목차

CHAPTER 06   데이터 가공 원리 배우기

엑셀의 기본,
셀과 친해지자!

🔍 셀, 셀 주소, 범위의 개념 이해하기
🔍 셀을 효율적으로 선택하기
🔍 셀에 데이터 입력하기

이번에 배울 내용을 먼저 알아보자!

엑셀을 잘하려면
셀을 다룰 줄 알아야 한다

엑셀을 실행하면 워크시트 화면과 여러 개의 셀을 확인할 수 있습니다. 가로(오른쪽) 방향으로 최대 16,384개의 셀이 있고, 세로(아래쪽) 방향으로 최대 1,048,576개의 셀이 있습니다. 따라서 이 둘을 곱하면 한 시트 안에는 최대 17,179,869,184개의 셀이 있습니다.

대부분의 엑셀 작업은 이러한 셀 또는 특정 범위에 데이터를 입력한 후 이를 가공해 보기 좋게 편집합니다. 이러한 기초 작업을 토대로 함수를 이용하여 계산하거나, 데이터를 직관적으로 확인할 수 있도록 차트를 삽입하는 작업을 진행합니다. 함수, 차트 등의 기능은 뒤에서 자세히 다루기로 하고 이번 CHAPTER에서는 엑셀 데이터 입력과 셀 편집의 기초적인 내용들을 익혀보겠습니다.

먼저 범위를 선택하는 방법을 알아보겠습니다. 셀의 개수가 두세 개라면 마우스로 쉽게 선택할 수 있습니다. 하지만 100~200개 또는 그 이상의 셀을 일일이 마우스로 선택하는 것은 귀찮고 시간도 오래 걸립니다. 이때 방대한 범위, 서로 떨어져 있는 범위, 표 전체에서 공백인 셀 등을 효율적으로 선택하는 방법을 알면 훨씬 편리합니다.

그리고 특정 셀 또는 범위에 데이터를 효율적으로 입력하는 방법도 배워보겠습니다. 일련번호를 각 셀에 쉽게 입력하는 방법, 특정 범위의 각 셀에 동일한 데이터를 입력하는 방법, 현재 날짜 또는 시각 등을 셀에 바로 표시하는 방법도 함께 알아두면 좋습니다.

셀을 이해하면 엑셀이 보인다

엑셀 워크시트는 여러 개의 셀로 구성되어 있다

셀(Cell)은 모든 생물의 조직을 이루는 기본 단위인 세포를 부르는 말이기도 합니다. 엑셀의 워크시트도 하나의 생물로 본다면 세포에 해당하는 셀로 이루어져 있습니다. 워크시트에는 수많은 사각형이 가지런히 정렬되어 있습니다. 이 사각형이 모두 셀입니다. 셀은 데이터를 입력할 수 있는 가장 작은 단위입니다. 즉, **셀은 숫자나 문자, 또는 계산을 필요로 하는 수식 등이 입력되는 가장 기본적인 공간**이지요. 엑셀은 셀로 시작해서 셀로 끝난다고 해도 과언이 아닙니다.

작은 사각형은
전부 셀입니다.

셀을 이해하면 이제 열과 행을 알아야 합니다. 워크시트의 가장 위쪽과 왼쪽을 보면 각각 영문자와 숫자가 나열되어 있습니다. 이 문자와 숫자가 바로 열과 행입니다. 워크시트 위쪽에는 순서대로 **A, B, C, D, …**와 같이 영문자가 가로 방향으로 들어가 있습니다. 이것이 바로 열 머리글입니다. 그리고 워크시트 왼쪽에는 **1, 2, 3, 4, …**와 같이 숫자가 세로 방향으로 나열되어 있습니다. 이것이 바로 행 머리글입니다. 열과 행이 교차하는 지점에 셀이 위치하고 **열 머리글과 행 머리글은 수많은 셀을 구분하는 셀 주소를 만드는 역할**을 합니다.

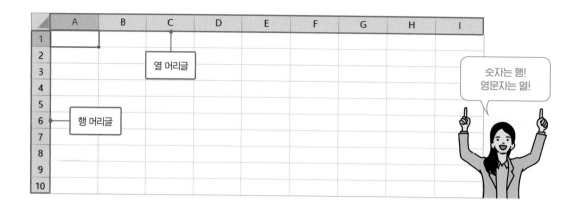

열 머리글과 행 머리글의 조합으로 셀 주소가 만들어진다

그럼 본격적으로 셀 주소에 대해 알아보겠습니다. 셀 주소는 교차하는 열 머리글의 문자와 행 머리글의 숫자를 순서대로 조합해 만듭니다. 아래 그림에서 선택된 셀 주소는 무엇일까요? **B열과 4행이 교차하는 지점이므로 [B4]**가 됩니다.

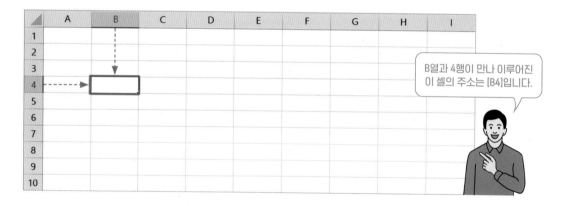

워크시트의 각 셀은 이런 식으로 고유한 주소가 붙으며 이 주소를 기준으로 질서 정연하게 배열됩니다. 만약 각 셀이 고유한 주소를 가지지 않았다면 엑셀은 단순한 데이터 저장 프로그램으로만 사용되었을 것입니다.

엑셀의 가장 큰 장점은 셀에 입력된 방대한 데이터를 원하는 대로 가공할 수 있다는 점입니다. 그리고 그 가공을 가능하게 하는 요소가 바로 **셀 주소**입니다. 이제 셀 주소가 엑셀에서 얼마나 중요한 역할을 하는지 어느 정도 감이 오나요?

엑셀에서 범위는 콜론(:)으로 구분해 표시한다

범위란 두 개 이상의 셀을 의미합니다. 엑셀 작업은 한 셀에 데이터를 하나씩 입력하는 경우도 있고 여러 셀에 데이터를 동시에 입력하는 경우도 있습니다. 또 서로 떨어진 범위의 데이터를 가져와 계산하는 등 범위를 이용하는 작업도 다양합니다. 복잡한 엑셀 작업을 하려면 범위의 개념과 원리를 제대로 이해해야 합니다. 두 개 이상의 셀로 이루어진 범위의 주소는 **가장 왼쪽 위의 셀 주소와 가장 오른쪽 아래의 셀 주소를 콜론(:)으로 구분해 표시**합니다.

B열과 3행이 교차하는 부분의 셀입니다. 셀 주소는 [B3]입니다.

B, C열과 3행이 교차하는 부분의 범위입니다. 범위 주소는 [B3:C3]입니다.

B열과 3~10행이 교차하는 부분의 범위입니다. 범위 주소는 [B3:B10]입니다.

B~E열과 3~6행이 교차하는 부분의 범위입니다. 범위 주소는 [B3:E6]입니다.

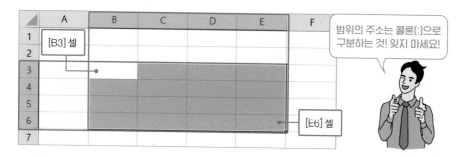

범위를 지정할 때는 마우스로 드래그하거나 키보드를 활용한다

셀에 입력되는 데이터는 모든 작업의 기초가 되기 때문에 셀과 범위를 잘 이해해야 합니다. 한글이나 워드와 같은 문서 편집 프로그램도 내용을 편집하려면 먼저 해당 내용을 드래그하거나 키보드를 활용해 블록으로 지정합니다. 엑셀도 마찬가지로 셀을 편집하려면 범위를 지정해야 합니다. 엑셀에서 범위를 지정하는 몇 가지 방법을 정리하면 다음과 같습니다.

마우스로 드래그해 지정하기

범위를 지정하는 가장 일반적인 방법으로 시작 셀부터 끝 셀까지 범위를 드래그합니다.

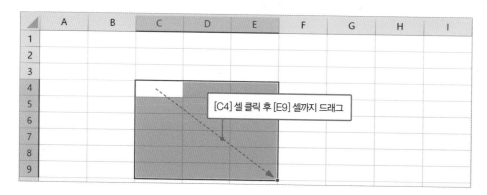

Shift + 방향키로 지정하기

마우스 없이 키보드만으로 특정 범위를 지정할 수 있습니다. 왼손으로 Shift 를 누른 상태에서 오른손으로 가고자 하는 셀 위치까지 방향키를 눌러줍니다.

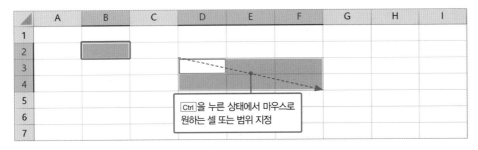

[C4] 셀 클릭 후 Shift + 방향키(→, ↓)

[이름 상자]에 범위를 직접 입력하기

[이름 상자]에 직접 셀 혹은 범위 주소를 입력한 후 Enter 를 누르면 해당 범위가 지정됩니다.

E5:G7

[이름 상자]에 셀 주소
직접 입력 후 Enter

Ctrl + 셀 클릭으로 지정하기

서로 떨어져 있는 셀 또는 범위를 지정할 때에는 왼손으로 키보드의 Ctrl 을 누른 상태에서 오른손을
이용해 마우스로 셀 또는 범위를 지정합니다.

Ctrl 을 누른 상태에서 마우스로
원하는 셀 또는 범위 지정

TIP 범위를 지정하기 위해 셀을 클릭할 때 Shift 는 인접한 영역, Ctrl 은 떨어져 있는 영역을 지정할 경우에 사용합니다.

행 또는 열 전체를 지정하려면 각 머리글을 클릭한다

행이나 열 전체를 지정해야 할 때도 있습니다. 이 경우에는 행 머리글 또는 열 머리글을 클릭하거나 드래그합니다.

행 또는 열 지정하기

열 머리글을 클릭하면 열 전체가 지정되고, 해당 행 머리글을 클릭하면 행 전체가 지정됩니다.

여러 행 또는 여러 열 지정하기

행 또는 열 머리글을 클릭한 상태로 원하는 위치까지 드래그하면 여러 개의 행 또는 열을 한번에 지정할 수 있습니다.

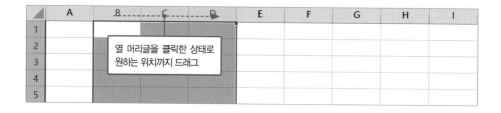

떨어져 있는 개별 행 또는 열 지정하기

왼손으로 Ctrl 을 누른 상태로 오른손은 마우스를 사용해 해당 행 또는 열 머리글을 클릭하면 서로 떨어져 있는 행 또는 열을 지정할 수 있습니다.

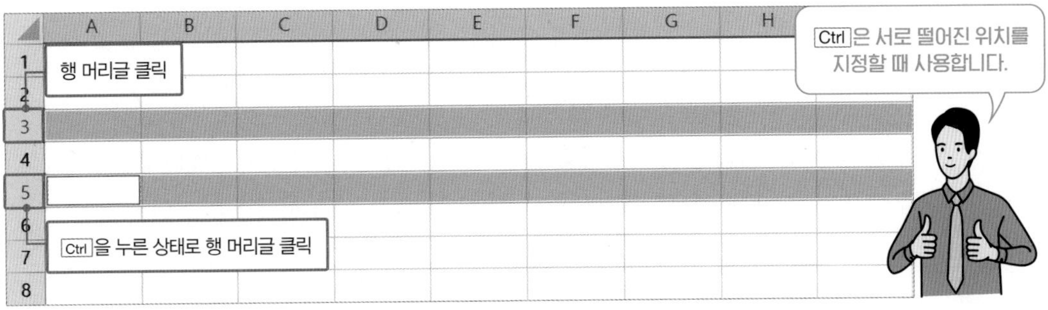
행 머리글 클릭
Ctrl 을 누른 상태로 행 머리글 클릭
Ctrl 은 서로 떨어진 위치를 지정할 때 사용합니다.

범위는 이름 정의 기능을 활용하면 편리하다

셀은 고유한 주소를 가지고 있으며 기본적으로 [A1]과 같이 영문자와 숫자로 구성된다는 것을 앞에서 살펴보았습니다. 하지만 셀 주소는 엑셀 프로그램이 인식할 수 있도록 만들어진 것이라 사용자 입장에선 헷갈릴 수도 있습니다. 복잡한 셀 주소는 사용자가 기억하기 쉬운 이름을 붙여 사용할 수 있습니다. 바로 **이름 정의** 기능입니다. 예를 들어 지역별 매출이 입력된 [B2:B5] 범위를 **지역매출**이라는 임의의 이름으로 정의해 사용할 수 있습니다. 이름 정의를 사용하면 어떤 장점이 있는지 예시를 통해 살펴보겠습니다. 계산할 때 필요한 수식은 숫자 데이터와 기호를 사용해 작성하기도 하지만, 다음과 같이 셀 주소를 수식에 직접 입력하기도 합니다.

```
=SUM(B2:B5)
```

위 수식은 SUM 함수를 활용하여 [B2:B5] 범위의 값을 모두 더한 결괏값을 산출하라는 의미입니다. 하지만 [B2:B5] 범위에 어떤 데이터가 입력되어 있는지 직접 확인하지 않으면 내용을 쉽게 파악하기 어렵습니다. 또한 제대로 셀 주소를 입력했는지 확인하기도 어렵습니다. 바로 이럴 때 이름 정의 기능이 효과를 발휘합니다. 특정 범위를 사용자가 기억하기 쉬운 이름으로 지정하면 수식을 입력할 때 바로 활용할 수 있고 오류도 줄일 수 있습니다.

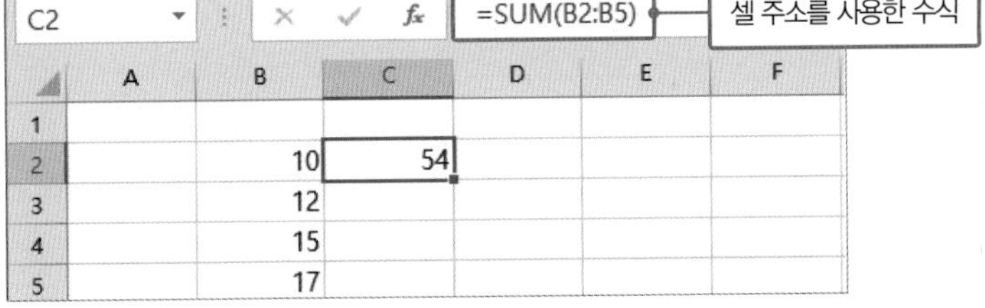
C2
=SUM(B2:B5)
셀 주소를 사용한 수식
10
54
12
15
17

```
=SUM(지역매출)
```

이름 정의할 범위를 먼저 드래그한 후 [이름 상자]에 정의할 이름을 입력합니다. 이렇게 이름으로 정의한 경우 경우에는 [이름 상자]에 이름을 입력하여 정의된 범위를 쉽게 선택할 수도 있습니다.

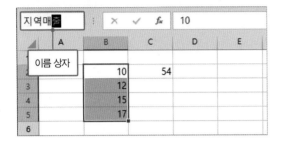

데이터에는 숫자, 문자, 날짜 등 여러 유형이 있다

셀에 입력할 수 있는 데이터의 유형은 다양합니다. 단순히 숫자 또는 문자를 입력할 수도 있지만, 그밖에 날짜, 시각, 수식 등 여러 형태의 데이터를 입력할 수 있습니다. 엑셀에서 주로 사용되는 데이터 유형을 정리하면 다음과 같습니다.

숫자 데이터

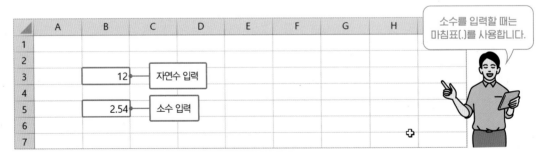

셀에 자연수 또는 소수를 입력하면 엑셀도 숫자 서식으로 인식합니다. 이 경우 숫자는 셀의 오른쪽에 정렬됩니다. 음수를 입력하려면 숫자 앞에 마이너스 기호(−)를 입력합니다. 원 또는 달러 단위는 숫자 앞에 원화 기호(₩) 또는 달러화 기호($)를 입력하며, 백분율은 숫자 뒤에 퍼센트 기호(%)를 입력합니다. 이렇게 입력된 데이터는 모두 숫자 데이터로 인식됩니다.

문자 데이터

	A	B	C	D	E	F	G	H	I
1									
2									
3		서울 ─ 문자 입력							
4									
5		주요 상품별 매출 ─ 문자열 입력							
6									
7									

셀에 특정 문자, 단어, 문장 등을 입력하면 문자 데이터로 인식됩니다. 문자는 셀의 왼쪽에 정렬됩니다. 일반적으로 문자열을 입력하면 자동으로 문자 데이터로 인식합니다만, 숫자를 입력하고 문자 데이터로 인식되도록 하려면 숫자 맨 앞에 작은따옴표(')를 입력합니다.

날짜 데이터

	A	B	C	D	E	F	G	H	I
1									
2									
3		2021-08-15 ─ 날짜 입력							
4									
5									

날짜 데이터는 '연도–월–일' 형식으로 입력합니다. 연도, 월, 일을 의미하는 숫자는 각각 슬래시 기호(/)나 하이픈 기호(–)로 구분해서 입력합니다. 빈 셀에 **2021년 8월 15일**을 표시하려면 다음과 같이 입력할 수 있습니다.

❶ 2021년 8월 15일

❷ 2021–08–15 (또는 21–08–15, 또는 21–8–15)

❸ 2021/08/15 (또는 21/08/15, 또는 21/8/15)

❶ 방식의 경우 **2021년 8월 15일**이라고 입력한 후 Enter 를 누르면 셀에는 '2021년 08월 15일'이라고 표시되고, [수식 입력줄]에는 '2021–08–15'로 표시됩니다. 이는 입력한 날짜가 자동으로 날짜 데이터로 인식되고 '0000년 0월 0일' 형식이 적용된 것을 의미합니다. 그리고 ❷와 ❸의 방식을 이용하여 입력할 때는 연도를 생략하고 월과 일만 입력해도 날짜 데이터로 인식됩니다. 이 경우 연도는 현재 날짜에 해당하는 연도를 기준으로 입력됩니다.

시간 데이터

	A	B	C	D	E	F	G	H	I
1									
2									
3		10:15		시:분 입력					
4									
5		10:15:22		시:분:초 입력					
6									

시간 데이터는 '시:분' 또는 '시:분:초' 형태로 입력합니다. 셀에 시간 데이터를 입력하려면 시, 분, 초를 의미하는 숫자를 각각 콜론(:)으로 구분합니다.

수식 데이터

셀에 수식을 입력하려면 등호(=)를 입력한 후 숫자 데이터와 사칙연산 기호를 활용합니다. 가령 **=100+200**을 입력하거나 숫자 데이터가 입력된 셀 주소를 수식에 참조하여 **=B4+B5**를 입력하면 그 결괏값이 표시됩니다. 엑셀에서 사칙연산은 +, −, *, / 등의 기호를 사용합니다. 엑셀에서는 수식 또는 함수를 이용하여 숫자 데이터는 물론 텍스트, 논리 데이터를 처리할 수도 있습니다. 수식과 함수에 대한 내용은 CHAPTER 04에서 자세히 설명하겠습니다.

예제로 배워서 업무에 응용해보자!

간단하게 범위 지정하기

특정 범위를 지정하는 방법과 빈 셀에 데이터를 효율적으로 입력하는 방법을 알아보겠습니다. 보통 표에서 가독성을 높이기 위해 특정 범위의 서식을 편집합니다. 이러한 작업에서 기초가 되는 것은 범위를 지정하는 작업입니다.

특정 셀에 숫자 또는 날짜를 효율적으로 입력하는 방법도 알아보겠습니다. 일련번호를 각 셀에 일일이 입력하는 것이 아닌 한번에 입력하는 방법, 현재의 날짜 또는 시간을 빈 셀에 쉽게 입력하는 방법 등을 익혀보겠습니다.

STEP 01 연결된 범위 지정하기

예제 파일 CHAPTER 01\01_지역별 매출.xlsx [셀선택] 시트

표에서 맨 위의 필드명(제목 행)은 데이터를 구분하거나 대표하는 역할을 합니다. 이 필드명에 특정 색을 입히거나 글꼴을 바꾸면 훨씬 보기 좋은 모양의 표가 완성됩니다. 연결된 범위를 지정하는 것은 이처럼 필드명을 한번에 선택해 서식을 변경할 때 활용하면 편리합니다.

	A	B	C	D	E	F	G	H	I
1	■ 월별 지역별 매출		필드명(제목 행)						
2									
3		구분	1월	2월	3월	합계			
4		강동	8,533	9,733	9,127	27,393			
5		강서	9,217	6,736	6,669	22,622			
6		강남	5,327	7,848	8,420	21,595			
7		강북	4,534	4,838	7,478	16,850			
8		합계	27,611	29,155	31,694	88,460			
9									

여러 개의 셀을 동시에 선택하려면 어떻게 하나요?

마우스와 키보드를 적절히 활용하여 데이터가 입력되어 있는 행 방향의 범위를 한번에 지정해보겠습니다.

01 [B3] 셀을 클릭한 후 [B3] 셀 오른쪽의 셀 구분선에 마우스 포인터를 위치시킵니다.

02 마우스 포인터 모양이 상하좌우 화살표가 있는 십자가 모양으로 바뀌면 [Shift]를 누른 상태로 더블클릭합니다. [B3:F3] 범위가 한번에 지정됩니다.

	A	B	C	D	E	F	G	H	I
1	■ 월별 지역별 매출								
2									
3		구분	1월	2월	3월	합계			
4		강동	8,533	9,733	9,127	27,393			
5		강서		6,736	6,669	22,622			
6		강남	5,327	7,848	8,420	21,595			
7		강북	4,534	4,838	7,478	16,850			
8		합계	27,611	29,155	31,694	88,460			

② [Shift] + 더블클릭

데이터 입력 작업 중 마우스와 키보드를 번갈아 사용하는 것은 번거로운 일입니다. 특히 선택해야 할 범위가 넓을 때는 마우스만으로 범위를 지정하는 것이 비효율적입니다.

	A	B	C	D	E	F	G	H	I
1	■ 월별 지역별 매출								
2									
3		구분	1월	2월	3월	합계			
4		강동	8,533	9,733	9,127	27,393			
5		강서	9,217	6,736	6,669	22,622			
6		강남	5,327	7,848	8,420	21,595			
7		강북	4,534	4,838	7,478	16,850			
8		합계	27,611	29,155	31,694	88,460			
9									

키보드만으로 원하는 셀을 선택할 수 있나요?

이번에는 키보드만 사용해 특정 열 방향의 범위를 지정하는 방법을 알아보겠습니다.

01 방향키를 이용해 [B3] 셀을 지정합니다.

02 [Ctrl] + [Shift]를 누른 상태에서 [↓]를 누릅니다. [B3:B8] 범위가 지정됩니다.

	A	B	C	D	E	F	G	H	I
1	■ 월별 지역별 매출								
2									
3		구분		월		합계			
4		강동	8,533	9,733	9,127	27,393			
5		강서	9,217	6,736	6,669	22,622			
6		강남	5,327	7,848	8,420	21,595			
7		강북	4,534	4,838	7,478	16,850			

② [Ctrl] + [Shift] + [↓]

표 전체를 선택하여 셀 모양, 글꼴 등을 바꿔야 할 때가 있습니다. 바꿔야 할 셀이 몇 개라면 간단히 지정해서 바꿀 수 있겠지만 수백, 수천 개라고 생각하면 참 막막합니다. 이때 전체 표의 범위를 한번에 지정하면 편리합니다.

	A	B	C	D	E	F	G	H	I
1	■ 월별 지역별 매출								
2									
3		구분	1월	2월	3월	합계			
4		강동	8,533	9,733	9,127	27,393			
5		강서	9,217	6,736	6,669	22,622			
6		강남	5,327	7,848	8,420	21,595			
7		강북	4,534	4,838	7,478	16,850			
8		합계	27,611	29,155	31,694	88,460			

> 표를 한번에 선택하고 싶어요.

범위를 드래그하거나 Shift 를 이용하여 범위를 지정해도 되지만 여기서는 단축키를 이용하여 표 전체의 범위를 간단히 지정하는 방법을 알아보겠습니다.

01 표에서 임의의 셀을 하나 클릭합니다.

02 이 상태에서 Ctrl + A 를 누릅니다. 표 전체가 지정됩니다.

	A	B	C	D	E	F	G	H	I
1	■ 월별 지역별 매출								
2									
3		❶ 구분	❷ Ctrl + A		3월	합계			
4		강동	8,533	9,733	9,127	27,393			
5		강서	9,217	6,736	6,669	22,622			
6		강남	5,327	7,848	8,420	21,595			

친절한 Point Note　시트 전체 지정하기

작업하면서 시트의 표 영역뿐만 아니라 시트 전체를 지정해야 하는 경우가 있습니다. 시트 전체를 지정하려면 표를 선택한 상태에서 Ctrl + A 를 한 번 더 누르면 됩니다. 이 방법 외에도 행 머리글과 열 머리글이 만나는 지점에 있는 [전체 선택]을 클릭해도 됩니다.

	A	B	C	D	E	F	G
1	■ 월별 지역별 매출						
2	클릭						
3		구분	1월	2월	3월	합계	
4		강동	8,533	9,733	9,127	27,393	
5		강서	9,217	6,736	6,669	22,622	
6		강남	5,327	7,848	8,420	21,595	
7		강북	4,534	4,838	7,478	16,850	
8		합계	27,611	29,155	31,694	88,460	
9							

예제 파일 CHAPTER 01＼01_지역별 매출.xlsx [셀선택] 시트

앞에서는 표의 행/열 또는 표 전체 범위를 지정하는 방법을 배웠습니다. 이번에는 서로 떨어져 있는 범위를 지정하는 방법을 배워보겠습니다.

	A	B	C	D	E	F	G	H	I
1	■ 월별 지역별 매출								
2									
3		구분	1월	2월	3월	합계			
4		강동	8,533	9,733	9,127	27,393			
5		강서	9,217	6,736	6,669	22,622			
6		강남	5,327	7,848	8,420	21,595			
7		강북	4,534	4,838	7,478	16,850			
8		합계	27,611	29,155	31,694	88,460			
9									
10									

> 여기저기 흩어진 데이터를 한번에 지정하고 싶어요!

[C4:C5] 범위와 [E6:E7] 범위에 같은 서식을 지정해야 하는 경우 각 범위를 지정해 일일이 바꾸는 것보다 한번에 지정해 바꾸는 것이 편리하겠지요. 흩어진 범위도 Ctrl 을 누른 상태로 드래그하면 한번에 지정할 수 있습니다.

01 [C4] 셀에서 [C5] 셀까지 드래그합니다.

02 이어서 Ctrl 을 누른 상태로 [E6] 셀에서 [E7] 셀까지 드래그합니다.

	A	B	C	D	E	F	G	H	I
1	■ 월별 지역별 매출								
2									
3		구분	1월	2월	3월	합계			
4		① 드래그	8,533	9,733	9,127	27,393			
5			9,217	6,736	6,669	22,622			
6		강남	5,327	7,848	8,420	② Ctrl + 드래그			
7		강북	4,534	4,838	7,478	16,850			
8		합계	27,611	29,155	31,694	88,460			
9									
10									

이번에는 다음과 같이 지정할 범위가 약간 넓은 범위에 흩어져 있을 경우에 효율적으로 지정하는 방법을 알아보겠습니다. 이 경우에는 Ctrl과 Shift를 번갈아가며 적절히 사용하는 것이 효율적입니다.

다음은 서로 떨어져 있는 [C4:C6], [E6:F7] 범위를 효율적으로 지정하는 방법입니다.

01 [C4] 셀을 클릭하여 지정합니다.

02 Shift를 누른 상태에서 [C6] 셀을 클릭합니다.

03 Ctrl을 누른 상태에서 [E6] 셀을 클릭합니다.

04 Shift를 누른 상태에서 [F7] 셀을 클릭합니다. [C4:C6] 범위와 [E6:F7] 범위가 지정된 상태가 됩니다.

STEP 03 ∣ 빈 셀만 지정하기

예제 파일 CHAPTER 01\01_지역별 매출.xlsx [빈셀] 시트

표에서 빈 셀만 지정해야 하는 경우가 종종 있습니다. 예를 들어 빈 셀만 회색으로 표시하고자 할 경우에 일일이 지정하는 것보다 다음 방법을 사용하면 아주 효율적으로 작업할 수 있습니다.

	A	B	C	D	E	F	G	H	I
1	■ 월별 지역별 매출								
2									
3		구분	1월	2월	3월	합계			
4		강동		9,733	9,127	27,393			
5		강서	9,217	6,736		22,622			
6		강남	5,327	7,848		21,595			
7		강북	4,534		7,478	16,850			
8		합계	19,078	24,317	16,605	88,460			

> 빈 셀만 골라서 지정하고 싶어요.

엑셀에는 [이동] 대화상자가 있습니다. 이 기능을 활용하면 특정 범위에서 빈 셀만 쉽게 선택할 수 있습니다.

01 표의 전체 범위인 [B3:F8] 범위를 지정합니다. [B3] 셀을 클릭하고 Ctrl + A 를 누릅니다.

02 [홈] 탭–[편집] 그룹–[찾기 및 선택]–[이동]을 클릭합니다.

03 [이동] 대화상자가 나타나면 [옵션]을 클릭합니다.

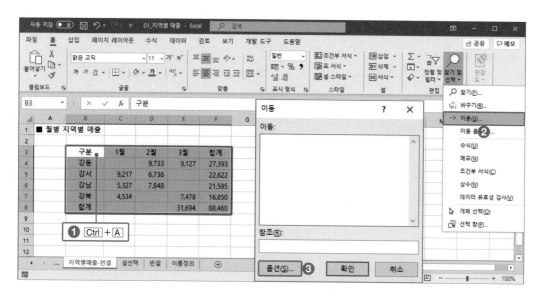

04 [이동 옵션] 대화상자에서 [빈 셀]을 클릭한 후 [확인]을 클릭합니다.

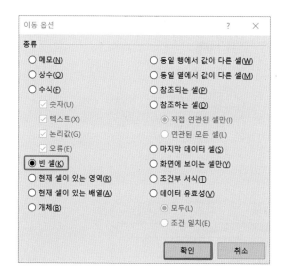

STEP 04 **이름 정의 기능을 활용한 범위 지정하기**

예제 파일 CHAPTER 01\01_지역별 매출.xlsx [이름정의] 시트

엑셀의 이름 정의 기능을 이용하면 특정 범위를 이름으로 지정하고 관리할 수 있습니다. 정의한 이름을 활용하면 범위를 쉽게 선택할 수 있습니다.

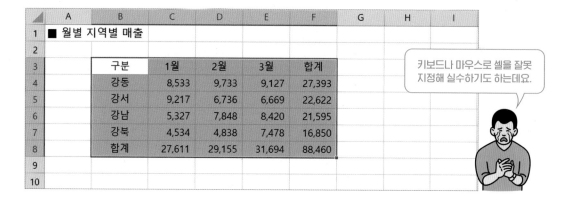

위 표의 주소는 [B3:F8]입니다. [B3:F8] 범위를 '지역별매출'이라고 이름으로 정의해놓으면 나중에도 같은 범위를 편리하게 지정할 수 있습니다. 다음은 [B3:F8] 범위를 **지역별매출**로 이름 정의하는 방법입니다.

01 [수식] 탭–[정의된 이름] 그룹–[이름 정의]를 클릭합니다.

02 [새 이름] 대화상자에서 [이름]에 **지역별매출**을 입력하고 [범위]는 [통합 문서]로 선택합니다. [참조 대상]으로 [B3:F8] 범위를 지정한 후 [확인]을 클릭합니다.

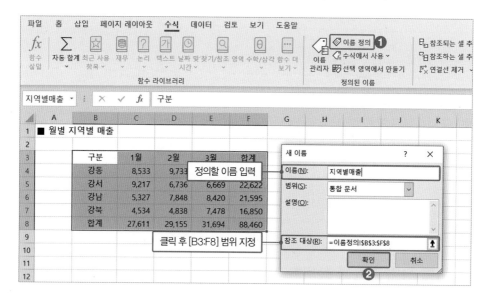

복잡한 범위 주소 대신 정의해놓은 이름이 있을 경우 정의된 이름으로 범위를 쉽게 지정할 수 있습니다. 다음은 표에서 **지역별매출**이라고 정의해놓은 범위를 쉽게 지정하는 방법입니다.

01 워크시트 왼쪽 상단의 [이름 상자]를 클릭합니다.

02 [이름 상자]에 앞서 지정한 이름인 **지역별매출**을 직접 입력하고 Enter 를 누르거나 이름 상자 목록 버튼▾을 클릭하고 [지역별매출]을 클릭합니다.

예제로 배워서 업무에 응용해보자!

셀에 효율적으로 데이터 입력하기

특정 셀 또는 범위에 데이터를 효율적으로 입력하는 방법을 알아보겠습니다. 특정 범위에 효율적으로 데이터를 입력하거나 동일한 값을 한번에 입력하는 방법, 빈 셀에 요일 또는 일련번호를 쉽게 입력하는 방법, 현재의 시간 또는 날짜를 한번에 입력하는 방법 등을 익혀보겠습니다.

STEP 01　빈 셀에 입력하기

예제 파일 CHAPTER 01\02_급여대장.xlsx

엑셀에서는 원본 데이터를 다른 파일이나 프로그램으로부터 가져오는 경우가 많습니다. 하지만 경우에 따라서는 각 셀에 데이터를 일일이 입력하기도 하지요. 효율적으로 빈 셀에 데이터를 입력하려면 신속하게 셀 포인터를 다음 셀로 이동해야 합니다.

보통은 빈 셀에 특정 값을 입력한 후 Enter 를 누르면 셀 포인터가 아래로 이동합니다. 하지만 특정 값을 입력한 후 Enter 대신 Tab 을 누르면 오른쪽으로 이동합니다.

다음은 빈 엑셀 워크시트의 [B4:E4] 범위에 **강동, 강서, 강남, 강북**을 각각 입력하고, 마지막에는 **강북**이라고 입력한 셀 바로 아래의 [E5] 셀이 선택되도록 하는 방법입니다. 새 워크시트를 열고 빈 시트에서 작업합니다.

01 [B4] 셀에 **강동**을 입력하고 Tab 을 누릅니다.

02 [C4] 셀에 **강서**를 입력하고 Tab 을 누릅니다.

03 [D4] 셀에 **강남**을 입력하고 Tab 을 누릅니다.

04 [E4] 셀에 **강북**을 입력하고 Enter 를 누릅니다.

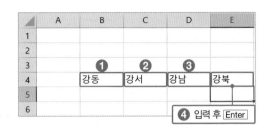

실제 작업할 때에는 각종 표 안에 데이터를 입력하는 경우가 많습니다. 특정 범위 안에서 데이터를 입력하는 것이지요. 이럴 경우 범위 안에서 좀 더 효율적으로 움직이며 입력하는 것이 좋습니다. 값을 입력할 범위를 미리 지정해놓고 Tab 을 누르며 입력하면 더욱 쉽게 입력할 수 있습니다. 예제 파일의 [내용 입력 전] 시트에서 작업합니다.

직위	성명	기본급	재수당				주
			매출수당	특별수당	당직수당	상여금	
과장	김현수	1,300,000	1,032,749	30,000	30,000	30,000	
대리	이길수	980,000	1,072,890	30,000	30,000	30,000	
사원	박기훈	750,000	900,000	30,000	30,000	30,000	

【급여대장

> 키보드와 마우스를 오가며 표를 채우기가 너무 힘들어요.

다음은 급여대장의 [B8:H10] 범위에 각 값들을 효율적으로 입력하는 방법입니다.

01 [B8:H10] 범위를 지정합니다.

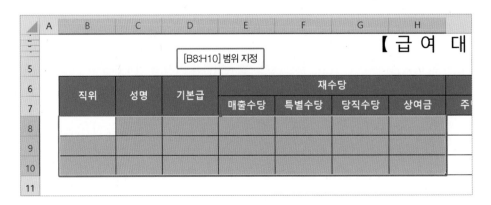

02 범위가 지정된 상태에서 아무것도 클릭하지 않고 키보드로 [B8] 셀에 **과장**을 입력한 후 Tab 을 누릅니다.

03 [C8] 셀에 **김현수**를 입력하고 Tab 을 눌러 오른쪽 방향으로 이동하며 임의의 숫자 데이터를 계속 입력합니다.

04 [H8] 셀까지 데이터를 입력한 후 Tab 을 누르면 9행 첫 번째 셀인 [B9] 셀로 셀 포인터가 이동합니다. 나머지 셀도 임의의 데이터를 입력해 채워봅니다.

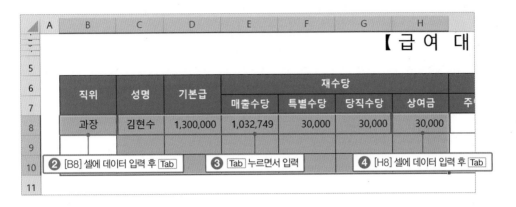

특정 범위를 모두 같은 값으로 채워야 하는 경우도 종종 있습니다.

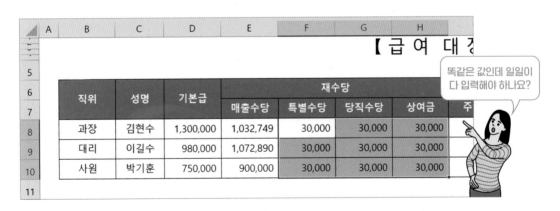

이 경우 일일이 데이터를 입력하거나 한 셀에 먼저 값을 입력한 후 복사해서 붙여 넣기도 합니다. 하지만 범위를 지정한 상태에서 한 셀에만 데이터를 입력한 후 Ctrl + Enter 를 누르면 쉽고 간단하게 범위 전체에 동일한 값을 입력할 수 있습니다.

다음은 급여대장의 [F8:H10] 범위에서 같은 값인 **30000**을 쉽게 입력하는 방법입니다. [내용 입력 중] 시트에서 작업합니다.

01 [F8:H10] 범위를 지정합니다.

02 범위가 지정된 상태에서 아무것도 클릭하지 않고 **30000**을 입력한 후 Ctrl + Enter 를 누릅니다.

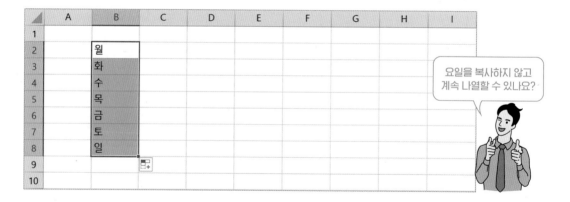

STEP 02 **요일 또는 일련번호 입력하기**

예제 파일 없음

요일 또는 일련번호를 각 셀에 입력해야 하는 경우가 있습니다. 일련번호는 복사해서 붙여 넣거나 직접 입력하려면 번거롭고, 실수로 틀린 순서의 데이터를 입력할 위험도 있습니다. 요일 또는 일련번호를 자동으로 입력하는 방법을 알아보겠습니다.

'월, 화, 수, 목, 금, 토, 일'처럼 요일을 순서대로 입력해야 하는 경우, 다음과 같이 채우기 핸들▪을 적절히 활용하면 순차적인 데이터를 간단히 입력할 수 있습니다. 채우기 핸들▪에 마우스 포인터를 가져가면 얇은 십자가 모양+으로 변합니다.

01 [B2] 셀에 **월**을 입력합니다.

02 마우스 포인터를 [B2] 셀 오른쪽 하단의 채우기 핸들 에 위치시킨 후 마우스 포인터가 십자가 모양 ✛으로 변하면 [B8] 셀까지 아래로 드래그합니다. 드래그한 범위에 요일이 순차적으로 입력됩니다.

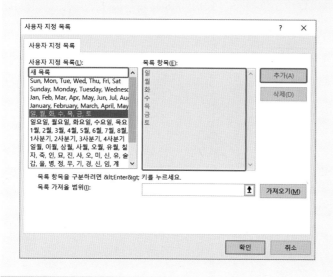

친절한 **Point Note**　**사용자 지정 목록 기능 활용하기**

이렇게 요일이 자동으로 입력되는 것은 사용자 지정 목록에 '일, 월, 화, 수, 목, 금, 토'가 미리 입력되어 있기 때문입니다. 사용자 지정 목록에 미리 입력된 값들은 엑셀에서 자동으로 입력할 수 있습니다.

새로운 사용자 지정 목록을 추가하려면 [파일] 탭-[옵션]을 클릭하고 [Excel 옵션] 대화상자에서 [고급]을 클릭한 후 [일반] 영역의 [사용자 지정 목록 편집]을 클릭합니다. [사용자 지정 목록] 대화상자가 나타나면 [사용자 지정 목록]에서 [새 목록]을 클릭한 후 [목록 항목]에 자동으로 완성할 내용을 직접 입력합니다. 항목 구분은 Enter 를 누릅니다. 입력이 완료되면 [추가]를 클릭합니다.

비슷한 방법으로 빈 셀에 1부터 10까지 일련번호도 쉽게 입력할 수 있습니다.

일련번호를 일일이
입력하기 귀찮아요.

만일 1부터 10까지가 아니라 100 또는 1000까지 입력해야 한다면 일일이 입력하기 힘들겠지요. 이번에는 일련번호를 가장 쉽고 간단히 입력하는 방법을 알아보겠습니다.

01 [B2] 셀에 **1**을 입력합니다.

02 마우스 포인터를 [B2] 셀의 채우기 핸들🔲에 위치시킵니다. 마우스 포인터가 **+**모양으로 변하면 Ctrl 을 누른 상태에서 아래로 드래그합니다.

❷ 채우기 핸들 Ctrl + 드래그

우리가 항상 1씩 증가하는 일련번호만 입력하는 것은 아닙니다. [연속 데이터] 기능을 사용하면 일정한 규칙에 따라 변화하는 값을 입력할 수도 있습니다.

채우기 핸들을 마우스 오른쪽 버튼으로 드래그합니다. 이때 마우스 오른쪽 버튼을 떼면 바로 가기 메뉴가 나타나는데 여기서 [연속 데이터]를 클릭하면 나타나는 [연속 데이터] 대화상자에서 원하는 규칙을 입력할 수 있습니다.

예를 들어 1, 3, 5, …와 같이 홀수를 연속으로 입력한다고 가정해보겠습니다. 임의의 셀에 숫자 **1**을 입력합니다. 해당 셀의 채우기 핸들을 마우스 오른쪽 버튼으로 드래그합니다. 바로 가기 메뉴에서 [연속 데이터]를 클릭합니다. [연속 데이터] 대화상자가 나타납니다. [단계 값]에 **2**를 입력하고 Enter 를 누릅니다. 1부터 연속으로 2를 더하는 데이터를 입력했으므로 3, 5, 7, …과 같이 홀수로 증가하는 일련번호가 나타납니다.

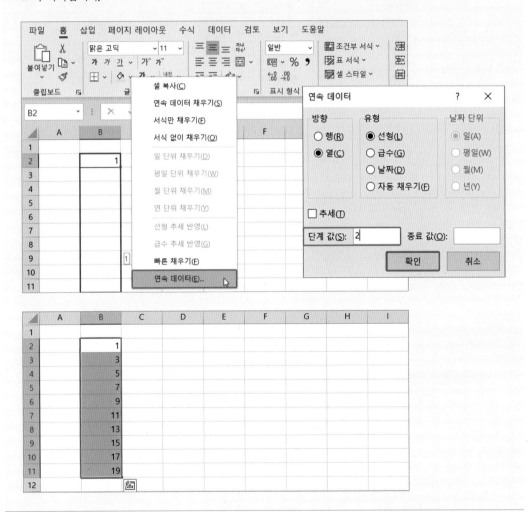

예제 파일 CHAPTER 01\03_거래내역.xlsx

문서를 작성하다 보면 빈 셀에 현재의 날짜나 시각을 입력해야 할 때가 많습니다. 다음과 같이 단축키를 활용하면 달력과 시계를 확인할 필요 없이 빈 셀에 현재 날짜와 시각을 간단히 입력할 수 있습니다.

먼저 오늘 날짜를 쉽게 입력하는 방법을 알아보겠습니다. 셀을 클릭하고 Ctrl + ; 을 누르면 선택한 셀에 오늘 날짜가 자동으로 입력됩니다. 이렇게 날짜를 한 번 입력해놓으면 파일을 저장한 후 닫았다가 며칠 후에 열어 보더라도 입력 당시 날짜가 변하지 않고 고정적으로 표시됩니다.

01 현재 날짜를 입력하려는 [E5] 셀을 클릭합니다.

02 Ctrl + ; 을 누릅니다.

현재 시각도 쉽게 입력할 수 있습니다. 셀을 선택하고 Ctrl + Shift + ; 을 누르면 선택한 셀에 현재 시각이 자동으로 입력됩니다. 이렇게 시각을 한 번 입력해놓으면 파일을 저장한 후 닫았다가 나중에 열더라도 입력 당시 시각이 변하지 않고 고정적으로 표시됩니다.

01 현재 시각을 입력하려는 [F5] 셀을 클릭합니다.

02 Ctrl + Shift + ; 을 누릅니다.

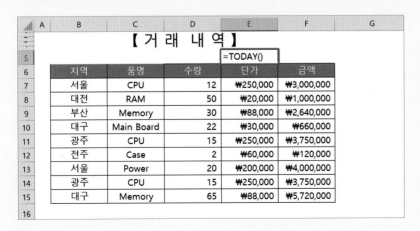

친절한 Point Note 함수를 사용하여 현재 날짜 및 시각 표시하기

엑셀 함수를 활용하여 현재 날짜를 표시할 수도 있습니다. 임의의 빈 셀에 **=TODAY( )**를 입력하면 현재 날짜가 표시됩니다. TODAY 함수는 파일을 저장하고 닫았다가 며칠 후에 열면 연 날짜를 기준으로 현재 날짜가 재설정되어 표시됩니다.

지역	품명	수량	단가	금액
서울	CPU	12	₩250,000	₩3,000,000
대전	RAM	50	₩20,000	₩1,000,000
부산	Memory	30	₩88,000	₩2,640,000
대구	Main Board	22	₩30,000	₩660,000
광주	CPU	15	₩250,000	₩3,750,000
전주	Case	2	₩60,000	₩120,000
서울	Power	20	₩200,000	₩4,000,000
광주	CPU	15	₩250,000	₩3,750,000
대구	Memory	65	₩88,000	₩5,720,000

엑셀 함수를 활용하여 현재 시각을 표시할 수도 있습니다. 임의의 빈 셀에 **=NOW( )**를 입력하면 현재 시각이 표시됩니다. NOW 함수를 이용해 시각을 입력하면 파일을 저장하고 닫았다가 며칠 후에 열었을 때 파일을 연 시각을 기준으로 현재 시각이 재설정되어 표시됩니다.

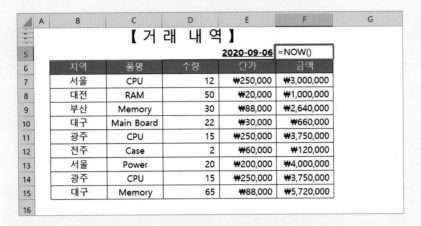

TODAY, NOW 함수는 문서를 다시 열거나, 워크시트 안의 데이터가 바뀌는 작업이 발생하면 '현재' 날짜와 시간 기준으로 업데이트됩니다.

배운 내용을 내 것으로 만들어보자!

핵심 내용 실습 점검

예제 파일 CHAPTER 01＼01_학습점검.xlsx

01 표 전체 영역인 [B3:E8] 범위를 지정하세요.

구분	1월	2월	3월
서울	317	191	500
대전	718	936	405
부산	184	283	536
대구	770	863	278
광주	887	780	931

Help! 표 전체 범위를 드래그하거나 Ctrl + A 를 눌러 지정할 수 있습니다. ▶p.033

02 필드명이 입력된 [B3:E3] 범위를 지정하세요.

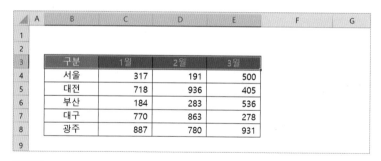

구분	1월	2월	3월
서울	317	191	500
대전	718	936	405
부산	184	283	536
대구	770	863	278
광주	887	780	931

Help! 범위를 드래그하거나 [B3] 셀이 선택된 상태에서 Ctrl + Shift + → 를 누릅니다. ▶p.032

03 서로 떨어져 있는 영역인 [B4:B8] 범위와 [C3:E3] 범위를 동시에 지정하세요.

	A	B	C	D	E	F	G
1							
2							
3		구분	1월	2월	3월		
4		서울	317	191	500		
5		대전	718	936	405		
6		부산	184	283	536		

Help! 떨어진 범위를 지정할 때는 두 번째 범위부터 Ctrl 을 누른 상태에서 지정하면 됩니다. ▶ p.034

04 전체 표 범위에서 빈 셀만 지정하세요.

	A	B	C	D	E	F	G
1							
2							
3		구분	강동	강서	강남	강북	
4		2016-07-31	3,850	52,245	38,129	32,648	
5		2016-08-01		56,195	16,428	70,992	
6		2016-08-02		37,549		66,129	
7		2016-08-03	19,889	62,394		44,887	
8		2016-08-04	21,136	72,123	36,885		

Help! 빈 셀만 선택할 때는 전체 표 범위를 지정한 후 [이동 옵션]의 [빈 셀]을 사용합니다. ▶ p.036

05 표에서 교통비와 식비 영역인 [E4:F8] 범위에 모두 **100,000**을 동시에 입력하세요.

	A	B	C	D	E	F	G
1							
2							
3		구분	매출수당	특별수당	교통비	식비	
4		김희수	1,300,000	325,000	100,000	100,000	
5		박진수	1,200,000	300,000	100,000	100,000	
6		김영길	2,200,000	550,000	100,000	100,000	
7		이수진	1,800,000	450,000	100,000	100,000	
8		최희섭	1,400,000	350,000	100,000	100,000	

Help! 빈 셀 범위를 지정한 후 Ctrl + Enter 를 눌러 데이터를 입력하면 지정된 범위에 똑같은 데이터가 입력됩니다. ▶ p.041

06 [B3:H3] 범위에 **월요일**부터 **일요일**까지 요일을 순서대로 입력하세요.

	A	B	C	D	E	F	G	H	I
1									
2									
3		월요일	화요일	수요일	목요일	금요일	토요일	일요일	
4									

Help! [B3] 셀에 **월요일**을 입력한 후 채우기 핸들█을 [H3] 셀까지 드래그하면 자동 완성 데이터가 채워집니다. ▶ p.042

07 현재 셀에서 [C20000] 셀로 한번에 이동하여 [C20000] 셀을 선택하세요.

◢	A	B	C	D	E	F	G	H	I
19993									
19994									
19995									
19996									
19997									
19998									
19999									
20000									

Help! 특정 셀로 이동할 때는 [이름 상자] 혹은 [이동] 대화상자를 사용하면 편리합니다. ▶ p.037

08 단축키를 이용하여 [F2] 셀에 현재 날짜를 입력하세요.

◢	A	B	C	D	E	F	G
1							
2						2020-09-06	
3		구분	1월	2월	3월	4월	
4		A 팀	56,698	60,400	59,553	79,404	

Help! 현재 날짜를 입력하는 단축키는 Ctrl + ; 입니다. ▶ p.046

09 단축키를 이용하여 [F2] 셀에 현재 시각을 입력하세요.

◢	A	B	C	D	E	F	G
1							
2						9:03 PM	
3		구분	1월	2월	3월	4월	
4		A 팀	56,698	60,400	59,553	79,404	

Help! 현재 시각을 입력하는 단축키는 Ctrl + Shift + ; 입니다. ▶ p.047

10 빈 셀을 찾아 지정한 후 한번에 **없음**을 입력하세요.

◢	A	B	C	D	E	F	G
1							
2							
3		구분	1월	2월	3월	4월	
4		A 팀	54,117	없음	74,996	77,516	
5		B 팀	12,986	없음	31,778	60,186	
6		C 팀	57,928	69,872	35,759	53,967	
7		D 팀	없음	89,170	3,724	없음	
8		E 팀	없음	77,299	없음	없음	
9		F 팀	없음	11,863	없음	14,643	
10							

Help! 빈 셀만 선택하는 방법과 범위에 똑같은 데이터를 입력하는 방법을 조합합니다. ▶ p.036, 041

Q 1부터 10까지 숫자를 입력할 때 일일이 각 셀에 숫자를 직접 입력하고 있어요. 더 효율적인 방법이 있을까요?

A 빈 셀에 **1**을 입력한 후 Ctrl 을 누른 상태에서 채우기 핸들 🔹을 아래쪽으로 아홉 개 셀까지 드래그하면 1부터 10까지 숫자를 한 번에 입력할 수 있습니다.

Q 많은 양의 데이터로 구성된 표가 있을 경우 표 전체를 드래그하여 지정하기 어렵습니다. 한번에 표 전체를 지정할 수 있나요?

A Ctrl + A 를 누르면 표 전체 범위가 간단히 지정됩니다.

Q 직원 명부를 정리하는데 '경리부' 같은 부서의 이름을 수십 개가 넘는 셀에 일일이 입력하고 있어요. 보다 쉬운 방법이 있을까요?

A 내용을 입력할 범위를 각각 지정한 후 **경리부**를 입력하고 Ctrl + Enter 를 누릅니다.

Q 셀에 데이터를 입력한 후 Enter 를 누르면 자동으로 아래 셀이 선택됩니다. 오른쪽 방향으로 문자열을 계속 입력해야 하는데 한 번 입력한 후 일일이 방향키와 마우스로 오른쪽 셀을 다시 선택해서 다음 셀로 이동하고 있어요. 보다 효율적인 방법이 있을까요?

A …… 셀에 내용을 입력한 후 Enter 대신 Tab 을 누르면 오른쪽 셀로 이동합니다.

Q 빈 셀에 현재의 작업 날짜와 시각을 입력해야 하는데 파일을 열어 작업할 때마다 일일이 시계를 봐 가며 수작업으로 입력하고 있어요. 쉬운 방법이 있나요?

빈 셀에서 Ctrl + ; 을 누르 …… **A**
면 현재 날짜가 입력되고,
Ctrl + Shift + ; 을 누르면
현재 시각이 입력됩니다.

데이터 편집, 서식의 원리 이해하기

🔍 셀 서식, 스타일 기능 익히기

🔍 조건부 서식 이해하기

🔍 효율적으로 인쇄하기

데이터를 시각화하는 것이 중요하다

엑셀은 표 형식의 기초 데이터를 이용해 계산하거나 차트로 정리할 때 주로 사용하는 프로그램입니다. 이러한 작업을 하려면 우선 숫자, 날짜, 문자 등의 데이터를 읽고 이해해야 합니다. 보통 회사에서 표 형식을 이용해 정리하는 대표적인 데이터로 매출 현황 등이 있습니다. 이러한 표는 데이터 입력과 편집 외에도 시각적으로 잘 보이도록 가독성을 높여주는 작업이 필요합니다.

가독성을 높이는 방법으로 **셀 서식**이 있습니다. 같은 숫자 데이터라도 통화 단위, 날짜, 시간의 표시 형식을 적절하게 지정하면 훨씬 가독성이 높아질 것입니다.

표의 가독성을 높이는 다른 방법으로는 각 셀을 꾸미는 방법이 있습니다. 셀의 너비 및 높이를 적절히 조절하고, 머리글 행은 별도의 색으로 구분해 스타일을 적용하면 훨씬 돋보이는 보고서로 만들 수 있습니다. 그리고 일별 매출 자료에서 지난 기간 대비 매출의 등락률을 양수, 음수로 구분해 다른 색으로 표시할 수 있습니다.

또한 데이터값에 조건을 주고 해당 조건을 만족할 때만 특정 셀 색상을 지정할 수 있는 조건부 서식 기능도 있습니다. 이를 잘 활용하면 보고서에서 필요한 데이터만 주목하게 편집할 수도 있습니다. 예를 들어 이 기능을 적절히 활용할 경우, 매월 상품별 매출을 기록하는 집계표에서 3월, 6월, 9월, 12월 등 각 분기의 마지막 월에만 색으로 표시할 수 있습니다. 혹은 일자별 매출 집계 자료에서 토요일 및 일요일의 행만 다른 색으로 표시되도록 쉽게 지정하는 것도 가능합니다.

이번 CHAPTER에서는 이와 같이 데이터의 서식을 지정하는 방법, 표에서 셀 색상 등 스타일을 적용하거나 조건부 서식을 적용하는 방법 등을 설명하겠습니다. 아울러 표 등으로 이루어진 엑셀 문서에서 여백 등을 지정하여 보기 좋게 인쇄하는 방법도 같이 익혀보겠습니다.

서식을 입히면 데이터가 돋보인다

셀 서식 기능을 활용해 내 맘대로 셀 서식을 지정한다

서식은 시트나 셀에 화장을 하는 것과 같습니다. 셀에 색상, 글꼴, 표시 형식, 테두리 등의 서식을 기본 설정과 다르게 지정하면 입력한 데이터를 깔끔하고 보기 좋게 만드는 효과가 있습니다. 셀 서식을 지정한 표와 그렇지 않은 표를 한번 비교해보겠습니다.

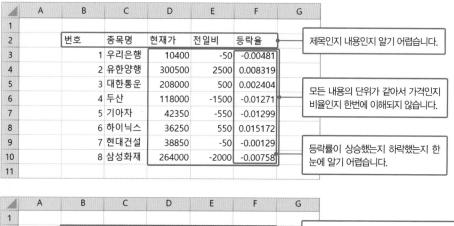

두 표를 비교하면 서식을 지정한 표가 훨씬 보기 좋고 정보를 전달하는 효과도 뛰어난 것을 알 수 있습니다. 보기 좋은 표를 만드는 것은 그리 특별한 재주가 필요하지 않습니다. 엑셀에서 기본적으로 제공하는 **셀 서식, 스타일, 조건부 서식** 기능만 알아도 보기 좋은 표를 쉽게 만들 수 있습니다.

한 개 혹은 여러 개의 셀에 서식을 지정하려면 셀 서식 기능을 이용합니다. 원하는 셀을 선택하거나 범위를 지정하고 마우스 오른쪽 버튼을 클릭한 후 바로 가기 메뉴에서 [셀 서식]을 클릭하면 [셀 서식] 대화상자가 열립니다. [셀 서식] 대화상자는 Ctrl + 1 을 눌러 바로 열 수도 있습니다.

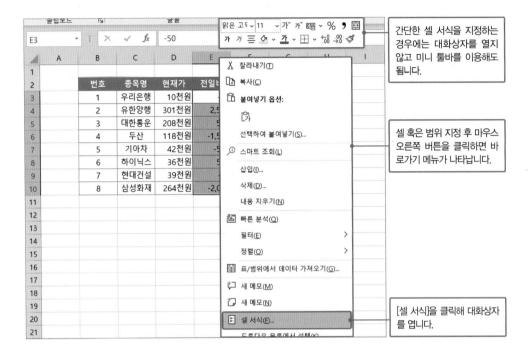

간단한 셀 서식을 지정하는 경우에는 대화상자를 열지 않고 미니 툴바를 이용해도 됩니다.

셀 혹은 범위 지정 후 마우스 오른쪽 버튼을 클릭하면 바로가기 메뉴가 나타납니다.

[셀 서식]을 클릭해 대화상자를 엽니다.

[셀 서식] 대화상자에서 글꼴, 글자 크기, 표시 형식, 셀 색상, 글자 배치, 셀 테두리 등을 원하는 대로 지정할 수 있습니다.

[표시 형식], [맞춤], [글꼴], [테두리], [채우기], [보호] 탭을 각각 클릭하면 원하는 서식을 지정할 수 있습니다. [셀 서식] 대화상자의 **[표시 형식] 탭**에서는 각 셀의 표시 형식을 지정합니다. [범주]에서 [일반], [숫자], [통화], [회계], [날짜], [시간], [백분율] 등 엑셀에서 미리 정해 놓은 서식을 지정하거나 [사용자 지정]을 클릭한 후 원하는 셀 서식을 직접 입력해서 지정할 수도 있습니다.

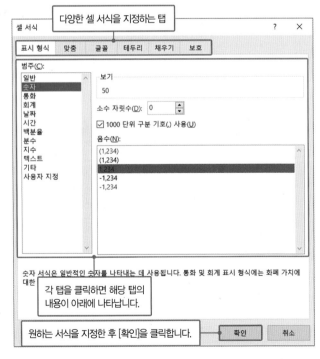

다양한 셀 서식을 지정하는 탭

각 탭을 클릭하면 해당 탭의 내용이 아래에 나타납니다.

원하는 서식을 지정한 후 [확인]을 클릭합니다.

[셀 서식] 대화상자의 **[맞춤] 탭**에서는 선택한 셀의 문자열 위치를 가로 또는 세로로 맞출 수 있습니다. [텍스트 조정] 항목에서 [자동 줄 바꿈]에 체크하면 한 셀 안에서 긴 문자열을 입력할 때 자동으로 줄을 바꾸어 표시합니다. [셀에 맞춤]에 체크하면 긴 문자열을 입력할 때 자동으로 글자 크기를 줄여 한 셀 안에 입력된 문자열을 모두 표시합니다. 특정 범위를 지정한 상태에서 [셀 병합]에 체크하면 범위 전체가 하나의 셀로 병합됩니다.

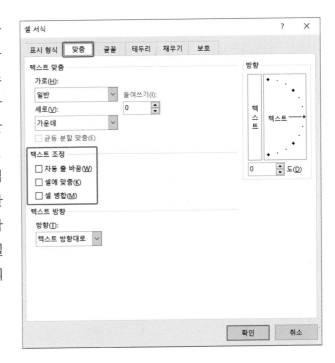

[셀 서식] 대화상자의 **[글꼴] 탭**에서는 선택한 셀에 입력된 텍스트의 글꼴, 크기, 색상 등을 지정할 수 있습니다.

[미리 보기]에서 지정한 글꼴 서식을 확인할 수 있습니다.

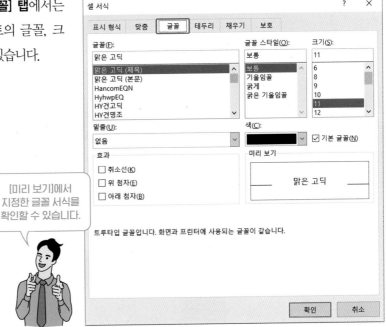

[셀 서식] 대화상자의 **[테두리] 탭**에서는 선택한 셀의 테두리를 지정합니다. 표의 테두리 선을 지정할 때 유용합니다. [선] 항목에서 원하는 선 스타일과 색을 지정한 후 [미리 설정] 혹은 [테두리]에서 적용할 테두리를 선택합니다.

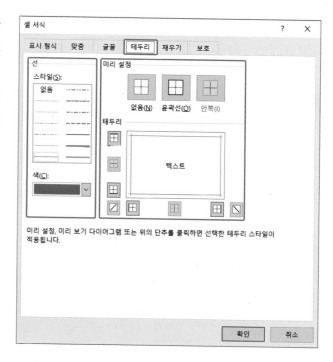

[셀 서식] 대화상자의 **[채우기] 탭**에서는 선택한 셀의 배경색을 지정합니다. 셀의 색상으로는 단색은 물론 무늬나 [채우기 효과]에서 그라데이션 효과를 지정할 수도 있습니다.

원하는 색이 없다면 [다른 색]을 클릭해 선택할 수도 있습니다.

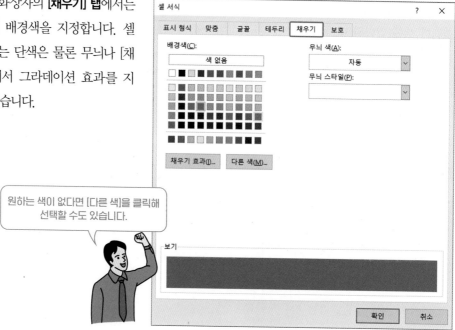

[셀 서식] 대화상자의 각 탭과 기능은 직관적으로 표시되어 있기 때문에 하나씩 클릭해 적용해보면 어렵지 않게 원하는 서식을 지정할 수 있습니다. 특히 [표시 형식] 탭의 기능은 실무에서 여러 가지로 응용할 수 있으므로 [본격 실습]에서 자세히 다루겠습니다.

행 높이와 열 너비를 원하는 대로 조절할 수 있다

예제 파일 CHAPTER 02\00_서식예제.xlsx [서식 적용] 시트

엑셀에서 새 통합 문서를 열면 모든 셀이 일정한 크기로 설정되어 있습니다. 하지만 행 머리글의 경계선이나 열 머리글의 경계선을 드래그해 행 높이나 열 너비를 원하는 크기대로 조절할 수 있습니다.

아래 표에서 2행의 높이를 더 높게 조절해보겠습니다. 2행 머리글과 3행 머리글 사이의 경계선에 마우스 포인터를 위치시킨 후 ╪ 모양으로 바뀔 때 드래그하면 2행의 높이를 원하는 대로 조절할 수 있습니다. 행 높이는 [홈] 탭-[셀] 그룹-[서식]-[행 높이]를 클릭하면 나타나는 [행 높이] 대화상자에 직접 값을 입력하여 지정할 수도 있습니다.

	A	B	C	D	E	F	G	H	I
1									
2		번호	종목명	현재가	전일비	등락율			
3		1	우리은행	10천원	-50	▼ 0.5%			
4		2	유한양행	301천원	2,500	▲ 0.8%			
5		3	대한통운	208천원	500	▲ 0.2%			
6		4	두산	118천원	-1,500	▼ 1.3%			
7		5	기아차	42천원	-550	▼ 1.3%			
8		6	하이닉스	36천원	550	▲ 1.5%			
9		7	현대건설	39천원	-50	▼ 0.1%			
10		8	삼성화재	264천원	-2,000	▼ 0.8%			
11									

TIP 행 머리글을 클릭한 후 마우스 오른쪽 버튼을 클릭하면 나타나는 메뉴에서 [행 높이]를 클릭해도 됩니다.

열 너비도 원하는 대로 조절할 수 있습니다. 아래 표에서 C열의 너비를 더 넓게 지정해보겠습니다. C열 머리글과 D열 머리글 사이의 경계선에 마우스 포인터를 위치시킨 후 ╪ 모양으로 바뀔 때 드래그하면 C열의 너비를 원하는 대로 조절할 수 있습니다. 열 너비는 [홈] 탭-[셀] 그룹-[서식]-[열 너비]를 클릭하면 나타나는 [열 너비] 대화상자에 직접 값을 입력하여 지정할 수도 있습니다.

	A	B	C	D	E	F	G	H
1								
2		번호	드래그	현재가	전일비	등락율		
3		1	우리은행	10천원	-50	▼ 0.5%		
4		2	유한양행	301천원	2,500	▲ 0.8%		
5		3	대한통운	208천원	500	▲ 0.2%		
6		4	두산	118천원	-1,500	▼ 1.3%		
7		5	기아차	42천원	-550	▼ 1.3%		
8		6	하이닉스	36천원	550	▲ 1.5%		
9		7	현대건설	39천원	-50	▼ 0.1%		
10		8	삼성화재	264천원	-2,000	▼ 0.8%		
11								

TIP 열 머리글을 클릭한 후 마우스 오른쪽 버튼을 클릭하면 나타나는 메뉴에서 [열 너비]를 클릭해도 됩니다.

표 전체의 열 너비를 동일하게 조절할 수도 있습니다. 다음 표에서 B열~F열의 너비를 동일하게 조절해보겠습니다. B열 머리글부터 F열 머리글까지 드래그해서 지정한 후 B열~F열의 사이의 임의의 열 간격을 늘리거나 줄이면 모두 같은 너비로 변경됩니다. 여기서는 E열 머리글과 F열 머리글 사이를 오른쪽으로 드래그해서 E열의 너비만큼 모든 열의 너비가 같아지도록 조절하였습니다. 행 높이도 방법은 동일합니다.

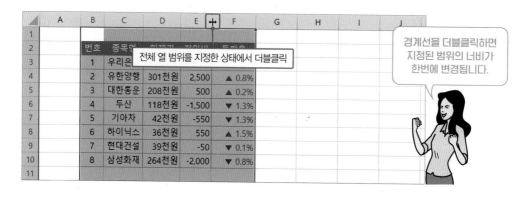

열 너비를 입력된 문자열 너비에 맞게 자동으로 조절하는 방법도 있습니다. 다음 표에서 열 너비를 문자열의 길이만큼 지정하려면 B열부터 F열까지 열 범위를 지정한 상태에서 E열과 F열 사이에 마우스 포인터를 위치시킵니다. 마우스 포인터가 ➕ 모양으로 바뀌었을 때 더블클릭하면 각 열의 너비가 해당 열에 입력된 가장 긴 문자열의 너비에 맞춰 변경됩니다.

스타일을 이용하면 서식을 쉽고 빠르게 셀에 적용할 수 있다

문서를 작성할 때마다 일일이 셀 서식을 지정하기 어렵다면 이미 만들어진 셀 스타일을 이용해도 효과적입니다. [홈] 탭-[스타일] 그룹-[셀 스타일]을 클릭해보세요.

다음과 같이 다양한 셀 스타일 갤러리가 표시됩니다.

위 그림처럼 미리 정해진 셀 스타일 모음을 확인할 수 있습니다. 마음에 드는 스타일을 골라 클릭합니다. 기본 제공 스타일 중 마음에 드는 스타일이 없다면 **[새 셀 스타일]**을 클릭해서 원하는 스타일을 마음대로 지정할 수도 있습니다. 새 셀 스타일 기능은 [본격 실습]에서 자세히 설명하겠습니다.

특정 셀을 강조하고 싶을 때는 조건부 서식 기능을 이용한다

조건부 서식으로 좀 더 스마트한 서식 기능을 만들 수 있습니다. 예를 들어 셀값이 100보다 큰 셀은 빨간색으로 표시하고, 50보다 작은 셀은 파란색으로 표시하고자 할 경우 이 기능을 이용하면 됩니다. 조건에 따라 길이나 색의 농도가 다른 데이터 막대를 표시할 수도 있습니다. 셀에 데이터 막대를 표시하려면 숫자 데이터가 있는 범위를 지정하고 [홈] 탭-[스타일] 그룹-[조건부 서식]을 클릭한 후 [데이터 막대]를 클릭합니다. 데이터 막대 샘플 중 원하는 막대 모양을 선택하면 바로 다음과 같이 데이터 막대가 표시됩니다.

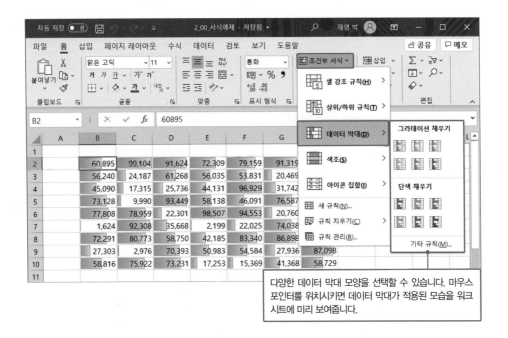

다양한 데이터 막대 모양을 선택할 수 있습니다. 마우스 포인터를 위치시키면 데이터 막대가 적용된 모습을 워크시트에 미리 보여줍니다.

이렇게 데이터 막대를 삽입하면 숫자를 일일이 확인하지 않아도 어떤 셀의 값이 많거나 적은지 대략적으로 알 수 있어 훨씬 보기 좋습니다. 값을 수정하면 막대 크기도 함께 달라집니다. 이렇듯 주어진 조건에 따라 서식이 달라지는 기능을 **조건부 서식**이라고 하는데, 판매 실적 등의 데이터를 보여줄 때 훨씬 효율적이겠지요. 또한 조건부 서식과 함수를 적절하게 활용하면 더욱 입체적인 보고서를 작성할 수 있습니다.

효율적으로 인쇄하는 기법을 활용한다

현재 작업 중인 워크시트를 인쇄하려면 [파일] 탭–[인쇄]를 클릭합니다. 그러면 [인쇄] 화면이 나타나는데, 맨 위의 **[인쇄]**를 클릭하면 오른쪽 미리 보기 화면과 같이 바로 인쇄됩니다. 다시 워크시트 작업 화면으로 돌아가려면 ⬅ 아이콘을 클릭합니다. 그리고 맨 아래 **[페이지 설정]**을 클릭하면 인쇄 옵션을 설정할 수 있는 [페이지 설정] 대화상자가 나타납니다.

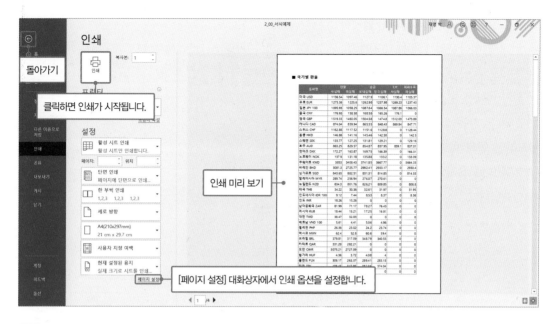

TIP [Ctrl]+[P]를 눌러서 [인쇄] 화면으로 바로 이동할 수도 있습니다.

[페이지 설정] 대화상자의 [페이지] 탭에서는 용지 방향을 가로나 세로로 지정하고 화면 배율도 지정할 수 있습니다. [자동 맞춤]을 클릭하면 현재 워크시트에 입력된 데이터 전체 너비나 높이에 맞게 인쇄 영역을 설정합니다.

TIP [페이지 설정] 대화상자는 [페이지 레이아웃] – [페이지 설정] 그룹의 [페이지 설정⬚]을 클릭해도 됩니다.

[페이지 설정] 대화상자의 **[여백] 탭**에서는 인쇄 레이아웃의 [위쪽], [아래쪽], [왼쪽], [오른쪽] 여백과 [머리글] 및 [바닥글]의 여백을 지정합니다. [페이지 가운데 맞춤] 항목에서 [가로]나 [세로]에 체크하면 인쇄 화면이 가로 또는 세로를 기준으로 용시의 가운데로 정렬되어 인쇄됩니다.

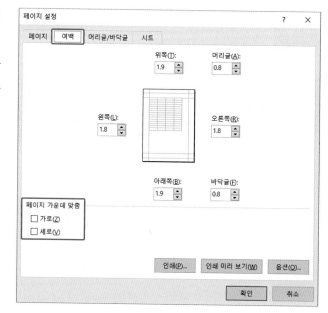

[페이지 설정] 대화상자의 **[머리글/바닥글] 탭**에서는 인쇄 용지의 맨 위쪽과 맨 아래쪽에 인쇄될 [머리글] 및 [바닥글] 양식을 지정할 수 있습니다. 바닥글에 문서의 페이지 번호를 표시하려면, [바닥글]에서 [?페이지 중 1페이지]를 선택합니다.

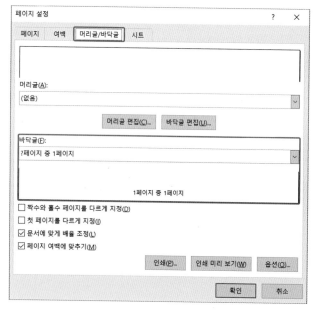

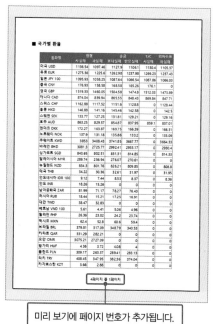

미리 보기에 페이지 번호가 추가됩니다.

[페이지 설정] 대화상자의 **[시트] 탭**에서는 [인쇄 영역], [반복할 행]과 [반복할 열] 등을 지정합니다. 예를 들어 [인쇄 영역]을 [A1:F8] 범위로 지정하면 해당 범위만 인쇄됩니다. [반복할 행]에 특정 행을 지정하면 해당 행은 페이지마다 맨 위에 반복해서 인쇄됩니다.

보기 좋게 셀 꾸미기

표의 가독성을 높이는 방법을 실습해보겠습니다. 아주 간단하게 표에 테두리를 적용하고 꾸미는 방법, 특정 셀에 색을 채우고 효과를 주는 방법이 있습니다. 또한 숫자 데이터의 경우 양수 또는 음수에 따라 숫자의 색상을 다르게 지정할 수도 있습니다. 주가의 경우 전일 대비 증감률에 따라 색상 및 등락기호를 다르게 표시하려면 셀 서식을 활용하여 지정할 수 있습니다.

셀 모양은 기본적으로 엑셀에서 제공하는 스타일도 있습니다. 스타일을 활용하여 엑셀의 표를 꾸미는 기법, 자신이 좋아하는 스타일을 등록하고 필요할 때 사용하는 방법도 익혀보겠습니다.

STEP 01 셀에 테두리와 색상 입히기

예제 파일 CHAPTER 02\01_테두리와 색상 입히기.xlsx

각 셀과 표에는 테두리와 테두리 색상을 적용할 수 있습니다. 또한 테두리의 굵기와 선 스타일, 셀 배경색 등을 적절히 활용하면 표를 더욱 입체적으로 만들 수 있습니다.

먼저 서식이 지정되어 있지 않은 표에서 다음과 같이 간단하게 테두리만 적용해 표 형태를 만드는 방법을 알아보겠습니다. [간단한테두리] 시트에서 작업합니다.

성명	연차	매출	수수료율	수수료
김길수	1	6,568,566	1.1%	72,254
이현수	3	7,970,182	5.2%	414,449
김아람	2	9,394,660	2.0%	187,893
이형준	1	5,859,080	9.3%	544,894
박영훈	4	8,157,013	9.7%	791,230
나영은	4	3,036,322	9.9%	300,596
박성우	1	6,153,876	3.6%	221,540
하일호	5	3,906,006	3.9%	152,334
김동수	3	4,341,096	4.2%	182,326
진영호	2	8,920,906	1.7%	151,655
이진수	2	6,531,931	2.0%	130,639

■ 사원별 수수료

> 표 테두리를
> 쉽고 빠르게 그리고 싶어요.

화려하진 않지만 표다운 표를 가장 간단하게 만드는 방법입니다. 표 전체에 실선을 적용하고 제목 행만 이중선으로 구분해보겠습니다.

01 [B3:F14] 범위를 지정한 후 [홈] 탭-[글꼴] 그룹-[테두리⊞]의 목록 버튼⌄을 클릭하고 [모든 테두리]를 클릭합니다.

02 [B3:F3] 범위를 지정한 후 [홈] 탭-[글꼴] 그룹-[테두리⊞]의 목록 버튼⌄을 클릭하고 [아래쪽 이중 테두리]를 클릭합니다.

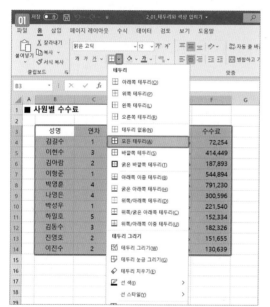 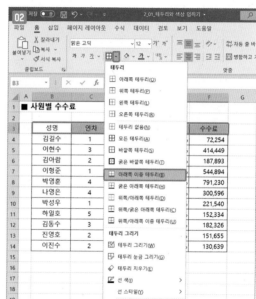

테두리 기능을 응용할 수도 있습니다. [셀 서식] 대화상자의 [테두리] 탭을 보면 테두리의 색뿐만 아니라 스타일도 지정할 수 있습니다.

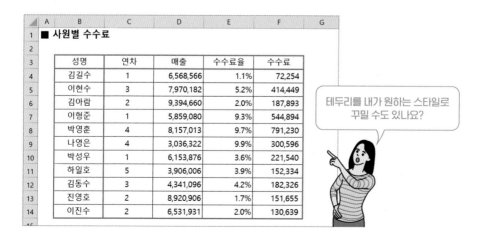

다음은 표에서 테두리를 파란색의 굵은 실선으로 지정하는 방법입니다. [테두리응용] 시트에서 작업합니다.

01 [B3:F14] 범위를 지정한 후 [홈] 탭–[글꼴] 그룹–[테두리⊞]의 목록 버튼⌄을 클릭하고 [모든 테두리]를 클릭합니다.

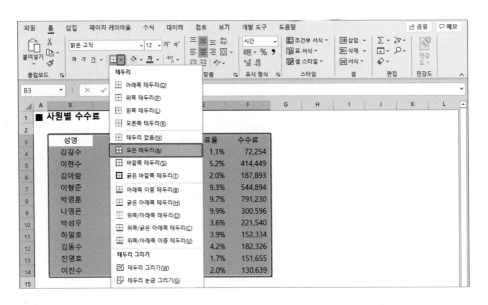

02 [B3:F14] 범위를 지정한 후 마우스 오른쪽 버튼을 클릭하고 바로 가기 메뉴에서 [셀 서식]을 클릭합니다.

03 [셀 서식] 대화상자의 [테두리] 탭을 클릭합니다. [색]은 [파랑, 강조 1]로 지정합니다. [스타일]은 [굵은 실선], [미리 설정]은 [윤곽선]을 각각 클릭한 후 [확인]을 클릭합니다.

04 [B3:B14] 범위를 지정한 후 [셀 서식] 대화상자를 열어 **03**번 과정을 반복합니다. [B3: F3] 범위도 같은 과정을 반복합니다.

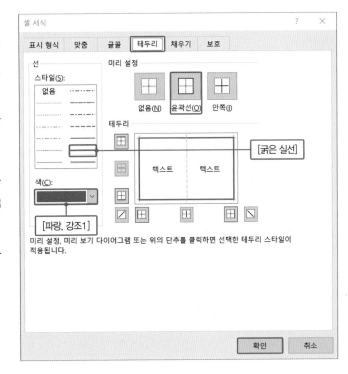

> **TIP** [페이지 레이아웃] 탭–[시트 옵션] 그룹–[눈금선]의 체크를 해제하면 셀을 구분하는 눈금선이 사라져 표에 적용된 테두리를 더욱 분명하게 확인할 수 있습니다. 참고로 워크시트에 나타나는 회색 눈금선은 셀을 구분하기 위해 표시되는 임의의 선이므로 문서를 인쇄하면 용지에는 인쇄되지 않습니다.

표를 만들 때 제목이나 필드명 등 중요한 부분을 다른 색으로 표시하면 훨씬 보기 좋습니다. 색은 단색을 지정할 수도 있고 채우기(그라데이션) 효과를 이용해 두 가지 색상을 같이 사용할 수도 있습니다.

	구 분	15세이상	경제활동	취업자	실업자	고용률	실업률
경기도 경제활동 인구 현황							
						(단위: 천명)	
	수원시	893.5	522.8	504.8	18.1	56.5%	3.5%
	성남시	816.3	476.9	464.5	12.4	56.9%	2.6%
	의정부시	363.0	200.7	197.3	3.4	54.4%	1.7%
	안양시	526.3	293.0	283.6	9.5	53.9%	3.2%
	부천시	744.8	442.4	429.6	12.9	57.7%	2.9%
	광명시	263.4	151.9	147.4	4.5	56.0%	3.0%
	평택시	337.3	203.3	197.3	6.0	58.5%	2.9%
	동두천시	78.0	42.9	42.2	0.8	54.0%	1.8%

셀에 보기 좋게 색을 적용하고 싶어요.

다음은 표에서 제목과 필드명이 있는 셀에 색상을 채우는 방법입니다. [색채우기] 시트에서 작업합니다.

01 표 제목이 있는 [B1:H1] 범위를 지정한 후 [홈] 탭-[글꼴] 그룹-[채우기 색 🖋️]의 목록 버튼☑️을 클릭하고 [테마 색]에서 [파랑, 강조 1, 60% 더 밝게]를 클릭합니다.

02 필드명이 있는 [B3:H3] 범위를 지정한 후 임의의 셀을 마우스 오른쪽 버튼으로 클릭하고 [셀 서식]을 클릭합니다.

03 [셀 서식] 대화상자에서 [채우기] 탭을 클릭합니다. 그리고 [채우기 효과]를 클릭합니다.

04 [색 1]은 [흰색, 배경 1]로 지정하고, [색 2]는 [파랑, 강조 1]로 지정합니다. [음영 스타일]은 [가로]를 클릭하고, [적용]에서는 첫 번째 모양을 클릭합니다. [확인]을 클릭합니다. 그리고 [셀 서식] 대화상자에서 [확인]을 클릭합니다.

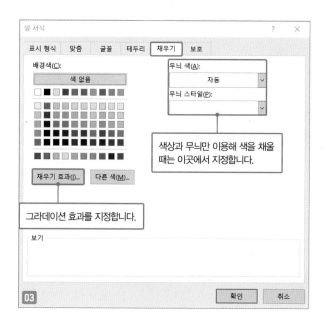

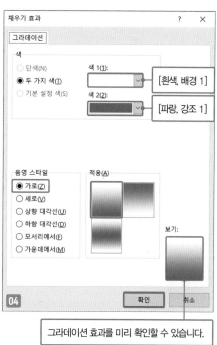

STEP 02 음수와 양수 색상 다르게 표시하기

예제 파일 CHAPTER 02\02_셀 서식_색상 및 주가.xlsx

사용자 지정 셀 서식에서는 양수, 음수, 0, 문자 등 네 가지 데이터 형식에 따라 각각의 셀 서식을 세미콜론(;)으로 구분하여 지정합니다. 예를 들어 특정 셀에 사용자 지정 셀 서식을 **#,##0;-#,##0;-;@**와 같이 지정하면 양수는 콤마가 있는 숫자 형식, 음수는 마이너스 기호와 콤마가 있는 숫자 형식, 0은 마이너스(-)로, 문자는 일반 문자 그대로 표시됩니다. 이 기능을 응용하면 양수와 음수를 각각 다른 색으로 표시할 수 있습니다.

	A	B	C	D	E	F
1		■ 분기별 매출				
2						
3		구분	1분기	2분기	증감	
4		CPU	22,548	47,026	24,478	
5		RAM	26,531	60,896	34,365	
6		Hard Disk	99,169	87,751	-11,418	
7		Case	25,000	826	-24,174	
8		Mouse	2,774	98,518	95,744	
9		Power	86,716	7,428	-79,288	
10		Graphic Card	62,491	519	-61,972	
11		계	325,229	302,964	-22,265	
12						

> 양수는 빨간색으로,
> 음수는 파란색으로
> 표시하고 싶어요.

이 경우 셀 서식은 #,##0;-#,##0과 같이 콤마가 있는 숫자 형식으로 지정하되, **[빨강]#,##0;[파랑]-#,##0**처럼 숫자 형식 앞에 색상 이름을 대괄호로 입력하면 양수는 빨간색, 음수는 파란색으로 표시됩니다. 분기별 증감액이 양수일 경우 빨간색으로, 음수일 경우 파란색으로 표시하도록 사용자 지정 셀 서식을 지정해보겠습니다. [양수음수표시] 시트에서 작업합니다.

01 [E4:E11] 범위를 지정하고 마우스 오른쪽 버튼을 클릭한 후 [셀 서식]을 클릭합니다.

	A	B	C	D	E	F	G
1		■ 분기별 매출					
2							
3		구분	1분기	2분기	증감		
4		CPU	22,548	47,026	24,478		
5		RAM	26,531	60,896	34,365		
6		Hard Disk	99,169	87,751	-11,418		
7		Case	25,000	826	-24,174		
8		Mouse	2,774	98,518	95,744		
9		Power	86,716	7,428	-79,288		
10		Graphic Card	62,491	519	-61,972		
11		계	325,229	302,964	-22,265		
12							

마우스 오른쪽 버튼 클릭

맑은 고드 12 가 가 ⌨ % 9 🔲
가 가 三 ◇ 가 🔲 ←.0 .00

- ✂ 잘라내기(T)
- 📋 복사(C)
- 📋 붙여넣기 옵션:
  - 📋
- 선택하여 붙여넣기(S)...
- 🔍 스마트 조회(L)
- 삽입(I)...
- 삭제(D)...
- 내용 지우기(N)
- 🔠 빠른 분석(Q)
- 필터(E) >
- 정렬(O) >
- 🔳 표/범위에서 데이터 가져오기(G)...
- 🗨 새 메모(M)
- 🗨 새 메모(N)
- 📋 셀 서식(F)...
- 드롭다운 목록에서 선택(K)
- 윗주 필드 표시(S)

TIP [셀 서식] 대화상자의 단축키는 Ctrl + 1 입니다.

02 [셀 서식] 대화상자의 [표시 형식] 탭에서 [범주]의 [사용자 지정]을 클릭한 후 [형식]에 **[빨 강]#,##0;[파랑]-#,##0**을 입력하고 [확인]을 클릭합니다.

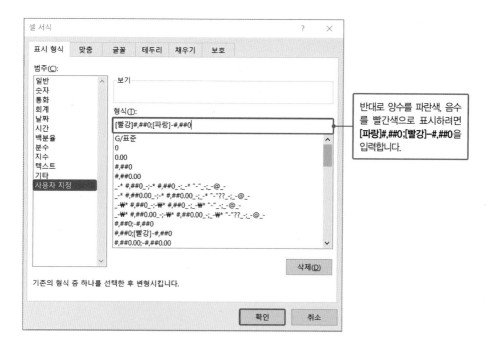

양수와 음수의 색상을 다르게 표시했던 것처럼 특정 값보다 많거나 적은 값의 색상을 다르게 표시할 수도 있습니다.

▲	A	B	C	D	E	
1		■ 분기별 매출				
2						
3		구분	1분기	2분기	계	
4		CPU	22,548	47,026	69,574	
5		RAM	26,531	60,896	87,427	
6		Hard Disk	99,169	87,751	186,920	
7		Case	25,000	826	25,826	
8		Mouse	2,774	98,518	101,292	
9		Power	86,716	7,428	94,144	
10		Graphic Card	62,491	519	63,010	
11		계	325,229	302,964	628,193	
12						

셀값이 100,000보다 많거나 적을 때 각각 다른 색상으로 표시하고 싶어요.

색상은 [파랑], [녹청], [녹색], [자홍], [빨강], [흰색], [노랑] 등을 입력해 지정할 수 있습니다. 다음은 값이 100,000 이하일 경우 빨간색으로, 100,000을 초과할 경우 파란색으로 표시되도록 설정하는 방법입니다. [특정값색지정] 시트에서 작업합니다.

01 [E4:E11] 범위를 지정하고 마우스 오른쪽 버튼을 클릭한 후 [셀 서식]을 클릭합니다.

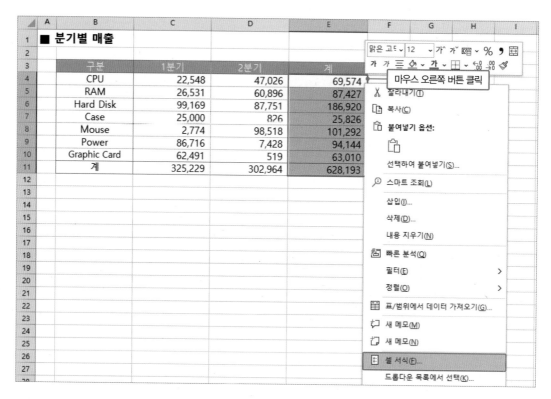

TIP [셀 서식] 대화상자의 단축키는 Ctrl + 1 입니다.

02 [셀 서식] 대화상자의 [표시
형식] 탭에서 [범주]의 [사용
자 지정]을 클릭한 후 [형식]에
**[빨강][<=100000]#,##0;[파랑]
[>100000]#,##0**을 입력하고
[확인]을 클릭합니다.

셀 서식을 이용하면 아래 그림처럼 주가등락 표시와 같은 증감 표시도 엑셀에서 구현할 수 있습니다.

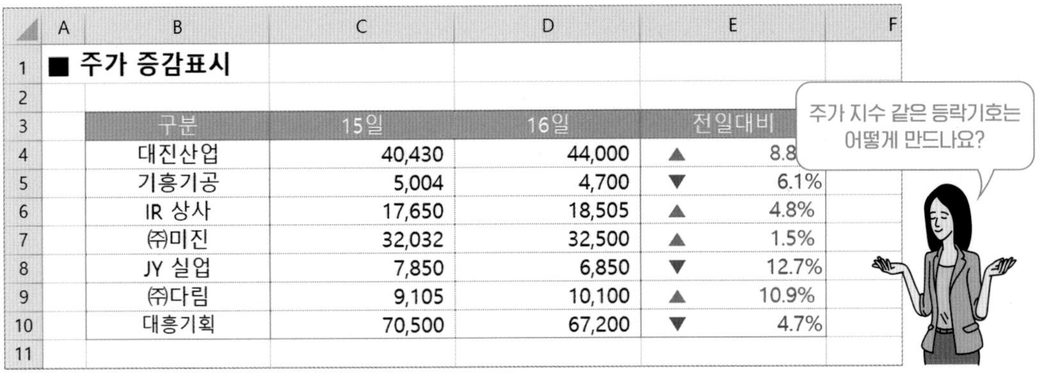

	A	B	C	D	E	F
1		■ 주가 증감표시				
2						
3		구분	15일	16일	전일대비	
4		대진산업	40,430	44,000	▲ 8.8	
5		기흥기공	5,004	4,700	▼ 6.1%	
6		IR 상사	17,650	18,505	▲ 4.8%	
7		㈜미진	32,032	32,500	▲ 1.5%	
8		JY 실업	7,850	6,850	▼ 12.7%	
9		㈜다림	9,105	10,100	▲ 10.9%	
10		대흥기획	70,500	67,200	▼ 4.7%	
11						

주가 지수 같은 등락기호는 어떻게 만드나요?

증권 시세를 보면 주가가 전일 대비 상승하면 등락률 앞에 빨간색 삼각형 기호(▲)가, 하락하면 파란색 역삼각형 기호(▼)가 붙습니다. 사용자 지정 셀 서식을 이용해서 색상은 물론 삼각형 기호까지 표시해 더욱 가독성 높은 표를 만들 수 있습니다. [주가증감] 시트에서 작업합니다.

01 [E4:E10] 범위를 지정하고 마우스 오른쪽 버튼을 클릭한 후 [셀 서식]을 클릭합니다.

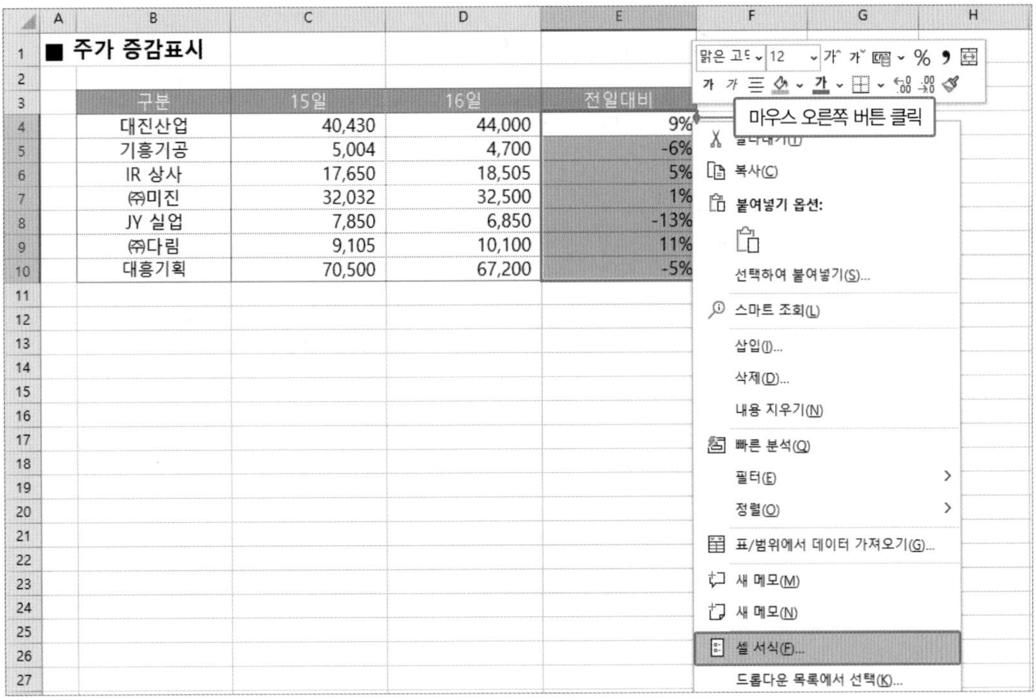

	A	B	C	D	E	F	G	H
1		■ 주가 증감표시						
2								
3		구분	15일	16일	전일대비			
4		대진산업	40,430	44,000	9%			
5		기흥기공	5,004	4,700	-6%			
6		IR 상사	17,650	18,505	5%			
7		㈜미진	32,032	32,500	1%			
8		JY 실업	7,850	6,850	-13%			
9		㈜다림	9,105	10,100	11%			
10		대흥기획	70,500	67,200	-5%			

마우스 오른쪽 버튼 클릭

- 잘라내기(T)
- 복사(C)
- 붙여넣기 옵션:
- 선택하여 붙여넣기(S)...
- 스마트 조회(L)
- 삽입(I)...
- 삭제(D)...
- 내용 지우기(N)
- 빠른 분석(Q)
- 필터(E) >
- 정렬(O) >
- 표/범위에서 데이터 가져오기(G)...
- 새 메모(M)
- 새 메모(N)
- 셀 서식(F)...
- 드롭다운 목록에서 선택(K)...

TIP [셀 서식] 대화상자의 단축키는 Ctrl + 1 입니다.

02 [셀 서식] 대화상자의 [표시 형식] 탭에서 [범주]의 [사용자 지정]을 클릭한 후 [형식]에 **[빨강]" ▲"*
0.0% ;[파랑]" ▼"* 0.0%를 입력하고 [확인]을 클릭합니다.

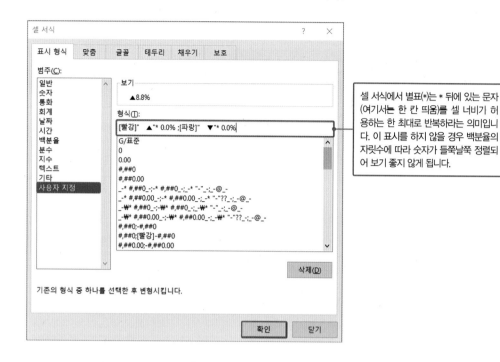

셀 서식에서 별표(*)는 * 뒤에 있는 문자
(여기서는 한 칸 띄움)를 셀 너비가 허
용하는 한 최대로 반복하라는 의미입니
다. 이 표시를 하지 않을 경우 백분율의
자릿수에 따라 숫자가 들쭉날쭉 정렬되
어 보기 좋지 않게 됩니다.

 친절한 **Point Note**　엑셀에서 특수문자 입력하기

엑셀 워크시트에 ▲, ▼와 같은 기호를 입력하려면 한글 입
력 상태에서 한글 자음 ㅁ을 눌러 입력하고 한자를 눌러
나타나는 특수문자 목록에서 원하는 기호를 선택합니다.
예를 들어 삼각형 기호인 ▲를 입력하려면 빈 셀에 ㅁ을 입
력한 후 한자를 누르고 다음과 같이 나타나는 특수문자
목록에서 [▲] 기호를 선택하면 됩니다.

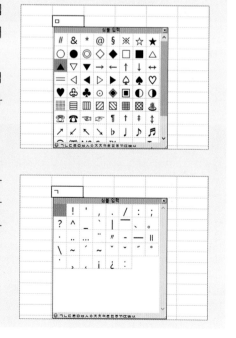

이러한 특수문자는 ㅁ 뿐만 아니라 ㄱ, ㄴ, ㄷ 등 한글 자음
을 입력한 후 한자를 누르면 각기 다른 특수문자들이 나
타납니다. 예를 들어 ㄱ 입력 후, 한자를 눌렀을 때는 다음
과 같은 특수문자 목록이 나타납니다.

특수문자는 엑셀의 [기호] 대화상자에서 선택할 수도 있습니다. [삽입] 탭–[기호] 그룹–[기호]를 클릭하면 다음과 같이 [기호] 대화상자에 특수문자 목록이 나타납니다.

특수문자 중에서 원하는 문자를 선택한 후 [삽입]을 클릭하면 특수문자를 입력할 수 있습니다.

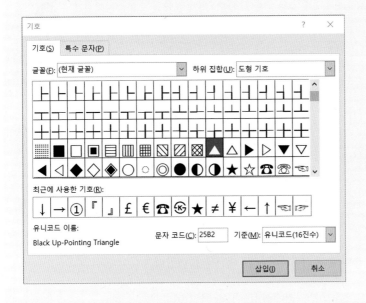

STEP 03   셀 스타일 이용하기

예제 파일 CHAPTER 02\03_스타일 적용.xlsx

셀 색상을 진한 색으로 지정했다면 보통 셀 안의 글자 색상은 흰색으로 지정해야 가독성이 높아집니다. 이렇게 색을 선택하는 방법에 자신이 없다면 셀 스타일 기능을 이용해서 쉽게 셀 색상과 글자 색상을 지정할 수 있습니다. 또 자신이 좋아하는 셀 스타일을 등록하거나, 다른 사람이 적용한 셀 스타일이 마음에 들면 나만의 스타일로 등록해서 사용할 수도 있습니다.

특히 표에 어떤 테두리 및 색상을 적용해야 할지 막막할 때 스타일 기능을 이용하면 편리합니다. 다음은 스타일 기능을 적용한 표의 모습입니다.

	A	B	C	D	E	F	G	H
1	■ 인구성장율 국제비교							
2								
3		연도	'90~'95	'95~'00	'00~'05	'05~'10	'10~'15	
4		일본	0.31	0.25	0.17	0.06	-0.07	
5		중국	1.08	0.88	0.65	0.58	0.56	0.44
6		한국	1.01	0.83	0.48	0.30	0.16	0.02
7		인도	1.93	1.75	1.55	1.40	1.26	1.11
8		프랑스	0.51	0.37	0.41	0.34	0.26	0.20
9		미국	1.07	1.05	0.97	0.92	0.85	0.77
10		영국	0.32	0.34	0.34	0.28	0.30	0.35

> 내 미적 감각으로는 멋진 셀 서식을 적용할 수가 없어요.

이처럼 셀 스타일은 글자 색상과 셀 색상이 어느 정도 검증된 것들 위주로 등록되어 있으므로 안심하고 사용할 수 있습니다. 표에 이와 같은 스타일을 적용하는 방법은 다음과 같습니다.

01 [A1:D1] 범위를 지정하고 [홈] 탭-[스타일] 그룹-[셀 스타일]을 클릭합니다. 스타일 갤러리에서 [제목 1]을 클릭합니다.

02 [B3:H3] 범위를 지정하고 스타일 갤러리에서 [강조색1]을 클릭합니다.

03 [B4:H10] 범위를 지정하고 스타일 갤러리에서 [출력]을 클릭합니다.

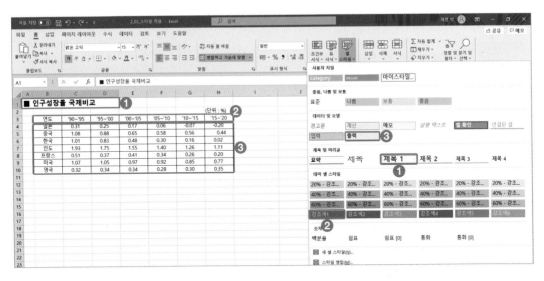

TIP 스타일 갤러리에서 각 스타일 항목에 마우스 포인터를 위치시키면 지정된 범위의 스타일을 미리 보여줍니다.

기본으로 제공되는 셀 스타일에 만족할 수 없다면 셀 스타일을 직접 만들어 [사용자 지정]에 등록할 수 있습니다. 마음에 드는 셀 스타일이나 자주 쓰는 셀 스타일을 등록해놓고 필요할 때 바로 적용하면 편리합니다.

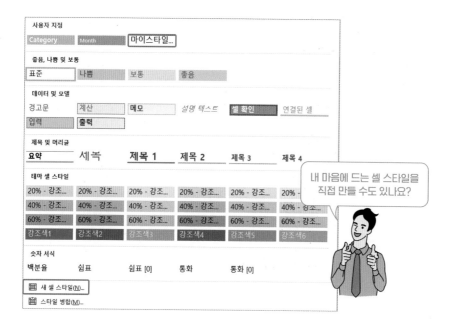

다음은 스타일 갤러리에 새 [스타일1] 스타일을 등록하는 방법입니다.

01 [홈] 탭-[스타일] 그룹-[셀 스타일]을 클릭합니다. 스타일 갤러리에서 [새 셀 스타일]을 클릭합니다. [스타일] 대화상자에서 [서식]을 클릭합니다.

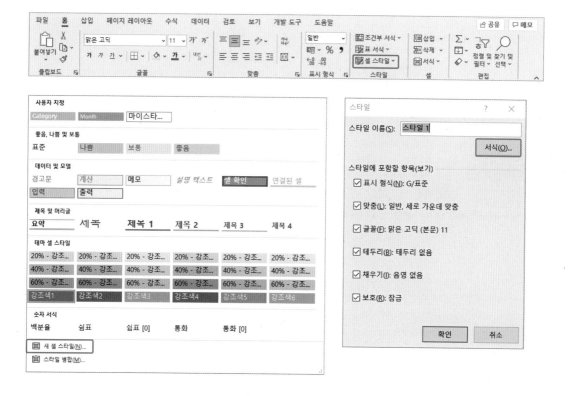

02 [셀 서식] 대화상자의 [글꼴]
탭에서 [글꼴]은 [맑은 고딕],
[크기]는 [12]로 지정합니다.

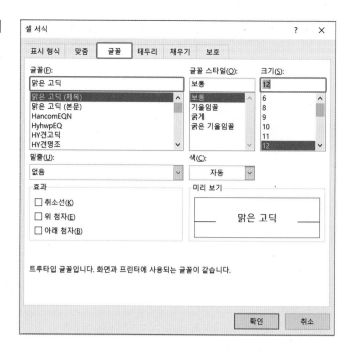

03 [셀 서식] 대화상자의 [테두리] 탭에서 [스타일]은 [실선]으로, [색]은 [빨간색]으로 지정하고 [윤
곽선]을 클릭한 후 [확인]을 클릭합니다.

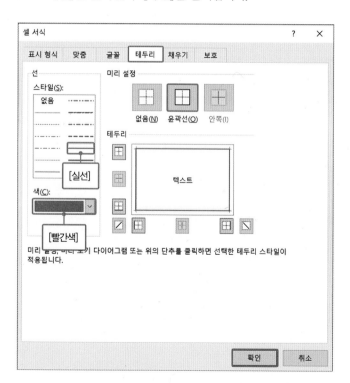

04 [스타일] 대화상자에서 [스타일 이름]에 **스타일1**을 입력하고, [글꼴] 및 [테두리]에 체크를 확인한 후 [채우기], [보호]는 체크를 해제합니다. [확인]을 클릭합니다. 스타일 갤러리에 [스타일1]이 등록됩니다.

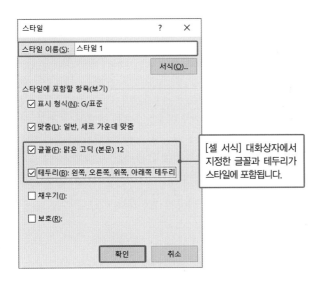

[셀 서식] 대화상자에서 지정한 글꼴과 테두리가 스타일에 포함됩니다.

조건에 따라 셀 강조하기

표에 숫자만 나열되어 있으면 데이터가 가지는 값이 바로 눈에 들어오지 않습니다. 이때는 조건부 서식 기능을 활용하여 특정 숫자들을 강조할 수 있습니다.

조건부 서식을 활용할 경우 숫자가 들어 있는 셀 자체를 데이터 막대 또는 아이콘을 통해 숫자의 크기를 시각화하여 보여줄 수 있고, 숫자가 커질수록 셀 색상을 더 진하게 표현하여 강조할 수도 있습니다.

또한 함수와 조건부 서식 기능을 적절히 활용해 2행 또는 3행마다 셀에 자동으로 색상을 입힐 수도 있고, 일별 실적 자료에서 토요일 또는 일요일 등 원하는 요일이 있는 행에만 색상을 입혀 강조할 수도 있습니다.

STEP 01 셀에 데이터 막대와 아이콘 표시하기

예제 파일 CHAPTER 02\04_데이터 막대와 아이콘.xlsx

영업사원별 판매 실적을 비교한 표에서 단순히 숫자만 나타낸다면 어떤 영업사원이 얼마만큼 실적을 올렸는지 한눈에 보기 힘듭니다. 이 경우 데이터 막대를 이용해서 시각적으로 표시하면 한눈에 영업사원별 실적 비교가 가능합니다. [데이터막대] 시트에서 작업합니다.

	A	B	C	D
1		■ 영업사원별 실적		
2				
3		성명	판매실적	
4		김길수	97	
5		이현수	98	
6		김아람	32	
7		이형준	78	
8		박영훈	91	
		나영은	65	

> 막대그래프처럼 편하게 데이터를 확인할 수 있는 서식을 만들고 싶어요.

단순한 숫잣값을 데이터 막대로 표시하면 이해하기 훨씬 편해집니다. 데이터 막대는 조건부 서식을 이용하면 클릭 몇 번으로 적용할 수 있습니다.

01 [C4:C14] 범위를 지정합니다.

02 [홈] 탭–[스타일] 그룹–[조건부 서식]–[데이터 막대]–[단색 채우기]–[녹색 데이터 막대]를 클릭합니다.

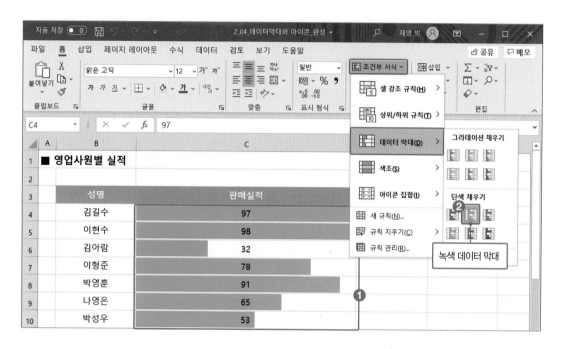

조건부 서식을 이용하면 데이터를 아이콘 형태로도 표시할 수 있습니다.

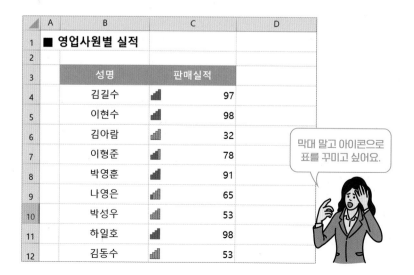

막대 말고 아이콘으로 표를 꾸미고 싶어요.

조건부 서식의 [아이콘 집합]에는 엑셀에서 제공하는 다양한 아이콘이 있습니다. 또 원래 지정한 규칙을 편집해서 원하는 값의 범위를 조정할 수도 있습니다. [아이콘] 시트에서 작업합니다.

01 [C4:C14] 범위를 지정합니다. [홈] 탭–[스타일] 그룹–[조건부 서식]을 클릭합니다. [아이콘 집합]–[추천]–[평점 5]를 클릭합니다. [홈] 탭–[스타일] 그룹–[조건부 서식]–[규칙 관리]를 클릭합니다.

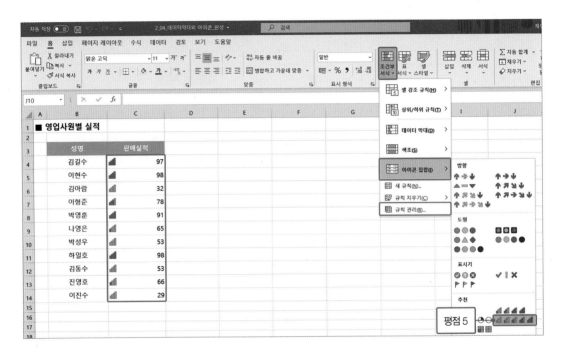

02 [조건부 서식 규칙 관리자] 대화상자에서 [규칙 편집]을 클릭합니다.

03 [서식 규칙 편집] 대화상자에서 현재 80, 60, 40, 20으로 입력되어 있는 [값]을 **80, 70, 60, 50**으로 각각 수정한 후 [확인]을 클릭합니다. [조건부 서식 규칙 관리자] 대화상자에서도 [확인]을 클릭합니다.

서식 규칙 편집	? ×
규칙 유형 선택(S):	

▶ 셀 값을 기준으로 모든 셀의 서식 지정
▶ 다음을 포함하는 셀만 서식 지정
▶ 상위 또는 하위 값만 서식 지정
▶ 평균보다 크거나 작은 값만 서식 지정
▶ 고유 또는 중복 값만 서식 지정
▶ 수식을 사용하여 서식을 지정할 셀 결정

규칙 설명 편집(E):

셀 값을 기준으로 모든 셀의 서식 지정:

서식 스타일(O): 아이콘 집합 | 아이콘 순서 거꾸로(D)

아이콘 스타일(C): | ☐ 아이콘만 표시(I)

다음 규칙에 따라 각 아이콘 표시:

아이콘(N)			값(V)		종류(T)
📊 ▼	값	>= ∨	80	↕	백분율 ∨
📊 ▼	값 < 80	>= ∨	70	↕	백분율 ∨
📊 ▼	값 < 70	>= ∨	60	↕	백분율 ∨
📊 ▼	값 < 60	>= ∨	50	↕	백분율 ∨
📊 ▼	값 < 50				

확인 · 취소

TIP [서식 규칙 편집] 대화상자의 [종류]에 [백분율] 대신 [숫자]를 선택하면 특정 값보다 크거나 작은 값을 기준으로 아이콘을 지정할 수도 있습니다.

STEP 02 색상으로 셀 강조하기

예제 파일 CHAPTER 02\05_색상으로 강조.xlsx

조건부 서식을 활용하면 전체 표에서 판매 실적이 좋은 부분은 짙은 색으로, 실적이 저조한 부분은 연한 색으로 나타내어 전체 판매 추이를 한눈에 파악할 수 있습니다. 그리고 특정 숫자를 입력해서 해당 숫자보다 많이 판매하거나 적게 판매한 일자도 쉽게 표시할 수 있습니다.

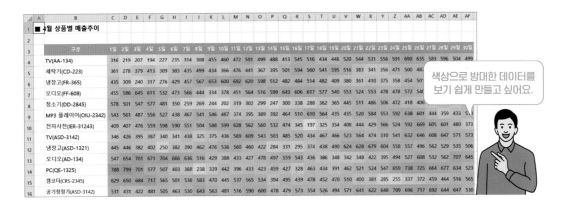

색상으로 방대한 데이터를 보기 쉽게 만들고 싶어요.

예제와 같은 상품별 매출 추이는 색상을 이용해 한눈에 파악할 수 있는 표로 만드는 것이 좋습니다. 조건부 서식 중 색조 기능을 이용해 각 상품별 일별 실적을 보기 쉽게 만들어보겠습니다. [색조기능] 시트에서 작업합니다.

01 [C4:AF16] 범위를 지정합니다.

02 [홈] 탭-[스타일] 그룹-[조건부 서식]-[색조]-[녹색-노랑 색조]를 클릭합니다. 매출이 높은 값은 녹색으로, 매출이 낮은 값은 노란색으로 표시됩니다.

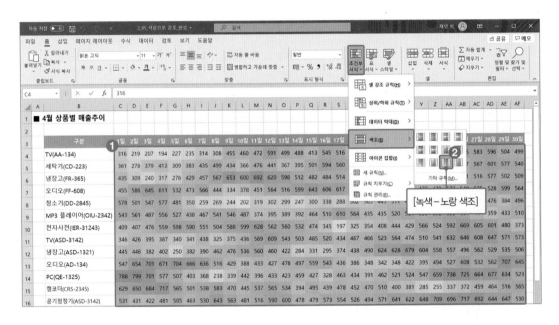

셀 강조 규칙을 이용하면 셀값이 특정 값 이상 또는 이하인 셀만 원하는 색상으로 표시할 수 있습니다. [특정값이상] 시트에서 작업합니다.

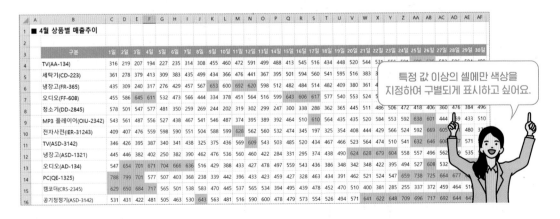

특정 값 이상의 셀에만 색상을
지정하여 구별되게 표시하고 싶어요.

다음은 매출이 600보다 큰 셀의 글자 색상은 빨간색으로, 셀 색상은 연한 빨간색으로 지정하는 방법입니다.

01 [C4:AF16] 범위를 지정한 후 [홈] 탭–[스타일] 그룹–[조건부 서식]–[셀 강조 규칙]–[보다 큼]을 클릭합니다.

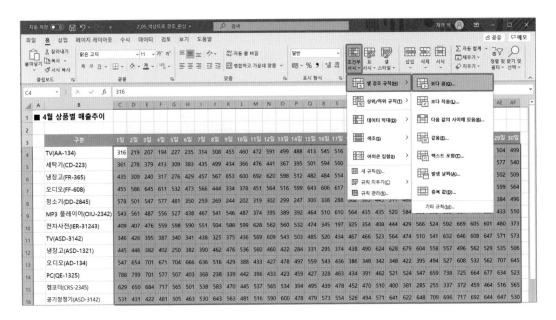

02 [보다 큼] 대화상자에서 [다음 값보다 큰 셀의 서식 지정]에 **600**을 입력하고, [적용할 서식]에서 [진한 빨강 텍스트가 있는 연한 빨강 채우기]를 선택합니다. [확인]을 클릭하면 조건부 서식이 적용됩니다.

예제 파일 CHAPTER 02\06_함수 조건부 서식.xlsx

함수를 활용해서 조건부 서식을 지정하면 더욱 복잡한 서식 작업도 가능합니다. 예를 들어 표에서 3행마다 색상을 넣어 강조하여 표시할 수 있습니다.

	구분	배	사과	수박	오이
	■ 월별 판매목표				
1월		28,713	85,757	89,216	53,972
2월		32,016	62,307	52,961	98,882
3월		**88,945**	**24,032**	**90,345**	**57,442**
4월		31,305	63,599	55,187	89,419
5월		22,724	47,641	40,336	71,3
6월		**82,576**	**91,160**	**99,552**	**93,6**
7월		49,549	81,285	91,595	94,4
8월		55,553	90,720	87,306	61,695
9월		**24,025**	**31,636**	**83,724**	**90,265**
10월		70,366	75,375	21,527	48,362
11월		15,192	68,557	38,035	15,532
12월		**68,936**	**42,271**	**76,704**	**61,150**
계		29,336	68,020	31,528	54,136

세 줄마다 행을 회색으로 표시하고 싶어요.

조건부 서식과 함수를 활용해서 3월, 6월, 9월, 12월에 해당하는 행에만 회색을 적용해보겠습니다. 행 번호를 반환하는 ROW 함수와 특정 값을 나누고 남은 나머지를 반환하는 MOD 함수를 이용하면 행을 구분할 수 있습니다. [분기말색지정] 시트에서 작업합니다.

친절한 함수 해설

ROW 함수

현재 행 머리글을 반환합니다. 셀에 **=ROW( )**를 입력하면 해당 함수를 입력한 셀의 행 번호를 표시합니다. 예를 들어 [B4] 셀에 **=ROW( )**를 입력하면 [B4] 셀은 4행에 있으므로 4가 나옵니다.

MOD 함수

나눗셈의 나머지를 반환하는 함수로 **=MOD(숫자, 나누는 숫자)** 형태로 입력합니다. 예를 들어 **=MOD(10,3)**라고 입력했을 경우 1이 나옵니다. 10을 3으로 나누었을 때 나머지는 1이기 때문입니다. 함수 기능에 대한 자세한 설명은 CHAPTER 04에서 알아보겠습니다.

01 [B4:F16] 범위를 지정한 후 [홈] 탭-[스타일] 그룹-[조건부 서식]-[새 규칙]을 클릭합니다.

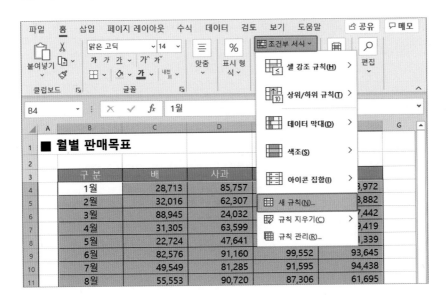

02 [새 서식 규칙] 대화상자의 [규칙 유형 선택]에서 [수식을 사용하여 서식을 지정할 셀 결정]을 클릭하고 [다음 수식이 참인 값의 서식 지정]에 **=MOD(ROW( ),3)=0**을 입력한 후 [서식]을 클릭합니다.

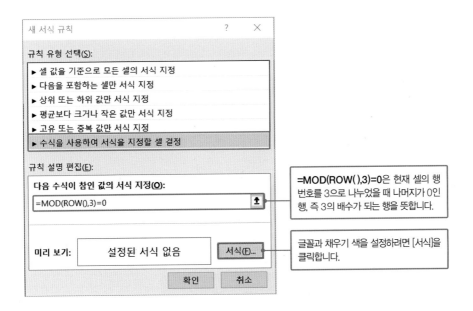

=MOD(ROW( ),3)=0은 현재 셀의 행 번호를 3으로 나누었을 때 나머지가 0인 행, 즉 3의 배수가 되는 행을 뜻합니다.

글꼴과 채우기 색을 설정하려면 [서식]을 클릭합니다.

03 [셀 서식] 대화상자의 [글꼴] 탭에서 [글꼴 스타일]을 [굵게]로 지정합니다.

04 [채우기] 탭에서 [배경색]을 짙은 회색으로 선택한 후 [확인]을 클릭합니다. [새 서식 규칙] 대화
상자도 [확인]을 클릭합니다.

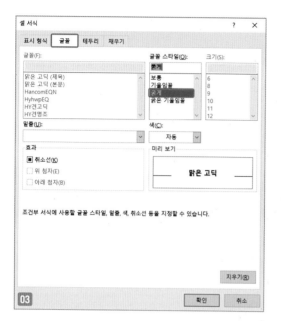
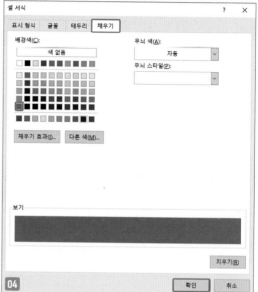

> **TIP** [홈] 탭－[스타일] 그룹－[조건부 서식]－[규칙 지우기]를 클릭하면 지정한 조건부 서식을 삭제할 수 있고, [규칙 관리]를 클릭하면 지정한 서식을 수정할 수 있습니다.

조건부 서식과 함수를 활용하여 일별 실적 자료에서 토요일 행과 일요일 행에만 색상을 채울 수도 있습니다. [토일색지정] 시트에서 작업합니다.

	구 분	배	사과	수박	오이
	■ 일별 실적				
4	2021-09-06	19,166	65,202	66,252	2,173
5	2021-09-07	11,983	48,770	5,941	4,115
6	2021-09-08	48,667	36,884	62,866	56,976
7	2021-09-09	88,651	48,273	84,203	64,547
8	2021-09-10	83,126	38,109	61,805	
9	2021-09-11	67,544	49,299	24,107	
10	2021-09-12	20,998	19,959	5,966	
11	2021-09-13	65,381	97,147	94,519	94,565
12	2021-09-14	89,742	13,356	71,785	67,694
13	2021-09-15	32,522	9,591	90,608	73,677
14	2021-09-16	65,776	57,775	49,459	64,550
15	2021-09-17	58,033	10,222	22,378	9,839
16	2021-09-18	90,123	42,318	40,659	74,283

> 토요일 행과 일요일 행을 다른 색상으로 표시하고 싶어요.

일별 실적 자료에서 조건부 서식과 함께 WEEKDAY 함수를 사용해서 토요일 행은 회색, 일요일 행은 빨강으로 표시해보겠습니다.

WEEKDAY 함수

특정 날짜에서 요일에 해당하는 값을 반환합니다. 일요일, 월요일, 화요일, 수요일, 목요일, 금요일, 토요일에 따라 각각 숫자 1, 2, 3, 4, 5, 6, 7을 반환합니다. **=WEEKDAY("연도-월-일")** 혹은 **=WEEKDAY(연도/월/일)** 형태로 입력합니다. **=WEEKDAY(2021/9/6)**라고 입력했을 경우 결괏값은 2입니다. 2021년 9월 6일은 월요일이며 월요일에 해당하는 반환값은 숫자 2이기 때문입니다.

01 [B4:F26] 범위를 지정한 후 [홈] 탭-[스타일] 그룹-[조건부 서식]-[새 규칙]을 클릭합니다.

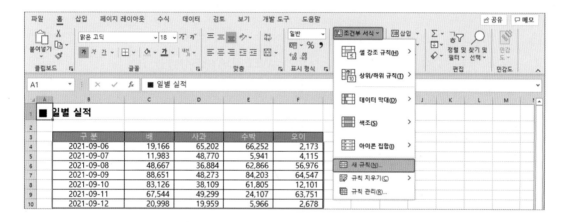

02 [새 서식 규칙] 대화상자의 [규칙 유형 선택]에서 [수식을 사용하여 서식을 지정할 셀 결정]을 클릭하고 [다음 수식이 참인 값의 서식 지정]에 **=WEEKDAY($B4)=7**을 입력한 후 [서식]을 클릭합니다.

03 [셀 서식] 대화상자의 [채우기] 탭에서 [배경색]을 짙은 회색으로 지정한 후 [확인]을 클릭합니다. [셀 서식 규칙] 대화상자에서도 [확인]을 클릭합니다. 토요일 행이 회색으로 표시됩니다.

TIP 수식 =WEEKDAY($B4)=7에서 7은 토요일을 의미합니다. 즉, [B4] 셀의 값이 토요일인 경우 서식을 적용한다는 뜻입니다. 1은 일요일입니다. WEEKDAY 함수의 인수인 [B4] 셀에서 B 앞에 달러($) 기호를 표시해 절대 참조로 입력해야 합니다. 선택한 범위에서 날짯값이 입력되어 있는 B열은 고정시켜 WEEKDAY 함수를 적용해야 하기 때문입니다. 함수와 참조에 관한 내용은 CHAPTER 04에서 자세히 알아보겠습니다.

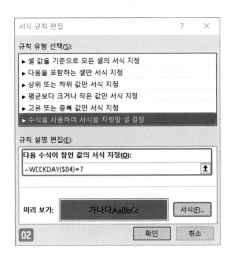

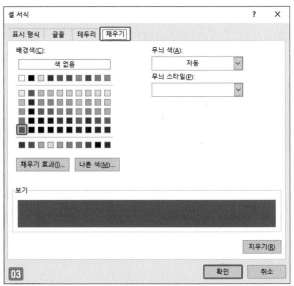

04 [B4:F26] 범위를 다시 지정한 후 [홈] 탭-[스타일] 그룹-[조건부 서식]-[새 규칙]을 클릭합니다.

05 [새 서식 규칙] 대화상자의 [규칙 유형 선택]에서 [수식을 사용하여 서식을 지정할 셀 결정]을 클릭하고, [다음 수식이 참인 값의 서식 지정]에 **=WEEKDAY($B4)=1**을 직접 입력한 후 [서식]을 클릭합니다.

06 [셀 서식] 대화상자의 [채우기] 탭에서 [배경색]을 빨간색으로 지정한 후 [확인]을 클릭합니다. [셀 서식 규칙] 대화상자에서도 [확인]을 클릭합니다. 일요일 행이 빨간색으로 표시됩니다.

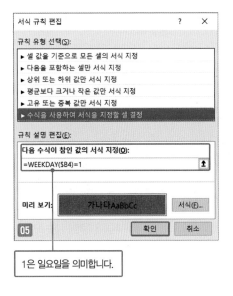

1은 일요일을 의미합니다.

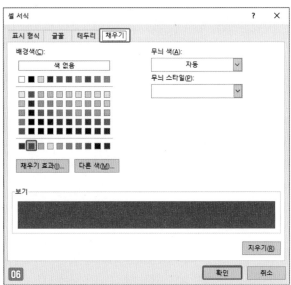

효율적으로 인쇄하기

문서를 효율적으로 인쇄하는 방법을 알아보겠습니다. 표의 너비가 넓을 때나, 한 페이지에 인쇄되지 않아 내용이 잘려서 보일 때는 여백 또는 배율 조절을 통해 쉽게 한 페이지로 인쇄할 수 있습니다.

또한 표에서 특정 영역만 선택하여 인쇄하는 방법, 세로로 긴 표를 인쇄할 때 필드명이 있는 행을 반복적으로 인쇄하는 방법, 인쇄에서 머리글 또는 바닥글을 삽입하는 방법도 알아보겠습니다.

STEP 01 문서의 여백 조절하기

예제 파일 CHAPTER 02\07_KTX 시간표.xlsx

완성한 문서를 인쇄 미리 보기에서 보면 내용 못지않게 여백의 중요함을 알 수 있습니다. 한글이나 MS 워드에서는 문서를 만들고 바로 출력해도 그럭저럭 원하는 모양의 문서를 얻을 수 있지만, 엑셀은 조금 더 신경 써야 합니다. 엑셀의 워크시트는 한글, MS 워드와 달리 페이지가 미리 설정되어 있지 않기 때문입니다. 조금 까다롭긴 하지만 같은 문서라도 설정하는 방법에 따라 여러 형태로 출력할 수 있는 것은 장점이 되기도 합니다. [인쇄여백] 시트에서 작업합니다.

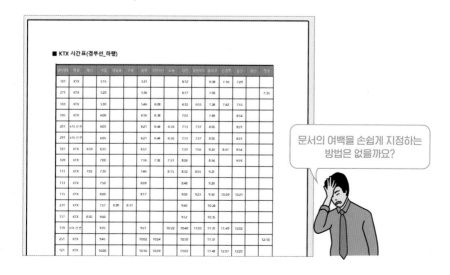

문서의 여백을 손쉽게 지정하는 방법은 없을까요?

인쇄 여백을 지정하는 가장 간단한 방법은 엑셀에서 미리 정해진 여백 중 하나를 골라 지정하는 것입니다. [기본], [넓게], [좁게], [마지막 사용자 지정 설정] 등 몇 가지 선택할 수 있는 여백이 미리 준비되어 있습니다. 인쇄 미리 보기에서 여백이 어떻게 적용되는지 미리 확인할 수 있습니다.

01 [파일] 탭-[인쇄]를 클릭합니다. 미리 보기 화면에 필드명이 '밀양'까지만 표시되는 것을 확인할 수 있습니다. 새 워크시트의 여백은 보통 [기본]으로 설정되어 있습니다.

TIP [인쇄] 화면 단축키는 Ctrl + P 입니다.

02 여백 설정 항목을 클릭하고 [좁게]를 클릭합니다.

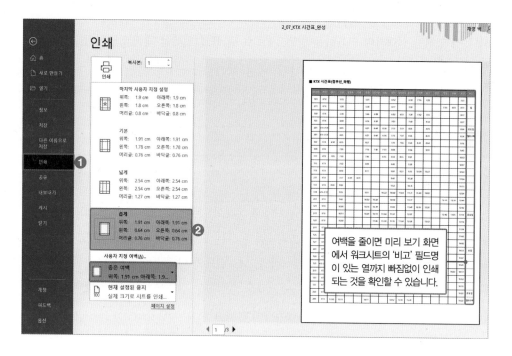

다음과 같이 긴 시간표 전체를 한 페이지에 인쇄할 수도 있습니다.

긴 시간표 전체를 한 페이지에 인쇄하려면 인쇄할 용지 크기에 맞게 인쇄 배율을 조절해야 합니다. 직접 배율을 입력해 바꿀 수도 있지만 미리 지정된 배율을 활용하면 좀 더 정확한 인쇄 결과를 얻을 수 있습니다. [페이지레이아웃] 시트에서 작업합니다.

01 [파일] 탭-[인쇄]를 클릭합니다.

02 용지의 [배율] 항목에서 [한 페이지에 시트 맞추기]를 클릭합니다. 좀 더 세부적인 설정을 원한다면 [사용자 지정 배율 옵션]을 클릭합니다.

03 [페이지 설정] 대화상자의 [페이지] 탭-[배율] 항목에서 [자동 맞춤]을 클릭한 후 [확인]을 클릭합니다.

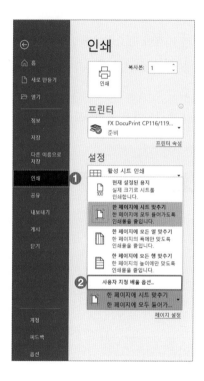
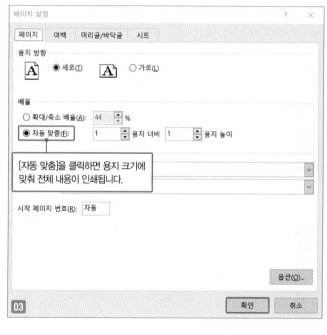

STEP 02 원하는 부분만 출력하는 인쇄 영역 지정하기

예제 파일 CHAPTER 02\07_KTX 시간표.xlsx

표 전체를 출력하기 위해 여백을 조절할 때는 보통 앞에서 설명한 방법을 이용합니다. 하지만 조금 더 간편하게 원하는 부분만 인쇄 영역으로 지정해서 인쇄하는 방법도 있습니다. [영역] 시트에서 작업합니다.

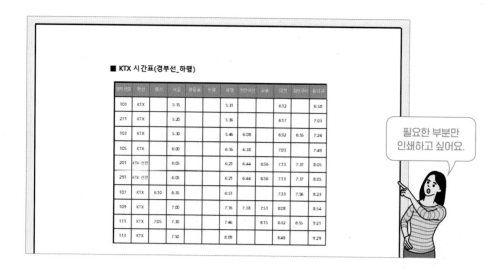

KTX 경부선 하행 시간표에서 서울~동대구 구간의 오전 8시 이전 자료만 필요하다면 경부선 하행 시간표 전체를 인쇄할 필요가 없습니다. 해당 범위만 간단하게 인쇄 영역으로 설정해서 인쇄합니다.

01 워크시트에서 [A1:M13] 범위를 지정한 후 [페이지 레이아웃] 탭-[페이지 설정] 그룹-[인쇄 영역]-[인쇄 영역 설정]을 클릭합니다.

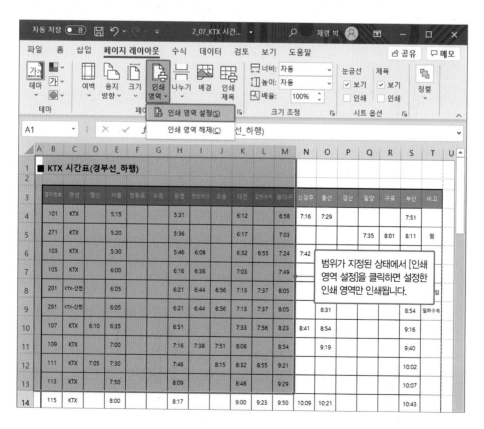

02 [파일] 탭-[인쇄]를 클릭합니다. 앞서 지정한 [A1:M13] 범위만 인쇄하도록 설정된 것을 미리 보기에서 확인할 수 있습니다.

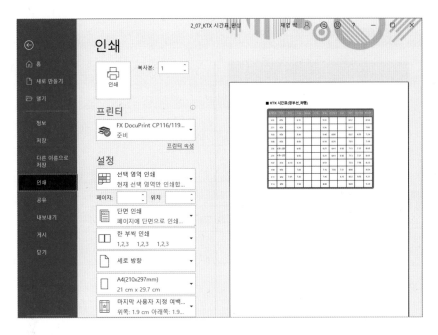

TIP 앞서 지정한 인쇄 영역을 해제하려면 [페이지 레이아웃] 탭 - [페이지 설정] 그룹 - [인쇄 영역] - [인쇄 영역 해제]를 클릭합니다.

세로로 긴 표를 인쇄하면 첫 페이지에만 표의 필드명(제목 행)이 출력되어 다음 페이지를 볼 때는 필드명을 확인하기 불편합니다. 이 경우 제목 행만 반복해서 인쇄할 수 있습니다. [제목행반복] 시트에서 작업합니다.

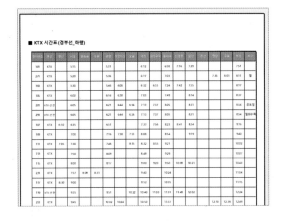

이와 같이 필드명이 있는 행을 페이지마다 반복 인쇄하는 방법은 다음과 같습니다.

01 [페이지 레이아웃] 탭-[페이지 설정] 그룹-[인쇄 제목]을 클릭합니다.

02 [페이지 설정] 대화상자의 [시트] 탭에서 [반복할 행]에 **$3:$3**을 입력한 후 [확인]을 클릭합니다.

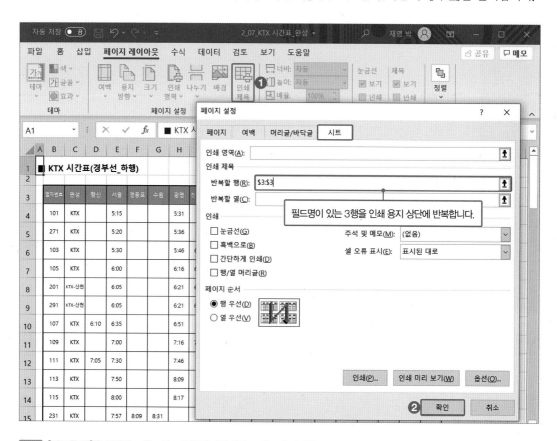

TIP [반복할 행]을 클릭하고 워크시트에서 직접 범위를 드래그해 선택할 수도 있습니다.

STEP 03 다양한 고급 인쇄 기법 적용하기

예제 파일 CHAPTER 02＼07_KTX 시간표.xlsx

지금까지 다룬 방법은 인쇄의 기본 기능이었습니다. 이제부터 인쇄 고급 기능을 다뤄보겠습니다. 알아 두면 유용한 기능들이므로 실습을 따라 해보고 자신의 업무에 활용해보세요.

다음 그림과 같이 인쇄 영역의 여백에 머리글 또는 바닥글을 넣을 수 있습니다. [바닥글] 시트에서 작업합니다.

> 인쇄할 페이지에 머리글이나 바닥글을 넣고 싶어요.

엑셀에서 간단한 설정만으로 문서의 상단(머리글)과 하단(바닥글)에 페이지 번호, 작성 날짜, 파일 이름, 작성자 이름 등 문서의 정보를 입력해 인쇄할 수 있습니다.

01 [보기] 탭-[통합 문서 보기] 그룹-[페이지 레이아웃]을 클릭합니다.

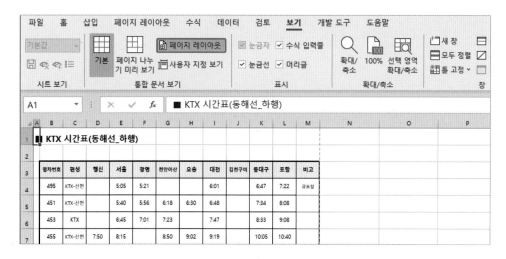

TIP [삽입] 탭 – [텍스트] 그룹 – [머리글/바닥글]을 클릭해도 됩니다.

02 워크시트가 인쇄 용지 모양으로 바뀝니다. 페이지 아래의 [바닥글 추가]를 클릭합니다.

03 [머리글 및 바닥글] 탭이 활성화됩니다. [머리글 및 바닥글] 탭-[머리글/바닥글] 그룹-[바닥글]을 클릭한 후 파일명과 페이지가 표시된 항목을 클릭합니다.

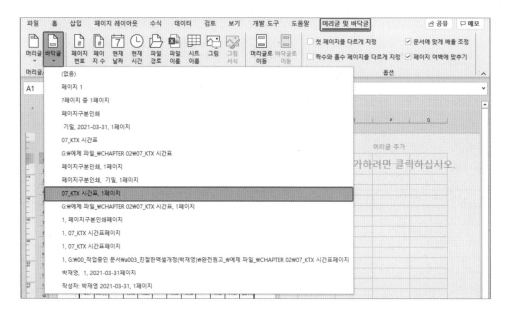

04 [페이지 레이아웃] 보기 화면에서 기본 워크시트 화면으로 돌아오려면 [보기] 탭–[통합 문서 보기] 그룹–[기본]을 클릭합니다.

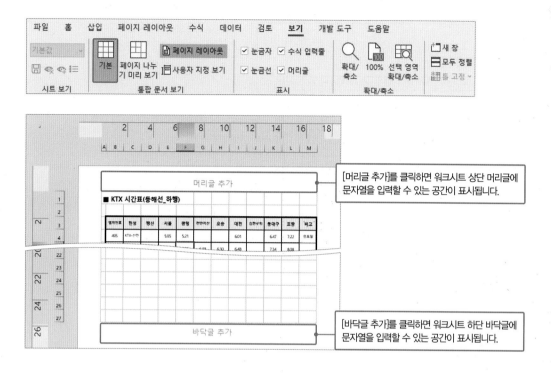

[머리글 추가]를 클릭하면 워크시트 상단 머리글에 문자열을 입력할 수 있는 공간이 표시됩니다.

[바닥글 추가]를 클릭하면 워크시트 하단 바닥글에 문자열을 입력할 수 있는 공간이 표시됩니다.

[페이지 설정] 대화상자의 [머리글/바닥글] 탭에서도 바닥글 설정이 가능합니다.

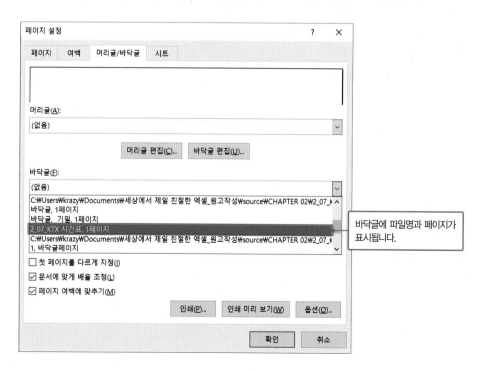

바닥글에 파일명과 페이지가 표시됩니다.

하나의 워크시트에 내용이 많아서 여러 페이지에 나누어 인쇄할 경우 엑셀에서는 자동으로 페이지를 구분합니다. [페이지구분인쇄] 시트에서 작업합니다.

■ KTX 시간표(동해선_하행)

열차번호	편성	행신	서울	광명	천안아산	오송	대전	김천구미	동대구	포항	비고
495	KTX-산천		5:05	5:21			6:01		6:47	7:22	금토일
451	KTX-산천		5:40	5:56	6:18	6:30	6:48		7:34	8:08	
453	KTX		6:45	7:01	7:23		7:47		8:33	9:08	
455	KTX-산천	7:50	8:15		8:50	9:02	9:19		10:05	10:40	
457	KTX-산천		9:25	9:41		10:11	10:28		11:14	11:49	
459	KTX-산천	10:18	10:45	11:01	11:23	11:35	11:53		12:39	13:13	
463	KTX		12:40			13:21	13:38		14:24	14:59	
461	KTX-산천		13:00	13:16		13:46	14:03	14:26	14:54	15:29	
465	KTX	14:10	14:35	14:50	15:12		15:36	15:59	16:28	17:03	
491	KTX-산천		15:10	15:26		15:56	16:14		17:00	17:36	금토일
493	KTX-산천		15:10	15:26		15:56	16:14		17:00	17:36	월화수목
467	KTX-산천		16:20	16:36		17:05	17:22		18:08	18:43	
469	KTX-산천		17:35	17:51		18:20	18:37	19:01	19:28	20:03	
471	KTX-산천		20:40	20:56	21:18	21:30	21:47		22:32	23:07	
473	KTX-산천		22:20	22:36		23:05	23:22		0:08	0:43	

■ KTX 시간표(동해선_상행)

열차번호	편성	포항	동대구	김천구미	대전	오송	천안아산	광명	서울	행신	비고
452	KTX-산천	5:50	6:30		0.3			0.331944444	8:13		
454	KTX-산천	7:17	7:59	8:22	8:46	9:04		0.399305556	9:51		
456	KTX-산천	9:45	10:25		11:07			0.49375	12:15	12:34	
458	KTX	10:15	10:51		11:33	11:49	12:03	0.500555556	12:41		

페이지를 깔끔하게 구분해서 인쇄할 수는 없나요?

하지만 페이지가 자동으로 깔끔하게 구분되지 않는다면 페이지를 임의로 구분할 수 있습니다. 다음은 인쇄 페이지를 원하는 위치에서 임의로 구분하는 방법입니다.

01 [보기] 탭-[통합 문서 보기] 그룹-[페이지 나누기 미리 보기]를 클릭합니다.

02 인쇄할 때 나뉘는 부분은 워크시트에서 파란색 선으로 표시됩니다. 이 선을 드래그해 원하는 위치로 이동합니다.

03 [보기] 탭-[통합 문서 보기] 그룹-[페이지 레이아웃]을 클릭해 인쇄될 모양을 확인합니다.

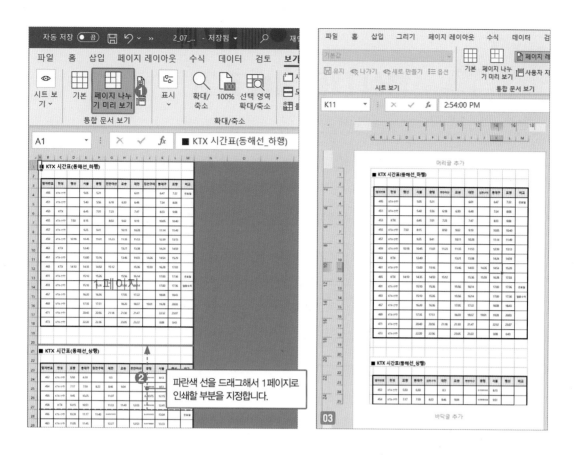

파란색 선을 드래그해서 1페이지로
인쇄할 부분을 지정합니다.

04 Ctrl + P 를 눌러 인쇄 미리 보기로 확인합니다.

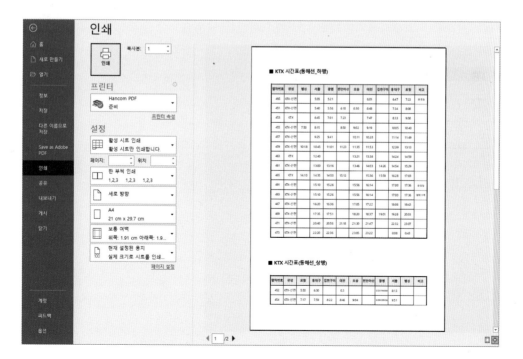

배운 내용을 내 것으로 만들어보자!

학습 점검

핵심 내용 실습 점검

예제 파일 CHAPTER 02\08_학습점검.xlsx

01 표에 테두리를 적용해보세요. 내부는 얇은 실선, 표 전체와 필드명은 굵은 실선으로 표시하세요.

구분	2016년	2017년	2018년
서울	914,074	525,559	331,401
대전	323,076	293,674	744,309
부산	463,870	162,310	887,566
대구	146,716	241,822	275,937
광주	168,018	910,888	196,921

Help! 테두리는 범위를 선택한 후 [셀 서식] 대화상자의 [테두리] 탭에서 설정하면 편리합니다. [셀 서식] 대화상자 단축키는 Ctrl + 1 입니다. ▶ p.068

02 필드명의 셀 색상을 파란색으로 채우세요.

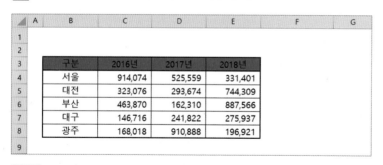

구분	2016년	2017년	2018년
서울	914,074	525,559	331,401
대전	323,076	293,674	744,309
부산	463,870	162,310	887,566
대구	146,716	241,822	275,937
광주	168,018	910,888	196,921

Help! 셀 배경색은 [홈] 탭 – [글꼴] 그룹 – [채우기 색 🔽]에서 설정할 수 있습니다. ▶ p.071

03 셀 서식을 이용하여 [E4:E8] 범위에 있는 증감액 가운데 양수는 빨간색으로, 음수는 파란색으로 글자 색상을 지정하세요.

▲	A	B	C	D	E	G	H	I
1								
2								
3		구분	전주	금주	증감			
4		월	47,324	44,823	-2,501			
5		화	20,769	19,214	-1,555			
6		수	34,889	35,591	702			
7		목	92,055	95,291	3,236			
8		금	33,895	34,913	1,018			

Help! [셀 서식] 대화상자의 [표시 형식] 탭 – [사용자 지정]에서 설정할 수 있습니다. ▶p.073

04 셀 서식을 이용하여 [G4:G8] 범위에서 값이 증가했으면 앞에 빨간색 삼각형(▲)을, 값이 감소했으면 앞에 파란색 역삼각형(▼)을 표시하세요.

▲	A	B	C	D	E	G	H
1							
2							
3		구분	전주	금주	증감	증감	
4		월	47,324	44,823	-2,501	▼ 5.3%	
5		화	20,769	19,214	-1,555	▼ 7.5%	
6		수	34,889	35,591	702	▲ 2.0%	
7		목	92,055	95,291	3,236	▲ 3.5%	
8		금	33,895	34,913	1,018	▲ 3.0%	

Help! [셀 서식] 대화상자의 [표시 형식] 탭 – [사용자 지정]에서 설정할 수 있습니다. ▶p.077

05 조건부 서식을 이용하여 영업사원별 실적표에서 [C4:C8] 범위에 있는 실적 금액 위에 데이터 막대를 표시하세요.

▲	A	B	C	D	E
1					
2					
3		구분	영업실적		
4		김희수	940,800		
5		박진수	337,000		
6		김영길	583,600		
7		이수진	838,300		
8		최희섭	462,800		

Help! [홈] 탭 – [스타일] 그룹 – [조건부 서식] – [데이터 막대]에서 설정할 수 있습니다. ▶p.084

06 조건부 서식을 이용하여 [C4:F7] 범위에서 500,000 이상의 값에만 셀 색상을 회색으로 표시하세요.

	A	B	C	D	E	F	G
1							
2							
3		구분	1분기	2분기	3분기	4분기	
4		A 팀	698,345	842,496	139,008	733,800	
5		B 팀	110,936	350,194	545,307	131,222	
6		C 팀	877,897	149,421	626,641	179,685	
7		D 팀	136,891	863,578	740,844	538,905	

Help! [홈] 탭 – [스타일] 그룹 – [조건부 서식] – [셀 강조 규칙] – [보다 큼]에서 설정할 수 있습니다. ▶p.089

07 조건부 서식을 이용하여 3월, 6월, 9월, 12월 등 3행마다 셀 색상을 빨간색으로 지정하세요.

	A	B	C	D	E	F	G
1							
2							
3		구분	강동	강서	강남	강북	
4		1월	80,560	78,039	52,933	29,043	
5		2월	2,845	1,802	27,743	69,669	
6		3월	39,120	89,007	90,529	73,313	
7		4월	20,613	90,066	44,399	95,981	
8		5월	40,321	55,144	5,510	9,748	
9		6월	12,259	93,294	36,064	25,709	
10		7월	55,058	84,756	25,254	36,069	
11		8월	22,298	23,113	85,819	90,168	
12		9월	71,749	31,664	75,567	27,726	
13		10월	78,907	62,638	11,163	22,868	
14		11월	48,064	84,327	65,300	85,964	
15		12월	63,251	49,420	32,557	21,430	

Help! 조건부 서식에 ROW 함수와 MOD 함수를 사용합니다. ▶p.090

08 다음 일별 실적표에서 날짜가 일요일에 해당하는 행에만 셀 색상을 회색으로 지정하세요.

	A	B	C	D	E	F	G
1							
2							
3		구분	TV	세탁기	냉장고	청소기	
4		2017-01-01	280,551	428,708	412,924	743,207	
5		2017-01-02	962,348	954,464	194,812	473,850	
6		2017-01-03	603,614	747,669	741,296	76,888	
7		2017-01-04	390,434	556,718	578,895	210,049	
8		2017-01-05	925,093	657,987	365,704	554,444	
9		2017-01-06	975,441	568,161	306,554	121,957	
10		2017-01-07	215,156	618,983	782,984	22,085	
11		2017-01-08	165,374	362,542	238,045	127,348	

Help! 조건부 서식에 WEEKDAY 함수를 사용합니다. ▶p.092

09 표를 변형하지 않고 [A1:F13] 범위만 인쇄되도록 인쇄 영역으로 지정하세요.

	A	B	C	D	E	F	G
1							
2							
3		구분	TV	세탁기	냉장고	청소기	
4		2017-01-01	280,551	428,708	412,924	743,207	
5		2017-01-02	962,348	954,464	194,812	473,850	
6		2017-01-03	603,614	747,669	741,296	76,888	
7		2017-01-04	390,434	556,718	578,895	210,049	
8		2017-01-05	925,093	657,987	365,704	554,444	
9		2017-01-06	975,441	568,161	306,554	121,957	
10		2017-01-07	215,156	618,983	782,984	22,085	
11		2017-01-08	165,374	362,542	238,045	127,348	
12		2017-01-09	316,658	188,631	528,147	427,453	
13		2017-01-10	540,316	868,971	380,820	907,276	
14		2017-01-11	617,784	500,873	324,236	177,594	
15		2017-01-12	18,681	854,355	370,217	85,270	
16		2017-01-13	77,630	518,553	41,933	974,253	

Help! 인쇄할 영역을 지정한 후 [페이지 레이아웃] 탭 – [페이지 설정] 그룹 – [인쇄 영역] – [인쇄 영역 설정]을 클릭합니다.
▶p.097

10 서울 실적과 부산 실적이 한 페이지에 인쇄되지 않고 별개 페이지에 인쇄되도록 8행에 페이지 구분선을 지정하세요.

	A	B	C	D	E	F	G
1	■ 서울						
2						(단위: 천원)	
3		구분	1월	2월	3월	계	
4		A 팀	56,935	32,398	47,341	136,674	
5		B 팀	68,891	34,252	43,644	146,787	
6		C 팀	51,842	56,794	93,892	202,528	
7		D 팀	19,676	44,396	41,382	105,454	
8							
9	■ 부산						
10						(단위: 천원)	
11		구분	1월	2월	3월	계	
12		A 팀	77,314	44,947	90,594	212,855	
13		B 팀	88,698	18,641	94,452	201,791	
14		C 팀	23,057	39,905	11,641	74,603	
15		D 팀	67,272	97,253	81,593	246,118	
16							

Help! [보기] 탭 – [통합 문서 보기] 그룹 – [페이지 레이아웃]을 클릭합니다. [페이지 레이아웃] 보기에서 파란색 선을 드래그하면 페이지를 나눌 위치를 지정할 수 있습니다. ▶p.104

실무
해법

다양한 업무 상황의 문제 해결 방법을 찾아보자!

실무 문제 해결 노트

표에서 매 3행마다 회색을 입히는 방법이 있을까요? **Q**

조건부 서식에 MOD 함수, ROW 함수를 활용하면 일정한 행마다 셀 색상을 지정할 수 ····· **A**
있습니다.

Q 숫자 데이터에서 양수는 빨간색으로, 음수는 파란색
으로 표시할 수 있나요?

A ····· 사용자 지정 셀 서식을 **[빨강]#,##0;[파랑]-#,##0**으로
지정하면 됩니다.

자신만의 셀 스타일을 등록해놓고 필요할 때마다 쓸 수 있나요? **Q**

[스타일] 대화상자에서 서식을 ····· **A**
지정한 후 스타일 이름을 지정
해 저장하면 됩니다.

Q 일별 매출 자료에서 토요일이 있는 행은 회색, 일요일이 있는 행은 빨간색으로 표시하는 방법이 있나요?

A 조건부 서식과 WEEKDAY 함수를 활용하면 특정 행에만 색상을 입힐 수 있습니다.

시트에서 특정 영역만 인쇄하는 방법이 있나요? **Q**

[인쇄 영역 설정] 기능을 활용하면 시트에서 특정 영역만 지정해서 인쇄할 수 있습니다. **A**

Q 페이지마다 제목 행을 반복 인쇄하려고 제목을 복사하고 각 페이지의 첫 행에 붙여 넣어 인쇄하고 있습니다. 보다 효율적인 방법이 있나요?

A [페이지 설정] 대화상자에서 [반복 행]을 지정하면 해당 행만 각 페이지 상단에 반복 표시해서 인쇄할 수 있습니다.

숫자와 문자의
원리 파악하기

숫자와 문자의 기본 원리를 이해하는 것이 중요하다

이번 CHAPTER에서는 엑셀에서 데이터 입력의 기초가 되는 숫자와 문자 데이터의 원리에 대해 배워 보겠습니다. 숫자 양식의 경우 금액, 날짜, 시간 형식이 자주 사용됩니다.

기본적으로 엑셀에서는 금액을 세 자리씩 끊어서 표현할 수 있습니다. 예를 들어 천 원, 백만 원, 십억 원 단위로 숫자 '0'이 각각 세 개, 여섯 개, 아홉 개 등이 붙을 경우 셀 서식으로 좀 더 가독성 있게 표현할 수 있습니다. 이것을 1000 단위 구분 기호라고 합니다. 우리나라에서는 금액을 세 자리가 아닌 네 자리씩(예를 들어 1만 원, 1억 원, 1조 원 단위) 끊어서 표현하는 경우도 있습니다. 이때 사용자 지정 표시 형식을 사용해 작용하는 방법도 알아보겠습니다.

엑셀에서 날짜는 1900년 1월 1일을 숫자 1로 계산합니다. 빈 셀에 숫자 1을 입력하고 날짜 형식으로 바꾸면 1900년 1월 1일로 표시됩니다. 1900년 1월 1일을 기준으로 하루가 지날 때마다 숫자가 1씩 증가합니다. 이런 원리를 이용해 1시간은 1을 24로 나눈 값인 약 0.041667(=1/24)이 됩니다. 엑셀에는 날짜와 시간에 고유한 숫잣값이 존재하고 이를 날짜 또는 시간 형식으로 바꾸어 날짜 또는 시간으로 인식하거나 계산에 활용해 출력하게 됩니다. 이 원리만 잘 이해하고 있으면 엑셀에서 날짜 또는 시간 형식으로 변환해 계산하더라도 쉽게 이해할 수 있을 것입니다.

엑셀은 계산을 많이 하는 프로그램이긴 하지만 의외로 문자를 다룰 일도 많습니다. 각 셀에 떨어져 있는 문자를 한 셀로 합치거나, 한 셀에 입력된 문자를 단어 또는 음절 단위로 나누는 작업, 특정 문자열이 들어 있는 셀만 추출하는 작업이 가능합니다. 이번 CHAPTER에서는 이러한 기법들도 알아보겠습니다. 그리고 아무 문자도 입력되어 있지 않은 빈 셀을 다루는 기법도 있습니다. 표에서 값이 들어있지 않은 빈 셀이 포함된 행을 쉽게 삭제하는 방법, 빈 셀을 바로 위의 셀값으로 쉽게 채우는 방법도 배워보겠습니다.

숫자와 문자의 원리를
파악해야 엑셀이 쉬워진다

숫자가 입력된 값과 표시되는 값은 다르다

엑셀에서 각 셀에 입력된 데이터는 고유한 값을 가지지만 셀 서식(표시 형식)에 따라 표시되는 값이
서로 다릅니다. 빈 셀에 숫자 **1**이 입력되어 있어도, 셀 서식에서 표시 형식을 어떻게 지정하는가에 따
라 표시되는 값은 **100%**, **₩1**, **12:00 AM** 등 다양하게 나타날 수 있습니다. 각각의 빈 셀에 숫자 **1**을
입력하고 셀 서식을 변경하는 단축키를 눌러보면 셀 서식에 따라 숫자가 어떻게 표시되는지 확인할
수 있습니다.

	A	B	C	D	E	F	G	H
1								
2		1	❶ Ctrl + Shift + 1					
3								
4		12:00 AM	❷ Ctrl + Shift + 2					
5								
6		1900-01-01	❸ Ctrl + Shift + 3					
7								
8		₩1	❹ Ctrl + Shift + 4					
9								
10		100%	❺ Ctrl + Shift + 5					
11								

> 숫자 1이 표시 형식에 따라
> 어떻게 다르게 나타나는지
> 확인합니다.

❶ **통화 기호가 없는 통화 형식 :** 숫자 앞에 통화 기호는 붙지 않습니다. 1000 단위마다 콤마가 표시되
며 소수점 이하 자릿수는 생략됩니다.

❷ **시간 형식 :** 정수일 경우 밤 12시(자정)로 처리됩니다.

❸ **날짜 형식 :** 숫자 1은 1900년 1월 1일로 처리됩니다.

❹ **통화 형식 :** 금액 앞에 ₩ 기호(사용자 국가의 통화 기호)가 붙고 1000 단위로 콤마가 표시되며 소
수점 이하 자릿수는 생략됩니다.

❺ **백분율 형식 :** 숫자 앞에 % 기호가 붙고 소수점 이하 자릿수는 생략됩니다. 숫자 1은 100%입니다.

이처럼 셀에 1이라는 동일한 숫자를 입력해도 지정한 셀 서식의 표시 형식에 따라 다르게 표시됩니다. 하지만 셀에 입력된 **고유의 값은 숫자 1**입니다. 따라서 계산 수식을 입력할 경우 항상 숫자 1로 처리됩니다. 예를 들어 아래 그림의 [D2] 셀에 **=B2+1**과 같은 수식을 입력한 후 복사해서 각각 [B4], [B6], [B8], [B10] 셀에 붙여 넣으면, 통화 형식, 시간 형식, 날짜 형식, 백분율 형식으로 표시한 셀에 1을 더한 결과는 모두 **2**로 표시됩니다.

D2	▼ ⋮	× ✓ ƒx	=B2+1				
	A	B	C	D	E	F	G	H
1								
2		1		2				
3								
4		12:00 AM		2				
5								
6		1900-01-01		2				
7								
8		₩1		2				
9								
10		100%		2				

TIP 셀 서식은 셀을 지정한 상태에서 마우스 오른쪽 버튼을 클릭하고 [셀 서식]을 클릭한 후 [셀 서식] 대화상자의 [표시 형식] 탭에서 설정해도 됩니다. 셀을 지정한 상태라면 단축키로 Ctrl + 1 을 눌러 [셀 서식] 대화상자를 직접 열 수도 있습니다.

날짜는 1900년 1월 1일이 기준일이다

엑셀에서 숫자 1이 입력된 셀을 날짜 형식으로 지정하면 셀에 '1900-1-1', '1900년 1월 1일' 등 과 같이 날짜가 표시됩니다. 엑셀에서 **날짜는 1900년 1월 1일을 기준으로 하며 하루가 지날 때마다 숫자 1 씩 더해지는 방식으로 표시**됩니다. 빈 셀에 **=TODAY( )**를 입력해 현재 날짜를 입력해보세요.

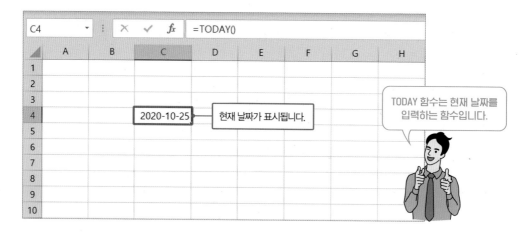

이 상태에서 Ctrl + 1 을 눌러 [셀 서식] 대화상자를 엽니다. [표시 형식] 탭에서 [범주]는 [숫자] 형식을 선택하고, [1000 단위 구분 기호(,) 사용]에 체크하면 다섯 자리 정수로 표시됩니다. 아래 그림에서는 **2020-10-25**가 **44,129**로 바뀌었습니다. 2020-10-25은 겉으로 보기엔 날짜 데이터이지만 숫자로 변환하면 44,129인 정수가 됩니다.

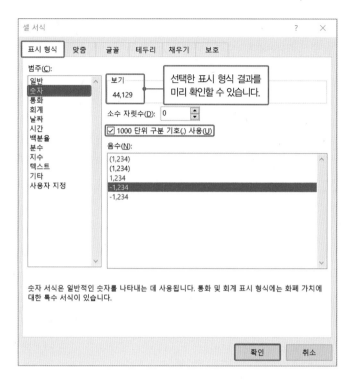

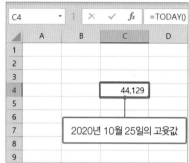

> TIP TODAY 함수는 '오늘 날짜'를 출력하는 함수입니다. 예시를 진행하는 날짜는 당일 날짜로 다르게 나타날 수 있습니다.

앞서 말했듯 엑셀의 날짜는 1900년 1월 1일을 기준으로 하루가 지날 때마다 1씩 더해지는 방식으로 표시됩니다. 1900년 1월 1일이 숫자 1이니까 하루에 1씩 더해져 2020년 10월 25일은 44,129가 되는 것입니다.

1900년 1월 1일	1900년 1월 2일	1900년 1월 3일		2020년 10월 23일	2020년 10월 24일	2020년 10월 25일
1	1+1 =2	2+1 =3	...	44,126+1 =44,127	44,127+1 =44,128	44,128+1 =44,129

한 가지 예를 더 들어보겠습니다. TODAY 함수를 사용해 [C4] 셀에 현재 날짜를 입력하고, [D4] 셀에 수식 **=C4/3**을 입력해보세요. 2020년 10월 25일을 3으로 나누면 연, 월, 일이 각각 3으로 나눠진 값이 출력될 것이라 생각할 수 있습니다.

하지만 오늘 날짜가 '2020년 10월 25일'이라면 엑셀은 먼저 2020년 10월 25일의 고윳값인 44,129를 기초로 입력된 수식을 계산합니다. 따라서 **=C3/3**은 42,631를 3으로 나눈 근삿값인 **14,710**이 표시됩니다.

이 숫자를 날짜 형식으로 변환했을 경우 **1940-04-08**이라는 결괏값이 출력됩니다. 엑셀에서 날짜를 처리할 때는 이처럼 1900년 1월 1일(고윳값은 1)을 기준으로 한다는 것을 염두에 두어야 합니다. 그렇지 않으면 예상치 못한 결괏값을 얻을 수도 있습니다.

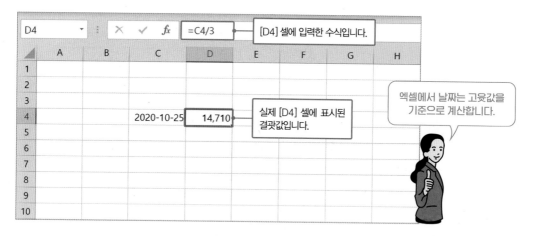

TIP 날짜에 해당하는 값을 입력할 경우에는 빈 셀에 등호 없이 **2020-10-25**와 같이 입력해야 합니다. 만일 **=2020-10-25**와 같이 앞에 등호(=)를 포함해 입력하면 수식으로 인식하여 2020 빼기 10 빼기 25의 결괏값인 1985라는 값이 출력됩니다.

한 시간은 숫자 1/24(약 0.041667)로 처리한다

엑셀에서는 날짜와 마찬가지로 시간의 개념도 중요합니다. 날짜에서 하루(24시간)는 1로 처리했는데, 이 개념을 확장하면 1시간은 1/24이 됩니다. 임의의 빈 셀에 **=1/24**라고 입력해보겠습니다. 다음과 같이 **0.041667**이란 값이 출력됩니다.

	A	B	C	D	E	F	G	H
1								
2								
3		0.041667						
4								
5								

그림과 같은 값이 나오지 않을 경우 [셀 서식] 대화상자의 [표시 형식] 탭에서 [범주]의 [숫자]를 클릭하고, [소수 자릿수]에 6을 입력하여 소수 여섯째 자리까지 표시합니다.

이 상태에서 셀 서식을 시간 형식으로 지정하면 1:00 AM으로 표시됩니다.

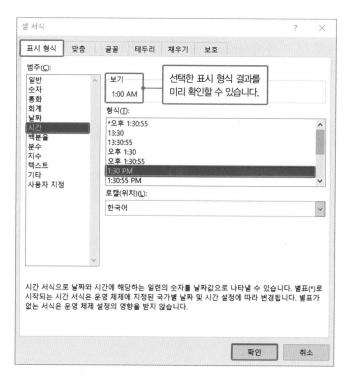

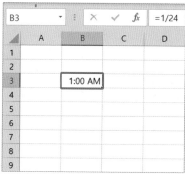

숫자 0은 시간 형식으로 지정하면 0시(자정)가 되며, 하루는 24시간이므로 1/24는 1시가 됩니다. 따라서 1/24에 해당하는 **0.041667은 1시간과 같으므로 0.041667이 더해질 때마다 1시간씩 증가**하게 되는 것입니다. 0.041667을 24번 더하여 나오는 정수 1은 날짜 기준으로 하루로 처리됩니다. 여기서 시간 형식은 숫자의 정수 부분을 제외한 소수점만으로 시간을 계산합니다.

=1/24	=1/24+1/24	=1/24+1/24+1/24	
1:00 AM	2:00 AM	3:00 AM	...

이번에는 빈 셀에 **=NOW( )**라고 입력해보겠습니다. 그러면 다음과 같이 현재 시각이 표시됩니다.

	A	B	C	D	E	F	G
1							
2							
3		2020-10-25 11:32					
4							
5							
6							
7							
8							

셀 서식의 표시 형식 [범주]는 [시간]으로 선택하되, 날짜가 함께 표시되는 형식으로 설정합니다.

예시에서는 현재 시각이 2020년 10월 25일 11시 32분으로 표시되었습니다. 이 상태에서 [셀 서식] 대화상자를 열고 [표시 형식] 탭에서 범주의 [숫자]를 클릭하고 [소수 자릿수]를 3으로 지정하면 셀값이 44,129.481이라고 표시됩니다. **44,129.481**에서 정수 부분인 **44,129**는 **2020년 10월 25일**을, 소수점 이하 부분인 **0.481**은 **11시 32분**을 나타냅니다.

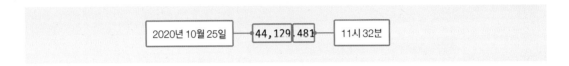

하루를 숫자 1로 봤을 때 오전 11시 32분이면 벌써 하루 중 48.1%가 흘러갔다는 흥미로운 계산을 해볼 수도 있겠네요.

문자열을 처리하는 다양한 방법을 활용한다

엑셀에서는 주로 숫자 데이터를 계산하거나 주어진 숫자를 가공해 차트로 나타내는 작업을 합니다. 그러나 셀에는 문자열도 입력할 수 있습니다. 또한 문자열도 수식으로 처리할 수 있습니다. 예를 들어 **박재영**이란 이름이 [A1] 셀에 있고, **과장**이란 직위가 [B1] 셀에 있을 경우 [C1] 셀에 **=A1&B1**이라고 입력하면 **박재영과장**이라고 표시됩니다. [A2] 셀의 **김철수**와 [B2] 셀의 **부장**을 합쳐 **김철수 부장**이라고 표시할 수 있습니다. 이때 띄어쓰기를 포함해 표시하려면 **=A2&" "&B2**를 입력합니다. 큰따옴표("") 사이에 Spacebar 를 눌러 공백 한 칸을 입력한 것입니다.

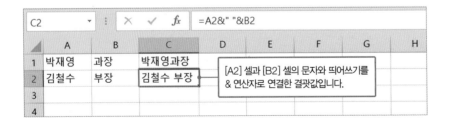

만약 몇백 명 또는 몇천 명이나 되는 모든 직원 이름과 직위를 이런 식으로 결합해야 한다면 텍스트 함수를 이용하는 것이 효율적입니다. [수식] 탭-[함수 라이브러리] 그룹-[텍스트]를 클릭하면 엑셀에서 활용할 수 있는 여러 텍스트 함수를 확인할 수 있습니다.

TIP 문자열은 수식 이외의 다른 엑셀 기능을 이용해 처리할 수도 있습니다. 엑셀의 찾기 및 바꾸기 기능을 이용하여 특정 단어들을 찾아서 원하는 단어로 바꿀 수도 있고, 텍스트 나누기 기능을 이용해 특정 문자나 기호를 기준으로 한 셀에 들어 있는 문자열을 여러 셀로 나눌 수도 있습니다.

셀에 입력되는 문자와 숫자는 앞에서 설명한 것처럼 각각의 방식에 맞게 자동으로 처리됩니다. 그런데 어떤 경우에는 숫자가 문자로 처리되기도 합니다. 예를 들어 주민등록번호 중에서 앞의 여섯 자리만 입력하려고 할 경우 2000년 9월 24일생은 **000924**로 입력해야 합니다. 하지만 임의의 빈 셀에 **000924**라고 입력하면 **924**만 표시됩니다. 이는 엑셀에서 입력된 값을 숫자로 인식하기 때문에 앞에 입력된 **000**이 탈락되며 나타나는 현상입니다.

주민등록번호를 입력할 셀을 지정한 후 셀 서식을 텍스트 형식으로 지정하고 숫자를 입력하거나 아니면 빈 셀을 선택하고 맨 앞에 작은따옴표(')를 한 개 입력한 후 숫자를 입력하면 문자로 인식해 입력한 값 그대로 표시됩니다.

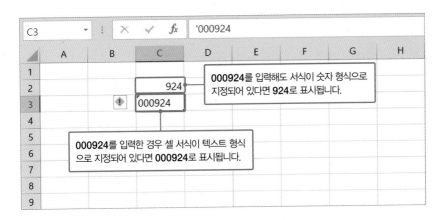

000924를 입력해도 서식이 숫자 형식으로 지정되어 있다면 924로 표시됩니다.

000924를 입력한 경우 셀 서식이 텍스트 형식으로 지정되어 있다면 000924로 표시됩니다.

금액 표시하기, 일련번호 만들기

매출실적표 같은 표에서 원 단위 매출로 입력된 데이터를 천 원 또는 백만 원 단위로 바꾸어야 할 경우가 있습니다. 이 경우 다음 방법을 활용하면 간단히 단위를 바꿀 수 있습니다. 또한 품목별 일련번호를 매길 때 1, 2, 3, … 같은 형태가 아니라 0001, 0002, 0003, …와 같이 네 자리 숫자로 입력해야 할 경우가 있습니다. 이 경우 사용자 지정 셀 시식 기능을 활용하면 간단히 해결할 수 있습니다.

STEP 01 금액 단위 바꾸기

예제 파일 CHAPTER 03\01_금액단위.xlsx

금액을 입력할 때 금액이 커지면 자릿수가 길어져 액수를 한눈에 파악하기 어렵습니다. 이때 천 원, 백만 원 등과 같이 금액 단위를 바꾸면 훨씬 보기 편합니다. [금액단위] 시트에서 작업합니다.

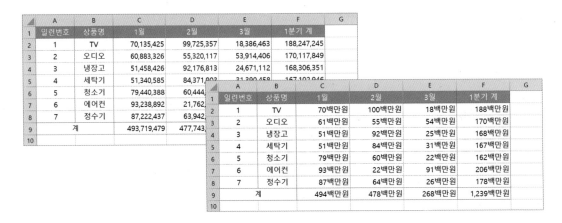

사용자 지정 셀 서식을 이용하면 원본 데이터를 변형하지 않고도 천 원, 백만 원, 십억 원 등 단위를 조절해 마음대로 입력할 수 있습니다. 고웃값은 바뀌지 않으며, 수식이 입력된 셀에도 셀 서식을 모두 적용할 수 있습니다. 원 단위로 되어 있는 상품별 매출 데이터를 백만 원 단위로 바꾸고 값 뒤에 '백만원'이 붙도록 사용자 서식을 지정해보겠습니다.

01 [C2:F9] 범위를 지정한 후 마우스 오른쪽 버튼을 클릭하고 [셀 서식]을 클릭합니다.

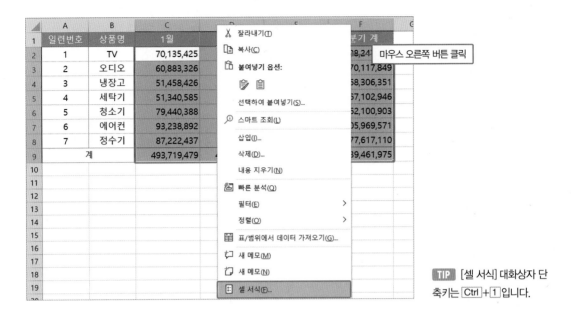

02 [셀 서식] 대화상자의 [표시 형식] 탭에서 [범주]의 [사용자 지정]을 클릭하고 [형식]에 **#,##0,,"백만원"**를 입력 한 후 [확인]을 클릭합니다.

TIP '백만원' 문자열을 숫자 뒤에 붙이고 싶지 않다면 형식에 **#,##0,,**만 입력합니다. 천 단위는 **#,##0,** 십억 단위는 **##,##0**와 같이 입력하면 됩니다.

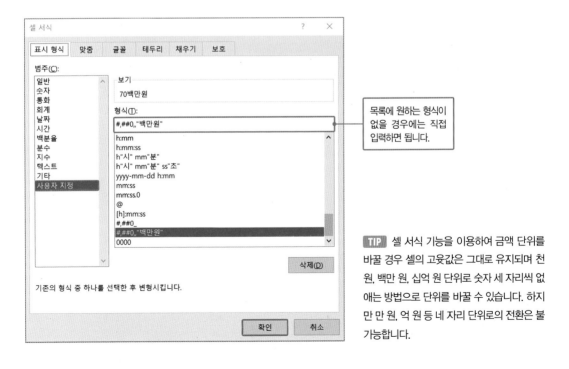

TIP 셀 서식 기능을 이용하여 금액 단위를 바꿀 경우 셀의 고윳값은 그대로 유지되며 천 원, 백만 원, 십억 원 단위로 숫자 세 자리씩 없애는 방법으로 단위를 바꿀 수 있습니다. 하지만 만 원, 억 원 등 네 자리 단위로의 전환은 불가능합니다.

 | 선택하여 붙여넣기 기능을 이용한 금액 단위 바꾸기

표에 입력된 데이터에 0.000001을 곱하면 고윳값을 백만 원 단위로 전환할 수도 있습니다. 이 경우 각 셀을 일일이 곱하기가 번거롭기 때문에 선택하여 붙여넣기 기능을 활용합니다.

01 임의의 빈 셀에 **0.000001**을 입력한 후 Ctrl+C를 눌러 복사합니다.

02 수식이 들어있는 범위를 제외한 [C2:E8] 범위를 지정한 후 마우스 오른쪽 버튼을 클릭하고 [선택하여 붙여넣기]를 클릭합니다.

03 [선택하여 붙여넣기] 대화상자에서 [붙여넣기]의 [값]과 [연산]의 [곱하기]를 각각 클릭한 후 [확인]을 클릭합니다.

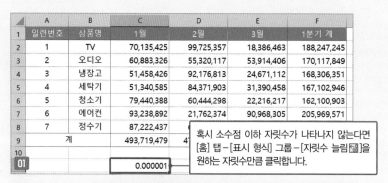

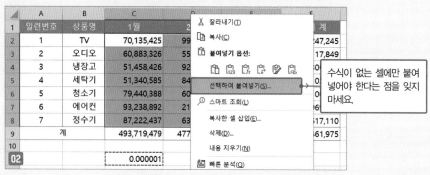

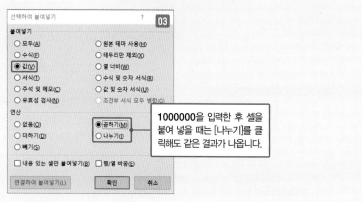

앞에서 설명한 사용자 정의 표시 형식을 활용할 경우에는 셀에 입력된 고윳값은 바뀌지 않고 표시되는 값만 바뀝니다. 반대로 이 방법을 사용할 경우에는 셀에 입력된 고윳값 자체가 바뀌는 점이 다릅니다.

STEP 02 ## 네 자리 일련번호 만들기

예제 파일 CHAPTER 03\01_금액단위.xlsx

자릿수가 상이한 숫자를 모두 네 자리 숫자로 표시하려면 모든 데이터 앞에 0이란 숫자를 임의로 삽입해야 합니다. 하지만 빈 셀에 **0001**이라고 입력하면 숫자 **1**만 표시됩니다. 이 경우 사용자 지정 표시 형식을 이용하면 간단히 해결됩니다. [일련번호] 시트에서 작업합니다.

	A	B	C	D	E	F
1	일련번호	상품명	1월	2월	3월	1분기 계
2	0001	TV	70,135,425	99,725,357	18,386,463	188,247,245
3	0002	오디오	60,883,326	55,320,117	53,914,406	170,117,849
4	0003	냉장고	51,458,426	92,176,813	24,671,112	168,306,351
5	0004	세탁기	51,340,585	84,371,903	31,390,458	167,102,946
6	0005	청소기	79,440,388	60,444,298	22,216,217	162,100,903
7	0006	에어컨	93,238,892	21,762,374	90,968,305	205,969,571
8	0007	정수기	87,222,437	63,942,498	26,452,175	177,617,110
9	계		493,719,479	477,743,360	267,999,136	1,239,461,975

> 0으로 시작하는 일련번호를 붙이고 싶어요.

다음은 [셀 서식] 대화상자에서 [사용자 지정] 표시 형식을 활용하여 네 자리 일련번호를 만드는 방법입니다.

01 [A2:A8] 범위를 지정한 후 Ctrl+1을 눌러 [셀 서식] 대화상자를 엽니다.

	A	B	C	D	E	F
1	일련번호	상품명	1월	2월	3월	1분기 계
2	1	TV	70,135,425	99,725,357	18,386,463	188,247,245
3	2	오디오	60,883,326	55,320,117	53,914,406	170,117,849
4	3	냉장고	51,458,426	92,176,813	24,671,112	168,306,351
5	4	세 Ctrl+1	51,340,585	84,371,903	31,390,458	167,102,946
6	5	청소기	79,440,388	60,444,298	22,216,217	162,100,903
7	6	에어컨	93,238,892	21,762,374	90,968,305	205,969,571
8	7	정수기	87,222,437	63,942,498	26,452,175	177,617,110
9	계		493,719,479	477,743,360	267,999,136	1,239,461,975
10						

CHAPTER 03 숫자와 문자의 원리 파악하기 **125**

02 [셀 서식] 대화상자의 [표시 형식] 탭에서 [범주]의 [사용자 지정]을 클릭하고 [형식]에 **0000**을 입력한 후 [확인]을 클릭합니다.

예제로 배워서 업무에 응용해보자!

엑셀의 날짜 계산 기능 응용하기

이번에는 날짜와 관련된 데이터를 가공하고 활용하는 방법을 알아보겠습니다. 엑셀은 일별 매출자료 등 날짜 자료를 기초로 데이터를 가공하는 경우가 많습니다. 이때 날짜 데이터를 가공하고 계산하는 기능을 알면 작업이 한결 편리합니다. 예를 들어 날짜 형식이 아닌 텍스트 형식으로 입력된 날짜를 일반적인 날짜 형식으로 바꾸는 방법, 매월 1일 또는 말일을 자동으로 표시하는 방법, 특정 날짜를 요일로 변환하여 표시하는 방법 등을 알아보겠습니다.

STEP 01 텍스트 형식에서 날짜 형식으로 바꾸기

예제 파일 CHAPTER 03\02_TextToDate.xlsx

날짜가 입력된 원본 데이터가 **2021-03-15**와 같이 날짜 형식이 아닌 **20210315**와 같은 숫자 혹은 텍스트 형식으로 입력된 경우가 있습니다. 이때 텍스트 나누기 기능과 간단한 날짜 함수를 이용하여 엑셀에서 날짜 형식으로 인식하도록 변경해보겠습니다. [텍스트형식] 시트에서 작업합니다.

	A	B	C	D	E	F	G
1		텍스트형식					
2		2021	3	15	2021-03-15		
3		2019	1	23	2019-01-23		
4		2021	3	7	2021-03-07		
5		2022	3	22	2022-03-22		
6		2024	5	6	2024-05-06		
7		2022	9	7	2022-09-07		
8		2014	12	6	2014-12-06		
9		2012	11	24	2012-11-24		
10		2022	8	14	2022-08-14		
11							

날짜 형식으로 바꾸고 싶어요.

텍스트 나누기 기능으로 한 셀에 입력된 문자열을 간격(글자 수)이나 특정 기호를 기준으로 나눌 수 있습니다. 20150315와 같은 여덟 자리 숫자를 각각 연도(네 자리), 월(두 자리), 일(두 자리) 등 세 개의 셀로 나눈 뒤 DATE 함수를 사용해서 날짜 형식으로 변환합니다.

DATE 함수

연도, 월, 일의 값을 조합해 날짜 데이터를 완성합니다. **=DATE(연도, 월, 일)**와 같은 형태로 사용합니다.

01 [B2:B10] 범위를 지정한 후 [데이터] 탭–[데이터 도구] 그룹–[텍스트 나누기]를 클릭합니다.

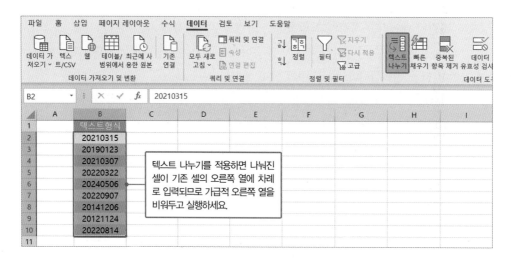

02 [텍스트 마법사–1단계] 대화상자에서 [너비가 일정함]을 클릭한 후 [다음]을 클릭합니다.

03 [텍스트 마법사–2단계] 대화상자에서 데이터의 연도, 월, 일의 사이를 클릭해서 구분선을 지정한 후 [마침]을 클릭합니다. 구분선은 드래그하면 원하는 위치로 이동할 수 있고, 더블클릭하면 삭제됩니다.

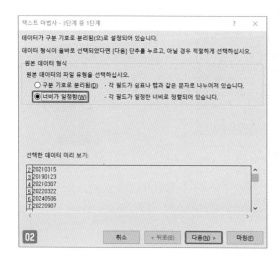

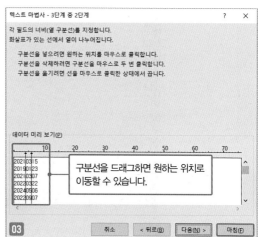

04 [E2:E10] 범위를 지정한 후 **=DATE(B2,C2,D2)**를 입력하고 Ctrl + Enter 를 누릅니다.

| D2 | ▼ | ⋮ | × | ✓ | fx | =date(B2,C2,D2) | | | |

=DATE(B2,C2,D2) 입력 후
Ctrl + Enter

	A	B	C	D	E	F	G
1		텍스트형식					
2		2021	3	15	=date(B2,C2,D2)		
3		2019	1	23			
4		2021	3	7			
5		2022	3	22			
6		2024	5	6			
7		2022	9	7			
8		2014	12	6			
9		2012	11	24			
10		2022	8	14			
11							

텍스트 나누기 기능을 사용하지 않고 엑셀의 텍스트 함수를 활용하여 데이터에서 연, 월, 일 데이터를 추출한 후 날짜 형식으로 바꿀 수도 있습니다. [날짜형식] 시트에서 작업합니다.

	A	B	C	D	E	F	G
1		텍스트형식					
2		20210315	2021	03	15	2021-03-15	
3		20190123	2019	01	23	2019-01-23	
4		20210307	2021	03	07	2021-03-07	
5		20220322	2022	03	22	2022-03-22	
6		20240506	2024	05	06	2024-05-06	
7		20220907	2022	09	07	2022-09-07	
8		20141206	2014	12	06	2014-12-06	
9		20121124	2012	11	24	2012-11-24	
10		20220814	2022	08	14	2022-08-14	
11							

날짜를 함수로 변환할 수 있나요?

텍스트 함수인 LEFT 함수, MID 함수, RIGHT 함수 등을 적절히 활용하여 텍스트에서 연, 월, 일을 각각 추출할 수 있고 이를 기초로 DATE 함수를 활용하여 날짜 형식으로 변환할 수 있습니다.

친절한 함수 해설

LEFT 함수

특정 텍스트에서 왼쪽부터 지정한 숫자의 글자 수만큼 문자열을 추출하는 함수입니다. **=LEFT(문자열, 숫자)** 형태로 사용합니다. 예를 들어 빈 셀에 **=LEFT("박재영", 1)**을 입력하면 첫 글자인 **박**이란 값이 추출됩니다.

MID 함수

=MID(문자열, 숫자1, 숫자2) 형태로 사용하며 특정 텍스트에서 '숫자1'에 해당하는 글자 수부터 '숫자2'의 글자 수만큼 추출하는 함수입니다. 예를 들어 빈 셀에 **=MID("마이크로소프트", 2, 3)**를 입력하면 '마이크로소프트'란 문자열에서 두 번째 글자부터 세 글자에 해당하는 **이크로**란 값이 추출됩니다.

RIGHT 함수

특정 텍스트에서 오른쪽부터 지정한 숫자의 글자 수만큼 텍스트를 추출하는 함수입니다. **=RIGHT(문자열, 숫자)** 형태로 사용합니다. 예를 들어 빈 셀에 **=RIGHT("박재영", 2)**를 입력하면 오른쪽에서 두 번째 글자부터 추출해 **재영**이란 값이 추출됩니다.

01 [C2:C10] 범위를 지정한 후 **=LEFT(B2,4)**를 입력하고 Ctrl + Enter 를 누릅니다.

	A	B	C	D	E	F	G
		=LEFT(B2,4)					
1		텍스트형식					
2		20210315	=LEFT(B2,4)				
3		20190123					
4		20210307					
5		20220322					
6		20240506					
7		20220907					
8		20141206					
9		20121124					
10		20220814					
11							

=LEFT(B2,4) 입력 후 Ctrl + Enter

02 [D2:D10] 범위를 지정한 후 **=MID(B2,5,2)**를 입력하고 Ctrl + Enter 를 누릅니다.

	A	B	C	D	E	F	G
				=MID(B2,5,2)			
1		텍스트형식					
2		20210315	2021	=MID(B2,5,2)			
3		20190123	2019				
4		20210307	2021				
5		20220322	2022				
6		20240506	2024				
7		20220907	2022				
8		20141206	2014				
9		20121124	2012				
10		20220814	2022				
11							

=MID(B2,5,2) 입력 후 Ctrl + Enter

03 [E2:E10] 범위를 지정한 후 **=RIGHT(B4,2)**를 입력하고 Ctrl + Enter 를 누릅니다.

	A	B	C	D	E	F	G
		fx	=RIGHT(B2,2)				
1		텍스트형식					
2		20210315	2021	03	=RIGHT(B2,2)	=RIGHT(B4,2) 입력 후 Ctrl + Enter	
3		20190123	2019	01			
4		20210307	2021	03			
5		20220322	2022	03			
6		20240506	2024	05			
7		20220907	2022	09			
8		20141206	2014	12			
9		20121124	2012	11			
10		20220814	2022	08			
11							

04 [F2:F10] 범위를 지정한 후 **=DATE(C2,D2,E2)**를 입력하고 Ctrl + Enter 를 누릅니다.

	A	B	C	D	E	F	G
		fx	=DATE(C2,D2,E2)			=DATE(B4,D2,E2) 입력 후 Ctrl + Enter	
1		텍스트형식					
2		20210315	2021	03	15	,E2)	
3		20190123	2019	01	23		
4		20210307	2021	03	07		
5		20220322	2022	03	22		
6		20240506	2024	05	06		
7		20220907	2022	09	07		
8		20141206	2014	12	06		
9		20121124	2012	11	24		
10		20220814	2022	08	14		
11							

TIP [F2] 셀에 **=DATE(LEFT(B2,4),MID(B2,5,2),RIGHT(B2,2))**를 입력하면 수식 하나로 [B2] 셀의 텍스트를 **2021-03-15**와 같은 날짜 형식으로 변경할 수 있습니다.

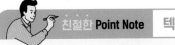
친절한 Point Note 텍스트 나누기 기능으로 쉽고 빠르게 날짜 변환하기

텍스트 나누기 기능에서 [열 데이터 서식]을 활용하면 여덟 자리로 입력된 숫자 데이터를 날짜 데이터로 바로 변환하는 방법도 있습니다. 앞서 배운 방법들과 조합해 사용한다면 실무에 많은 도움이 될 것입니다.

01 [B2:B10] 범위를 지정하고 [데이터] 탭-[데이터 도구] 그룹-[텍스트 나누기]를 클릭합니다.

02 [텍스트 마법사-1단계] 대화상자에서 [너비가 일정함]을 클릭하고 [다음]을 클릭합니다.

03 [텍스트 마법사–2단계] 대화상자는 구분선을 지정하지 않고 [다음]을 클릭합니다.

04 [텍스트 마법사–3단계] 대화상자의 [열 데이터 서식]에서 [날짜]를 클릭합니다. 현재 입력된 데이터는 연, 월, 일 순서로 입력되어 있으므로 [년월일]이 선택된 상태에서 [다음]을 클릭합니다.

05 [B2:B10] 범위에 입력된 데이터가 날짜 형식으로 변경됩니다.

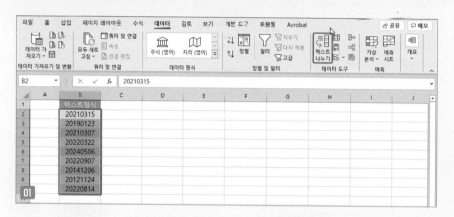

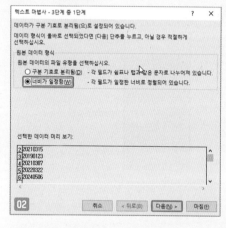

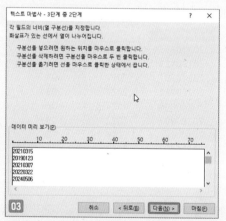

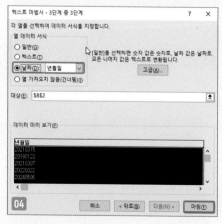

예제 파일 CHAPTER 03\03_초일 말일.xlsx

날짜 데이터에서 각 날짜의 해당 월 1일 또는 말일을 기준으로 변경하는 경우가 있습니다. 예를 들어 월정액 요금 등을 청구할 때 고객의 가입 또는 해지일을 기준으로 계산하는 것이 아니라 해당 월의 1일 또는 말일을 기준으로 일할 계산해야 할 경우에 가입일을 기준으로 초일을 계산해야 합니다.

먼저 해당 날짜의 1일로 변경하는 방법입니다. [1일반환] 시트에서 작업합니다.

	A	B	C	D	E	F	G
1		일자	초일				
2		2021-08-16	2021-08-01				
3		2021-10-01	2021-10-01				
4		2021-10-08	2021-10-01				
5		2022-01-06	2022-01-01				
6		2022-04-10	2022-04-01				
7		2022-05-18	2022-05-01				
8		2022-08-02	2022-08-01				
9		2022-10-06	2022-10-01				
10		2023-04-06	2023-04-01				
11							

> 자동으로 매월 1일을 입력하고 싶어요.

특정 날짜에서 해당 월의 1일은 DATE 함수를 이용하여 표시할 수 있습니다. YEAR 함수와 MONTH 함수를 이용해서 날짜 데이터에서 해당 연도와 해당 월을 각각 추출합니다.

친절한 함수 해설

YEAR 함수
=YEAR(날짜) 형태로 사용하며 특정 날짜에서 해당 연도를 표시합니다.

MONTH 함수
=MONTH(날짜) 형태로 사용하며 특정 날짜에서 해당 월을 표시합니다.

01 [C2:C10] 범위를 지정합니다.

02 =DATE(YEAR(B2),MONTH(B2),1)를 입력한 후 Ctrl + Enter 를 누릅니다.

	A	B	C	D	E	F
				=DATE(YEAR(B2),MONTH(B2),1)		
1		일자	초일	❷ =DATE(YEAR(B2),MONTH(B2),1)		
2		2021-08-16	B2),1)	입력 후 Ctrl + Enter		
3		2021-10-01				
4		2021-10-08				
5		2022-01-06				
6		2022-04-10		❶		
7		2022-05-18				
8		2022-08-02				
9		2022-10-06				
10		2023-04-06				
11						

비슷한 방법으로 해당 날짜의 말일로 변환할 수도 있습니다. [말일반환] 시트에서 작업합니다.

	A	B	C	D	E	F	G
1		일자	말일				
2		2021-08-16	2021-08-31				
3		2021-10-01	2021-10-31				
4		2021-10-08	2021-10-31				
5		2022-01-06	2022-01-31				
6		2022-04-10	2022-04-30				
7		2022-05-18	2022-05-31				
8		2022-08-02	2022-08-31				
9		2022-10-06	2022-10-31				
10		2023-04-06	2023-04-30				
11							

들쭉날쭉한 말일을 편하게 입력할 수 없나요?

특정 날짜에 해당하는 월의 말일을 구하려면 DATE 함수를 이용하여 **=DATE(연도, 월, 31)**와 같은 수식을 입력하면 될 것 같지만 어떤 달엔 30일, 또 어떤 달엔 31일까지 있고, 2월의 경우 윤년에 따라 28일, 29일이 될 수 있습니다. 따라서 **=DATE(연도, 월, 31)**로는 말일을 계산하기 어렵습니다.

이때 앞서 학습한 대로 1900년 1월 1일이 숫자 1이고 하루를 1로 더하며 증가하는 원리를 생각해보면 어떨까요? 월은 현재 날짜에서 한 달을 더하고, 일에 해당하는 인수를 0으로 지정하면 −1일이 되므로 전월의 말일이 계산됩니다. 이런 원리를 응용해 **=DATE(현재 연도, 현재 월+1, 0)**의 수식으로 입력하면 현재 날짜를 기준으로 말일을 계산할 수 있습니다.

01 [C2:C10] 범위를 지정합니다.

02 **=DATE(YEAR(B2),MONTH(B2)+1,0)**를 입력한 후 Ctrl + Enter 를 누릅니다.

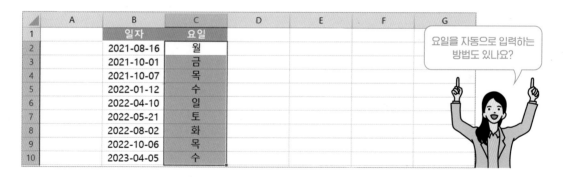

STEP 03 날짜를 요일로 표시하기

예제 파일 CHAPTER 03\04_요일로 바꾸기.xlsx

일별 매출 데이터 등을 집계할 때 보통 날짜가 표시된 셀의 오른쪽 셀에 요일을 표시하는 경우가 있습니다. 이때 텍스트로 요일을 입력하는 대신 왼쪽 날짜를 기준으로 요일을 환산할 수 있습니다. 함수나 셀 서식을 이용해 요일을 환산하는 방법을 알아보겠습니다.

먼저 함수를 사용하여 요일을 오른쪽에 표시해보겠습니다. [함수요일] 시트에서 작업합니다.

CHAPTER 02에서 알아보았던 WEEKDAY 함수를 사용해 날짜를 계산하면 요일에 해당하는 숫자인 '1, 2, 3, 4, 5, 6, 7'의 결과가 나옵니다. 1은 일요일, 2는 월요일, 3은 화요일, 4는 수요일 순서이므로 각 숫자를 요일과 대응해 바로 구할 수 있습니다.

예를 들어 2021년 4월 1일이 무슨 요일인지 알고 싶다면, 빈 셀에 **=WEEKDAY("2021-4-1")** 또는 **=WEEKDAY(DATE(2021, 4, 1))**라고 입력합니다. 이 경우 **5**가 반환되므로 2021년 4월 1일은 목요일이라는 것을 알 수 있습니다. 반환되는 값이 요일로 직접 표시되면 훨씬 편리하겠지요.

이때 WEEKDAY 함수와 CHOOSE 함수를 함께 사용해서 보완하면 됩니다.

CHOOSE 함수

=CHOOSE(숫자, 값1, 값2, 값3, …) 형태로 사용하며 특정 '숫사'의 값 중에서 해당 숫자를 '값'에 해당하는 텍스트에 맞게 순서대로 반환합니다. 예를 들어 빈 셀에 **=CHOOSE(3,"국어","영어","수학","과학","사회")**라고 입력하면 과목명 가운데 세 번째 값인 **수학**이 출력됩니다.

01 [C2:C10] 범위를 지정합니다.

02 **=CHOOSE(WEEKDAY(B2),"일","월","화","수","목","금","토")**를 입력한 후 Ctrl + Enter 를 누릅니다.

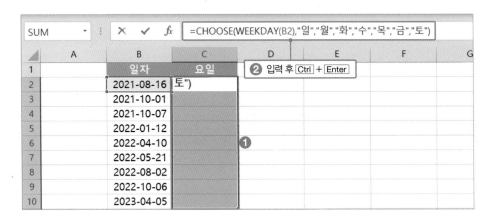

앞에서 함수를 이용하여 날짜를 요일로 변환하는 방법을 알아보았는데, 함수 외에도 셀 서식 기능을 이용해도 됩니다. [셀서식요일] 시트에서 작업합니다.

	A	B	C	D	E	F	G
1		일자	요일				
2		2026-08-16	화				
3		2026-10-01	토				
4		2026-10-07	금				
5		2027-01-12	목				
6		2027-04-10	월				
7		2027-05-21	일				
8		2027-08-02	수				
9		2027-10-06	금				
10		2028-04-04	목				
11							

셀 서식으로도 요일을 표시할 수 있나요?

날짜는 사용자 지정 셀 서식을 이용해서 요일로 변경할 수 있습니다. 이 방법은 새로운 값을 입력하는 것이 아니고 셀 서식만 변경하므로 날짜를 복사해 옆 셀에 붙여 넣은 후 실행해야 날짜와 요일을 모두 표시할 수 있습니다.

01 [B2:B10] 범위를 지정한 후 Ctrl + C 를 눌러 복사합니다.

02 [C2] 셀을 지정한 후 Ctrl + V 를 눌러 [C2:C10] 범위에 복사한 날짜를 붙여 넣습니다.

03 마우스 오른쪽 버튼을 클릭한 후 [셀 서식]을 클릭합니다.

04 [셀 서식] 대화상자의 [표시 형식] 탭에서 [범주]의 [사용자 지정]을 선택합니다. [형식]에 **aaa**라고 입력한 후 [확인]을 클릭합니다.

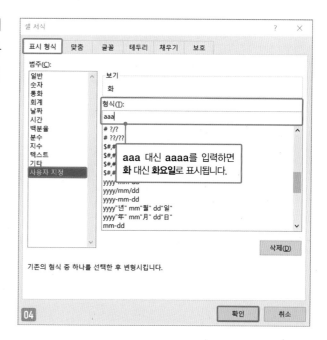

본격
실습

엑셀의 시간 계산 기능 응용하기

아르바이트 시급 계산 시 근무 시간을 구할 때 근무 시작 및 종료 시간이 시간 형식이 아니라 '0845' 등과 같이 텍스트 형식으로 입력되어 있을 경우에는 계산이 곤란합니다. 이런 텍스트값을 시간 단위 형식으로 변환하는 방법을 알아보겠습니다.

STEP 01 텍스트 형식에서 시간 형식으로 바꾸기

예제 파일 CHAPTER 03\05_TextToTime.xlsx

시간이 입력된 원본 데이터가 20시 45분 또는 08:45 PM과 같은 시간 형식이 아니라 2045처럼 텍스트 형식으로 입력된 경우가 있습니다. 이를 엑셀에서 계산 가능한 시간 형식으로 변경하는 방법을 알아보겠습니다.

	A	B	C	D	E	F
1		텍스트형식	시간 형식			
2		0405	4:05 AM			
3		2008	8:08 PM			
4		1205	12:05 PM			
5		1724	5:24 PM			
6		0545	5:45 AM			
7		0323	3:23 AM			
8		1640	4:40 PM			
9		1750	5:50 PM			
10		1300	1:00 PM			
11						

텍스트로는
시간 계산이 안돼요.

만일 원본 데이터가 시간 형식이 아닌 0615 등과 같이 네 자리 숫자나 텍스트 형식으로 입력되어 있다면 06:15 또는 06:15 AM 등 시간 형식으로 변환해야 합니다. 시간을 나타내는 데이터는 시간 형식으로 통일되어야 원하는 대로 계산할 수 있기 때문입니다. TIME 함수를 사용하면 간단하게 바꿀 수 있습니다. [4자리] 시트에서 작업합니다.

TIME 함수

=TIME(시, 분, 초) 형태로 사용하며 해당 시, 분, 초를 시간값으로 표시합니다. 예를 들어 빈 셀에
=TIME(16, 10, 33)를 입력하면 16시 10분 33초에 해당하는 값인 **4:10:33 PM**이 표시됩니다.

01 [C2:C10] 범위를 지정합니다.

02 **=TIME(LEFT(B2,2),RIGHT(B2,2),0)**를 입력한 후 Ctrl + Enter 를 누릅니다.

	A	B	C	D	E	F
		텍스트형식	시간 형식	❷ 입력 후 Ctrl + Enter		
2		0405	RIGHT(B2,2),0)			
3		2008				
4		1205				
5		1724				
6		0545	❶			
7		0323				
8		1640				
9		1750				
10		1300				

SUM · : × ✓ *fx* =TIME(LEFT(B2,2),RIGHT(B2,2),0)

이번에는 다음과 같이 불규칙한 텍스트 길이로 시간이 입력되어 있는 경우 시간 형식으로 바꾸는
방법을 알아보겠습니다. [불규칙] 시트에서 작업합니다.

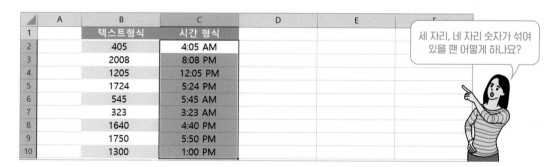

	A	B	C	D	E	F
1		텍스트형식	시간 형식			
2		405	4:05 AM			
3		2008	8:08 PM			
4		1205	12:05 PM			
5		1724	5:24 PM			
6		545	5:45 AM			
7		323	3:23 AM			
8		1640	4:40 PM			
9		1750	5:50 PM			
10		1300	1:00 PM			

세 자리, 네 자리 숫자가 섞여
있을 땐 어떻게 하나요?

0405처럼 네 자리 숫자는 **=LEFT(해당 셀, 2)**의 형태로 시간을 추출할 수 있지만, 405와 같은 세 자
리 숫자와 2008과 같이 네 자리 숫자가 섞여 있으면 하나의 수식으로 처리할 수 없습니다. 이 경우에
는 TEXT 함수를 사용하여 세 자리 숫자를 네 자리 숫자로 변환한 후 LEFT 함수가 적용되도록 수식
을 작성합니다.

TEXT 함수

TEXT 함수는 **=TEXT(값, 셀 서식 형식)** 형태로 사용하며 셀 서식을 변환할 때 사용합니다 예를 들어 빈 셀에 **=TEXT(0.2, "00%")**라고 입력하면, 숫자 0.2가 백분율 형식인 **20%**로 표시됩니다.

01 [C2:C10] 범위를 지정합니다.

02 **=TIME(LEFT(TEXT(B2,"0000"),2),RIGHT(B2,2),0)**를 입력한 후 Ctrl + Enter 를 누릅니다.

	A	B	C	D	E
		텍스트형식	시간 형식		❷ 입력 후 Ctrl + Enter
1					
2		405	HT(B2,2),0)		
3		2008			
4		1205			
5		1724			
6		545		❶	
7		323			
8		1640			
9		1750			
10		1300			

SUM | × ✓ fx | =TIME(LEFT(TEXT(B2,"0000"),2),RIGHT(B2,2),0)

STEP 02 근무 시간 합산하기

예제 파일 CHAPTER 03\06_주간근로시간.xlsx

주급을 계산하려면 일별 근무 시간을 합산해 한 주에 몇 시간을 근무했는지 알아야 합니다. 시간값은 어떻게 합산하는지 알아보겠습니다. [일별근무시간] 시트에서 작업합니다.

	A	B	C	D	E
1		요일	근로 시간		
2		월	8:30		
3		화	9:15		
4		수	7:40		
5		목	9:05		
6		금	23:34		
7		토	4:05		
8		일	3:15		
9		근로시간 합계	65:24		

일별 근무 시간을 더하고 싶어요.

월요일부터 일요일까지 근무한 시간이 셀에 입력되어 있다면 간단하게 SUM 함수를 이용해 합산할 수 있습니다. 다만 일반적인 숫자가 아니라 시간을 더하는 것이므로 사용자 지정 셀 서식을 **[h]:mm**으로 지정해야 제대로 계산됩니다. 일반적인 시간 서식인 **h:mm**으로 지정하면 원하는 합계가 나오지 않습니다. 같은 시간 형식이지만 계산할 때는 날짜가 시간 형식으로 인식되지 않기 때문입니다. '16시간+8시간 30분'을 계산한다고 가정해보겠습니다.

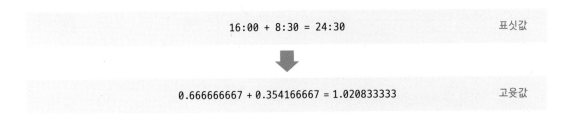

두 시간을 더하면 1.020833333이 나옵니다. 셀 서식을 **h:mm**로 하면 1 이상인 정수는 하루로 처리되어 무시되고 소수 부분인 0.020833333만 시간 형식인 **0:30**으로 표시됩니다. 따라서 각 시간의 합을 구할 때는 각 셀값이 시간 형식으로 지정되었더라도 셀 서식을 확인해서 **[h]:mm**으로 지정합니다.

01 [C9] 셀에 **=SUM(C2:C8)**를 입력한 후 Enter 를 누릅니다.

02 [C9] 셀을 선택하고 마우스 오른쪽 버튼을 클릭한 후 [셀 서식]을 클릭합니다. [셀 서식] 대화상자의 [표시 형식] 탭의 [범주]에서 [사용자 지정]을 클릭하고 [형식]에 **[h]:mm**이라고 입력합니다. [확인]을 클릭합니다.

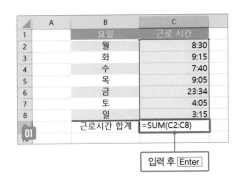

이번에는 시작과 종료 시간이 표시되어 있을 때, 총 근무 시간을 계산하는 방법을 알아보겠습니다.

	A	B	C	D	E
1	날짜	요일	시작시간	종료시간	총 근무시간
2	2021-09-20	월	8:00 AM	4:45 PM	8:45
3	2021-09-21	화	8:30 AM	5:55 PM	9:25
4	2021-09-22	수	9:15 AM	4:25 PM	7:10
5	2021-09-23	목	11:30 PM	8:35 AM	###########
6	2021-09-24	금	10:15 PM	9:10 PM	###########
7	2021-09-25	토	2:00 PM	6.05 PM	4:05
8	2021-09-26	일	11:00 AM	2:15 PM	3:15
9					

> 종료 시각에서 시작 시각을 뺐더니 오류가 났어요.

시작 시간과 종료 시간이 별개의 셀에 입력되었다면 **=종료 시간-시작 시간**과 같은 수식으로 실제 근무 시간을 계산할 수 있습니다. 하지만 새벽까지 근무한 날이 있다면 결괏값이 음수가 되어 정확하게 계산되지 않습니다. 이때 IF 함수를 적절히 활용해서 값이 음수로 나오는 날에는 1을 더하도록 수식을 구성해야 합니다. [시작시각종료시각] 시트에서 작업합니다.

친절한 함수 해설

IF 함수

IF 함수는 조건을 나타낼 경우 사용하는 함수로, **=IF(조건, A, B)** 형태로 사용합니다. 조건에 맞으면 A 값을, 아니면 B값을 반환합니다.

01 [E2:E8] 범위를 지정합니다.

02 **=IF(D2<C2,D2+1−C2,D2−C2)**라고 입력한 후 Ctrl + Enter 를 누릅니다.

SUM	▾	⋮	× ✓ fx	=IF(D2<C2,D2+1-C2,D2-C2)	② 입력 후 Ctrl + Enter

	A	B	C	D	E	F
1	날짜	요일	시작시간	종료시간	총 근무시간	
2	2021-09-20	월	8:00 AM	4:45 PM	1-C2,D2-C2)	
3	2021-09-21	화	8:30 AM	5:55 PM		
4	2021-09-22	수	9:15 AM	4:25 PM		
5	2021-09-23	목	11:30 PM	8:35 AM	❶	
6	2021-09-24	금	10:15 PM	9:10 AM		
7	2021-09-25	토	2:00 PM	6:05 PM		
8	2021-09-26	일	11:00 AM	2:15 PM		

TIP 사용된 수식 **=IF(D2<C2,D2+1−C2,D2−C2)**는 D2<C2, 즉 [D2] 셀값이 [C2] 셀값보다 클 경우 D2+1−C2의 결괏값을 출력하고, 아니면 D2−C2의 결괏값을 출력하라는 의미입니다. IF 함수를 사용하면 조건에 따라 원하는 값을 출력할 수 있습니다. IF 함수에 대한 자세한 내용은 CHAPTER 04에서 알아보겠습니다.

예제 파일 CHAPTER 03\07_시간단위환산.xlsx

보통 엑셀이 아닌 다른 시스템에서 가져온 값은 시간이라 하더라도 일반적인 시분초 형식이 아닐 경우가 많습니다. 이때 시분초 형식으로 환산하는 방법에 대해 알아보겠습니다.

	A	B	C	D	E
1		작업공정	작업시간(초)	작업시간(시분초)	
2		공정 1	78,282	21:44	
3		공정 2	38,923	10:48	
4		공정 3	93,762	26:02	
5		공정 4	25,808	7:10	
6		공정 5	77,296	21:28	
7		공정 6	40,635	11:17	
8		공정 7	94,396	26:13	
9		공정 8	97,771	27:09	
10		공정 9	39,197	10:53	
11		공정 10	25,645	7:07	

초 단위로 기록된 시간을
시분초 형식으로 바꾸고 싶어요.

공정 1부터 공정 10까지 작업 공정별 시간을 산출한 데이터가 십진법 기준의 초 단위로 입력되어 있다면 시간 합계나 평균 등 유의미한 시간 데이터를 산출하기 어렵습니다. 이 경우 십진수인 초 단위를 엑셀에서 인식하는 시간 단위로 변경해야 합니다. 엑셀에서 하루(24시간)가 숫자 1이므로 1초에 대한 고윳값은 1/24/60/60이 됩니다. 즉 하루를 나타내는 1이란 숫자에서 24시간, 60분, 60초를 차례로 나눈 값이 1초가 되는 것입니다. 이런 원리를 기억하면서 다음과 같이 초 단위로 된 시간을 시분초 형식으로 변환해보겠습니다. [시분초형식] 시트에서 작업합니다.

01 [D2:D11] 범위를 지정합니다.

02 =C2/24/60/60을 입력한 후 Ctrl + Enter 를 누릅니다.

| SUM | ▼ | : | × | ✓ | fx | =C2/24/60/60 | ② 입력 후 Ctrl + Enter |

	A	B	C	D	E	F
1		작업공정	작업시간(초)	작업시간(시분초)		
2		공정 1	78,282	=C2/24/60/60		
3		공정 2	38,923			
4		공정 3	93,762			
5		공정 4	25,808			
6		공정 5	77,296	❶		
7		공정 6	40,635			
8		공정 7	94,396			
9		공정 8	97,771			
10		공정 9	39,197			
11		공정 10	25,645			

03 마우스 오른쪽 버튼을 클릭한 후 [셀 서식]을 클릭합니다. [셀 서식] 대화상자의 [표시 형식] 탭에서 [범주]에 [사용자 지정]을 클릭하고, [형식]에 **[h]:mm**이라고 입력한 후 [확인]을 클릭합니다.

이동한 거리와 소요 시간이 입력되어 있다면 시속도 간단하게 계산할 수 있습니다.

	A	날짜	거리(km)	시간(시분초)	시속(km/h)	F
1		날짜	거리(km)	시간(시분초)	시속(km/h)	
2		2021-09-18	1.50	0:20:15	4.44	
3		2021-09-19	2.20	0:40:05	3.29	
4		2021-09-20	2.40	0:35:15	4.09	
5		2021-09-21	3.30	0:55:45	3.55	
6		2021-09-22	3.20	0:42:20	4.54	
7		2021-09-23	2.50	0:20:33	7.30	
8		2021-09-24	3.60	0:25:30	8.47	
9		2021-09-25	5.20	0:45:22	6.88	
10		2021-09-26	10.50	1:48:10	5.82	
11		2021-09-27	7.50	0:55:10	8.16	

시속도 계산할 수 있나요?

엑셀에서 시분초 형식으로 입력되어 있는 값은 하루를 1로 계산한 것이므로 일반적인 시간 개념의 십진수로 환산하려면 해당하는 값에 24를 곱합니다. 그리고 속도는 거리에서 시간을 나눈 값이므로 **=거리/(엑셀 시간*24)**와 같은 공식으로 계산하면 됩니다. 조금 어렵지만 직접 실습해보면 훨씬 이해하기 쉽습니다. [시속계산] 시트에서 작업합니다.

01 [E2:E11] 범위를 지정합니다.

02 **=C2/(D2*24)**를 입력한 후 [Ctrl]+[Enter]를 누릅니다.

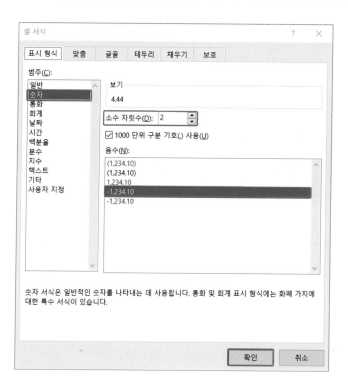

03 마우스 오른쪽 버튼을 클릭한 후 [셀 서식]을 클릭합니다. [셀 서식] 대화상자의 [표시 형식] 탭에서 [범주]에 [숫자]를 클릭하고, [소수 자릿수]에 **2**를 입력한 후 [확인]을 클릭합니다.

본격 실습

예제로 배워서 업무에 응용해보자!

문자 데이터 정리하기

엑셀에서 텍스트를 합치거나 나누는 방법을 실습해보겠습니다. 예를 들어 직급과 이름이 각 셀에 있을 때 직급과 이름을 하나의 셀로 붙여서 입력하는 방법, 우편번호와 주소가 한 셀에 같이 있을 때 우편번호와 주소를 각각 분리하여 셀에 입력하는 방법 등 함수와 엑셀 기능을 활용하면 쉽게 해결할 수 있습니다.

STEP 01 문자열 합치기

예제 파일 CHAPTER 03\08_텍스트합치기.xlsx

다음과 같이 각각의 셀에 직급과 이름이 입력되어 있는 것을 하나의 셀에 쉽게 합치는 방법입니다.

	A	B	C	D	E
1		직급	이름	직급/이름	
2		대리	김영수	대리 김영수	
3		과장	박재영	과장 박재영	
4		차장	김철수	차장 김철수	
5		사원	구요한	사원 구요한	
6		부장	김인홍	부장 김인홍	
7		대리	안일환	대리 안일환	
8		사원	최재훈	사원 최재훈	
9		과장	심지훈	과장 심지훈	
10		부장	김길수	부장 김길수	
11		차장	최인환	차장 최인환	
12					
13					

다른 셀에 들어 있는 직급과 이름을 쉽게 합칠 순 없나요?

& 연산자나 CONCATENATE 함수를 이용하면 각각의 셀에 입력되어 있는 문자열을 한 셀에 간단하게 합쳐서 나타낼 수 있습니다. [문자열합치기] 시트에서 작업합니다.

CONCATENATE 함수

여러 셀에 있는 문자열을 하나의 셀에 합칠 때 사용하는 함수입니다. **=CONCATENATE(텍스트1, 텍스트2, 텍스트3, …)** 형태로 사용합니다.

01 [D2:D11] 범위를 지정합니다.

02 **=B2&" "&C2**를 입력한 후 Ctrl + Enter 를 누릅니다.

SUM		× ✓ _fx_	=B2&" "&C2	② 입력 후 Ctrl + Enter		
	A	B	C	D	E	F
1		직급	이름	직급/이름		
2		대리	김영수	=B2&" "&C2		
3		과장	박재영			
4		차장	김철수			
5		사원	구요한			
6		부장	김인홍			
7		대리	안일환		❶	
8		사원	최재훈			
9		과장	심지훈			
10		부장	김길수			
11		차장	최인환			
12						

TIP [D2] 셀에 **=B2&" "&C2**를 입력하는 대신, **=CONCATENATE(B2," ",C2)**를 입력해도 됩니다.

두 셀의 값을 합치고 새로운 문자열을 넣을 수도 있습니다. [새문자열넣기] 시트에서 작업합니다.

	A	B	C	D	E	
1		직급	이름	직급/이름		
2		대리	김영수	김영수 대리귀하		
3		과장	박재영	박재영 과장귀하		
4		차장	김철수	김철수 차장귀하		
5		사원	구요한	구요한 사원귀하		
6		부장	김인홍	김인홍 부장귀하		
7		대리	안일환	안일환 대리귀하		
8		사원	최재훈	최재훈 사원귀하		
9		과장	심지훈	심지훈 과장귀하		
10		부장	김길수	김길수 부장귀하		
11		차장	최인환	최인환 차장귀하		
12						

이름 뒤에 '귀하'를 붙여야 해요.

이름과 직급을 합친 후 **귀하**라는 문자열을 추가하려면 & 연산자를 활용하면 됩니다.

01 [D2:D11] 범위를 지정합니다.

02 **=C2&" "&B2&"귀하"**를 입력한 후 Ctrl + Enter 를 누릅니다.

SUM	▾	:	× ✓	fx	=C2&" "&B2&"귀하"	❷ 입력 후 Ctrl + Enter

	A	B	C	D	E
1		직급	이름	직급/이름	
2		대리	김영수	=C2&" "&B2&"귀하"	
3		과장	박재영		
4		차장	김철수		
5		사원	구요한		
6		부장	김인홍		❶
7		대리	안일환		
8		사원	최재훈		
9		과장	심지훈		
10		부장	김길수		
11		차장	최인환		

여러 셀값을 하나의 셀에 합칠 수도 있습니다. [하나의셀에합치기] 시트에서 작업합니다.

	A	B	C	D	E
1		국가명	결제코드	문자열 합치기	값으로 바꾸기
2		미국	US		
3		일본	JP		
4		중국	CN		
5		호주	AU		
6		홍콩	HK		
7		캐나다	CA		
8					
9		문자열 합치기	미국(US),일본(JP),중국(CN),호주(AU),홍콩(HK),캐나다(CA),		

국가명 옆에 각각의 결제코드를 괄호로 묶어 전체를 하나의 셀에 표시하도록 한 것입니다. 이러한 작업은 & 연산자와 PHONETIC 함수를 적절히 활용해서 구할 수 있습니다.

친절한 함수 해설

PHONETIC 함수

여러 셀에 있는 문자열을 하나의 셀에 합칠 때 사용하는 함수로 **=PHONETIC(범위)** 형태로 사용합니다. 각 셀을 일일이 하나씩 인수로 입력해야 하는 CONCATENATE 함수와 달리 PHONETIC 함수는 특정한 범위 전체를 하나의 인수로 입력해야 합니다.

01 [D2:D7] 범위를 지정합니다.

02 **=B2&"("&C2&"),"**를 입력한 후 Ctrl + Enter 를 누릅니다.

03 [D2:D7] 범위를 지정한 후 Ctrl + C 를 눌러 복사합니다.

04 [E2] 셀을 마우스 오른쪽 버튼을 클릭하고 [붙여넣기 옵션]-[값 123]을 클릭합니다.

05 [C9] 셀에 **=PHONETIC(E2:E7)**를 입력한 후 Enter 를 누릅니다.

TIP PHONETIC 함수는 인수의 셀값이 수식이 아닌 문자열이나 숫자로 입력되어 있어야 정상적으로 작동합니다. 여기서는 이해하기 쉽게 복사한 [D2:D7] 범위의 값을 E열에 붙여 넣었지만, 실무에서 작업할 때는 D열에 그대로 붙여 넣어도 됩니다.

예제 파일 CHAPTER 03\09_텍스트나누기.xlsx

텍스트 나누기 기능을 이용하거나 텍스트 함수를 이용해 하나의 셀에 입력된 문자열을 나눌 수 있습니다. [문자열나누기기능] 시트에서 작업합니다.

	A	B	C
1		우편번호	주소
2		22154	인천광역시 미추홀구 한나루로586번길
3		04395	서울특별시 용산구 장문로6길 110
4		01439	서울특별시 도봉구 노해로51길 4
5		07250	서울특별시 영등포구 영등포로43길 3-1
6		25556	강원도 강릉시 창해로 85-35
7		06614	도로명서울특별시 서초구 강남대로 413-2
8		04346	서울특별시 용산구 회나무로44가길 11
9		10353	경기도 고양시 일산서구 고양대로 662번길 25
10			

> 한 셀에 입력된 우편번호와 주소를 나누고 싶어요.

하나의 셀에 입력되어 있는 문자열을 나누어 각각 다른 셀에 입력할 수도 있습니다. 텍스트 나누기를 이용해 한 셀에 입력된 우편번호와 주소를 각각 다른 셀로 분리해보겠습니다.

01 [B2:B9] 범위를 지정합니다. [데이터] 탭-[데이터 도구] 그룹-[텍스트 나누기]를 클릭합니다.

02 [텍스트 마법사–1단계] 대화상자에서 [너비가 일정함]을 클릭한 후 [다음]을 클릭합니다.

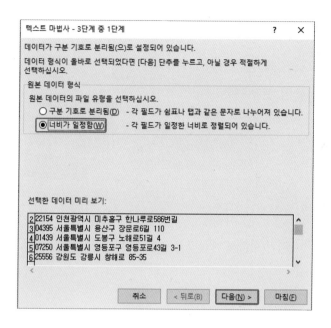

03 [텍스트 마법사–2단계] 대화상자에서 우편번호와 주소 문자열 사이를 클릭해 구분선으로 나눈 후 [다음]을 클릭합니다.

04 [텍스트 마법사–3단계] 대화상자에서 우편번호의 [열 데이터 서식]을 [텍스트]로 지정한 후 [마침]을 클릭합니다.

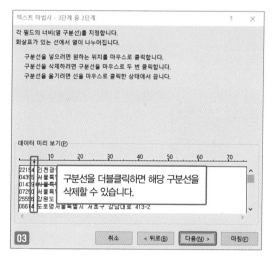

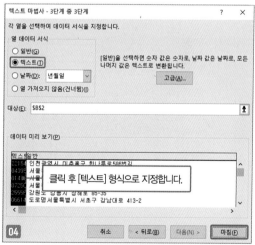

TIP 우편번호 열의 양식을 텍스트로 지정하지 않고 일반 양식으로 진행할 경우 '04395'와 같이 0으로 시작하는 우편번호의 경우 **4395**로 표시됩니다. 이를 방지하기 위해 반드시 텍스트 형식으로 지정해야 합니다.

문자열 나누기 기능을 사용하지 않고 텍스트 함수를 이용하여 우편번호와 주소를 구분할 수도 있습니다. [문자열나누기함수] 기능을 사용합니다.

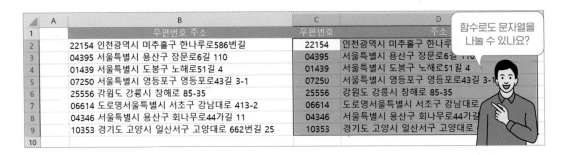

LEFT 함수와 RIGHT 함수, LEN 함수 등 텍스트 함수를 이용해서 우편번호와 주소를 각 셀에 분리할 수도 있습니다. 입력된 텍스트의 몇 번째 자리까지 잘라서 나눌지 함수에 직접 입력합니다.

LEN 함수

문자열에서 음절의 개수를 표시하는 함수입니다. **=LEN(문자열)** 형태로 사용하며, 빈 셀에 **=LEN("가나다")**라고 입력하면 '가나다'는 세 음절이므로 숫자 **3**을 표시합니다.

01 [C2:C9] 범위를 지정하고 **=LEFT(B2,5)**를 입력한 후 Ctrl + Enter 를 누릅니다.

02 [D2:D9] 범위를 지정하고 **=RIGHT(B2,LEN(B2)−6)**를 입력한 후 Ctrl + Enter 를 누릅니다.

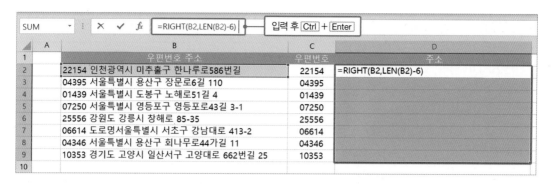

TIP [D2] 셀에 입력한 수식인 **=RIGHT(B2,LEN(B2)-6)**는 [B2] 셀의 전체 문자열 가운데 '전체 문장 음절 수 − 6' 음절만큼 오른쪽에 있는 값들만 나타내라는 의미입니다. 즉 우편번호 다섯 자리와 그 뒤의 공백 한 자리를 제외한 나머지 오른쪽 부분인 주소를 표시합니다.

STEP 03 특정 문자열이 있는 셀만 추출하기

예제 파일 CHAPTER 03\10_아파트 찾기.xlsx

바꾸기 기능을 이용하거나 텍스트 함수를 이용해 특정 문자열을 포함하는 셀만 추출할 수 있습니다.

주소록에서 아파트에 살고 있는 사람의 주소만 뽑아야 할 때 **아파트**라는 문자열이 들어 있는 셀만 별도로 추출할 수 있습니다. [함수이용하기] 시트에서 작업합니다.

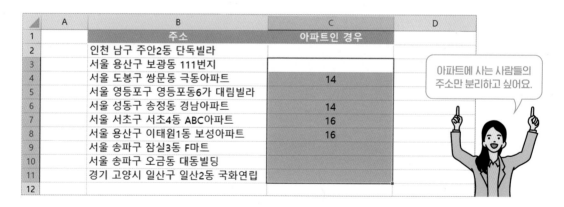

IFERROR 함수와 FIND 함수를 이용하여 주소록 정보에서 **아파트**가 포함된 주소만 추출해 14, 16 등의 숫자로 표시되도록 했습니다. 이 숫자는 문자열 수를 나타낸 것인데 C열을 기준으로 정렬해서 숫자가 들어 있는 경우만 분류하면 아파트인 주소만 분리할 수 있습니다.

IFERROR 함수

셀에서 계산된 값에 에러가 발생했을 때 조건을 판단해 에러 대신 값을 나타내는 함수입니다.
=IFERROR(조건 값, 에러일 때 값) 형태로 사용합니다.

FIND 함수

전체 텍스트에서 특정 문자열이 처음 나오는 위치를 음절 수로 표시하는 함수로 **=FIND(찾는 문자열, 전체 텍스트)** 형태로 사용합니다. 빈 셀에 **=FIND("누구", "나는 누구인가?")**를 입력하면, 숫자 **4**를 표시합니다. **나는 누구인가?**라는 문자열에서 **누구**라는 값이 공백을 포함하여 네 번째 위치에 있기 때문입니다.

01 [C2:C11] 범위를 지정하고 **=IFERROR(FIND("아파트",B2)," ")**를 입력한 후 Ctrl + Enter 를 누릅니다.

	A	B	C
	SUM	× ✓ fx	=IFERROR(FIND("아파트",B2),"")	입력 후 Ctrl + Enter
1		주소	아파트인 경우
2		인천 남구 주안2동 단독빌라	=IFERROR(FIND("아파트",B2),"")
3		서울 용산구 보광동 111번지	
4		서울 도봉구 쌍문동 극동아파트	
5		서울 영등포구 영등포동6가 대림빌라	
6		서울 성동구 송정동 경남아파트	
7		서울 서초구 서초4동 ABC아파트	
8		서울 용산구 이태원1동 보성아파트	
9		서울 송파구 잠실3동 F마트	
10		서울 송파구 오금동 대동빌딩	
11		경기 고양시 일산구 일산2동 국화연립	
12			

> [B2] 셀의 텍스트에서 아파트라는 문자열이 몇 번째 음절에 있는지 표시하고, 아파트라는 문자열이 없는 경우 에러가 발생하므로 해당 셀에 공백을 대신 표시한다는 뜻입니다.

02 [B1:C11] 범위가 지정된 상태에서 [데이터] 탭-[정렬 및 필터] 그룹-[정렬]을 클릭한 후 C열을 기준으로 오름차순으로 정렬합니다. [정렬 기준]을 [아파트인 경우], [셀 값], [오름차순]으로 각각 선택하고 [확인]을 클릭합니다. **아파트** 문자열의 위칫값이 표시된 주소가 맨 위 행부터 정렬되므로 원하는 주소만 간단히 추려낼 수 있습니다.

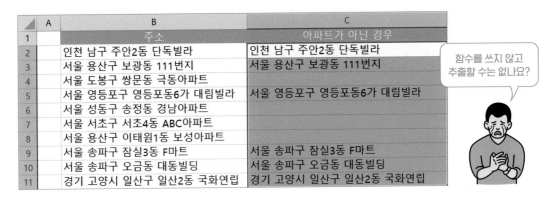

이번에는 엑셀의 바꾸기 기능을 이용하여 '아파트'를 제외한 주소만 추려보겠습니다.

주소를 옆 열에 복사하고 바꾸기 기능을 이용하여 **아파트**란 문자열이 있는 셀을 빈 셀로 바꾼 후 다시 정렬하는 방법입니다. [바꾸기기능] 시트에서 작업합니다.

01 [B2:B11] 범위의 값을 복사하여 [C2:C11] 범위에 붙여 넣습니다.

02 [C2:C11] 범위가 지정된 상태에서 [홈] 탭-[편집] 그룹-[찾기 및 선택]을 클릭한 후 [찾기]를 클릭합니다. 단축키는 Ctrl + F 입니다.

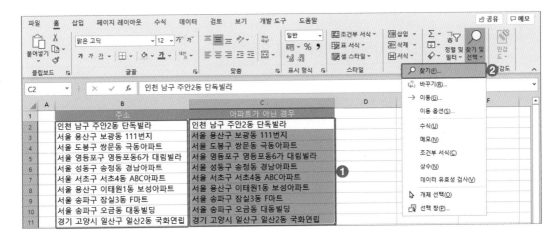

03 [찾기 및 바꾸기] 대화상자의 [바꾸기] 탭을 클릭한 후 [찾을 내용]에 ***아파트***를 입력하고 [바꿀 내용]에는 아무것도 입력하지 않습니다. [모두 바꾸기]를 클릭하면 모두 '4개의 항목이 바뀌었다'는 메시지가 나타납니다. [확인]을 클릭한 후 [찾기 및 바꾸기] 대화상자에서도 [닫기]를 클릭합니다. **아파트**가 포함된 주소는 삭제됩니다.

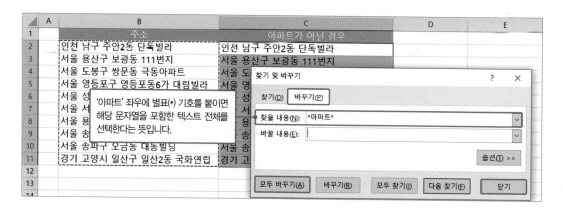

04 [B1:C11] 범위를 지정한 상태에서 [데이터] 탭-[정렬 및 필터] 그룹-[정렬]을 클릭합니다. [정렬] 대화상자에서 C열 기준으로 오름차순 정렬하면 빈 셀을 기준으로 아파트가 포함된 데이터만 정렬됩니다.

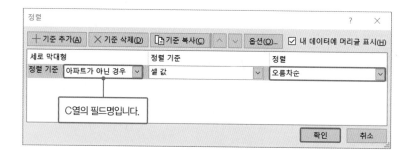

STEP 04 한 셀에 문자열을 여러 줄로 입력하기

예제 파일 CHAPTER 03\11_근무자명단.xlsx

문서 작업을 하다 보면 한 셀에 문자열을 여러 줄로 입력해야 할 때가 있습니다. 이때 줄 바꿈하기 위해 Enter 를 누르면 아래 줄이 아닌 아래 셀로 넘어가서 곤란합니다. 하지만 간단한 방법만 알면 하나의 셀에 문자열을 여러 줄로 입력할 수 있습니다. 또 여러 줄로 입력된 문자열을 함수를 이용해 한 줄로 바꿀 수도 있습니다.

표를 작성할 때 다음과 같이 한 셀에 두 줄 이상의 문자열을 입력하는 것이 보기 좋을 때가 있습니다. [한셀에여러줄] 시트에서 작업합니다.

A	B	C	D
1	구 분	1주차	2주차
2	강남점	김가람 김영수 박수진	이진수 김승춘 박희정
3	성북점	이연수 하나연 김현수	장지연 최현조 김남길
4			

> 하나의 셀에 이름을 여러 줄로 입력하고 싶어요.

보통 셀에 문자열을 입력할 경우 Enter 를 누르면 줄이 바뀌지 않고 셀 포인터가 아래 셀로 이동합니다. 이때 문자열을 입력한 상태에서 Enter 를 누르는 대신 Alt + Enter 를 누르면 셀 안에서 행을 바꿀 수 있습니다.

01 [C2] 셀에 **김가람**을 입력한 후 Alt + Enter 를 누릅니다.

02 행이 바뀌면 **김영수**를 입력한 후 Alt + Enter 를 누릅니다.

03 행이 바뀌면 **박수진**을 입력한 후 Enter 를 누르고 [C2] 셀 입력을 종료합니다. 이와 같은 식으로 다른 셀들도 계속 입력할 수 있습니다.

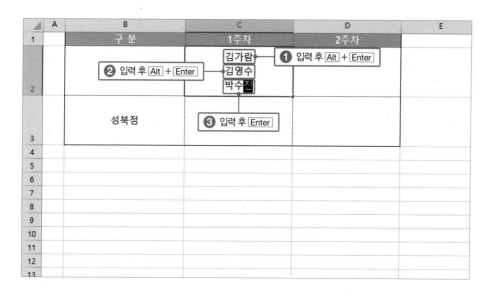

이번에는 반대로 여러 줄로 입력된 문자열을 하나의 셀에 합치는 작업을 해보겠습니다. [여러줄을한줄로] 시트에서 작업합니다.

	A	B	C	D
1		구 분	1주차	2주차
2		강남점	김가람 김영수 박수진	이진수 김승춘 박희정
3		성북점	이연수 하나연 김현수	장지연 최현조 김남길
4				
5		강남점	김가람/김영수/박수진	이진수/김승춘/박희정
6		성북점	이연수/하나연/김현수	장지연/최현조/김남길
7				

여러 줄에 입력한 이름을 한 줄로 쓰고 싶어요.

이 경우 SUBSTITUTE, CHAR 등의 텍스트 함수를 이용합니다. 앞서 만든 명단에서 각 이름 사이에 /로 구분 기호를 넣어 여러 줄로 된 문자열을 한 줄로 보기 좋게 만들어보겠습니다.

친절한 함수 해설

SUBSTITUTE 함수

텍스트에서 특정 문자열을 찾아 새로운 문자열로 바꾸어주는 함수로 =SUBSTITUTE(전체 텍스트, 이전 문자열, 신규 문자열) 형태로 사용합니다. 빈 셀에 =SUBSTITUTE("나는 누구인가?", "나", "너")를 입력하면 **너는 누구인가?**를 표시합니다.

CHAR 함수

=CHAR(숫자) 형태로 사용합니다. 숫자가 지정하는 특수문자를 표시하는 함수로 인수로 입력할 수 있는 숫자는 1부터 255까지의 자연수입니다. 예를 들어 빈 셀에 =CHAR(65)라고 입력하면 대문자 A를 표시합니다. CHAR 함수의 인수로 표현할 수 있는 모든 특수문자를 확인하려면 빈 시트의 [A1] 셀에 =CHAR(ROW( ))를 입력하고 채우기 핸들█을 [A255] 셀까지 드래그해보세요.

01 [C5:D6] 범위를 지정합니다.

02 =SUBSTITUTE(C2,CHAR(10),"/")를 입력한 후 Ctrl + Enter 를 누릅니다.

| SUM | ▼ | ⋮ | ✕ ✓ ƒx | =SUBSTITUTE(C2,CHAR(10),"/") | ← | ❷ 입력 후 Ctrl + Enter |

◢	A	B	C	D
1		**구 분**	**1주차**	**2주차**
2		강남점	김가람 김영수 박수진	이진수 김승춘 박희정
3		성북점	이연수 하나연 김현수	장지연 최현조 김남길
4				
5		강남점	=SUBSTITUTE(C2,CHAR(	
6		성북점	❶	
7				

TIP **CHAR(10)**은 눈에 보이지 않지만 Alt + Enter 를 눌렀을 경우처럼 셀 안에서 줄을 바꾸는 문자를 의미합니다. 이를 개행 문자(Line feed)라고 합니다. **=SUBSTITUTE(C2,CHAR(10),"/")** 수식은 이런 개행 문자를 **/**로 바꾸는 수식입니다.

본격
실습

예제로 배워서 업무에 응용해보자!

빈 셀을 간단히 처리하기

이번에는 빈 행 또는 빈 셀과 관련된 작업을 알아보겠습니다. 예를 들어 표 중간에 들어 있는 빈 행을 지우는 방법, 세 행마다 빈 행을 삽입하는 방법, 표에서 빈 셀만 골라 바로 위의 값으로 채우는 방법 등을 실습해보겠습니다.

STEP 01 빈 행을 지우거나 삽입하기

예제 파일 CHAPTER 03\12_상품별매출.xlsx

먼저 빈 행을 지우는 방법입니다. 다른 프로그램에서 원본 데이터를 가져오거나 인터넷에서 표 데이터를 복사해서 붙여 넣을 경우 오른쪽과 같이 중간에 빈 행이 들어가는 경우가 있습니다. 이 경우 빈 행을 모두 지우고 정리해야 훨씬 보기가 편합니다.

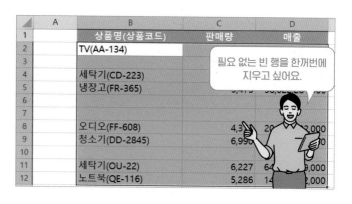

위의 표는 상품별 판매량 및 매출에 관한 데이터입니다. 중간중간 빈 행이 있어 보기에도 불편하고 부분합이나 필터와 같은 기능을 사용할 수 없습니다. 이동 옵션 기능을 이용하면 빈 행을 쉽게 삭제할 수 있습니다. [공백삭제] 시트에서 작업합니다.

01 [B2:D12] 범위를 지정한 후 [홈] 탭-[편집] 그룹-[찾기 및 선택]을 클릭하고 [이동 옵션]을 선택합니다.

TIP 단축키 Ctrl + G를 눌러 [이동] 옵션 대화상자에서 [옵션]을 클릭해도 됩니다.

02 [이동 옵션] 대화상자에서 [빈 셀]을 클릭한 후 [확인]을 클릭합니다.

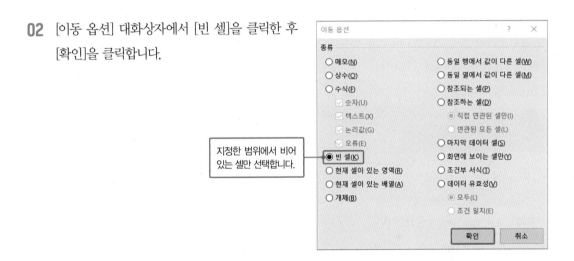

03 빈 셀만 범위로 지정된 상태가 되면 빈 셀을 마우스 오른쪽 버튼을 클릭한 후 [삭제]를 클릭합니다. [삭제] 대화상자가 나타나면 [셀을 위로 밀기]를 클릭하고 [확인]을 클릭합니다.

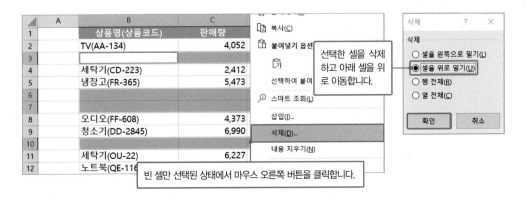

경우에 따라서는 표에서 특정 행마다 빈 행을 삽입하는 것이 가독성을 높여줄 때가 있습니다.

	A	B	C	D	E
1		상품명(상품코드)	판매량	매출	
2		TV(AA-134)	4,052	35,578,429,000	
3		세탁기(CD-223)	2,412	26,705,496,000	
4		냉장고(FR-365)	5,473	58,622,281,000	
5					
6		오디오(FF-608)	4,373	20,104,392,000	
7		청소기(DD-2845)	6,990	1,861,326,000	
8		세탁기(OU-22)	6,227	64,767,319,000	
9					
10		스마트폰(IER-312	5,286	14,156,252,000	
11		TV(ASD-3142)	8,998	4,145,137,000	
12		노트북(QE-116)	5,327	46,534,574,000	
13					

표가 너무 빽빽해서 빈 행을 넣고 싶을 땐 어떻게 하나요?

이 경우 ROW 함수, MOD 함수와 이동 옵션을 이용해 빈 행을 삽입할 수 있습니다. 다음은 표에서 3행마다 빈 행을 삽입하는 방법입니다. [공백삽입] 시트에서 작업합니다.

친절한 함수 해설

ROW 함수

해당 셀의 행 번호를 반환하는 함수입니다. 예를 들어 [E8] 셀에 **=ROW( )**를 입력하면 숫자 **8**을 반환합니다. [E8] 셀이 8행이기 때문입니다.

MOD 함수

해당 숫자로 나누었을 경우 나머지 값을 반환하는 함수입니다. 예를 들어 빈 셀에 **=MOD(8, 3)**를 입력하면 **2**가 반환됩니다. 8을 3으로 나누었을 경우 나머지가 2이기 때문입니다.

01 [E2:E10] 범위를 지정한 후 **=IF(MOD(ROW( ),3)=2,"공백",1)**를 입력하고 Ctrl + Enter 를 누릅니다.

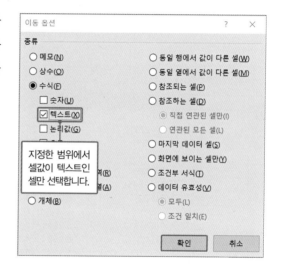

	A	B	C	D	E
1		상품명(상품코드)	판매량	매출	
2		TV(AA-134)	4,052	35,578,429,000	=IF(MOD(ROW(),3)=2,"공백",1)
3		세탁기(CD-223)	2,412	26,705,496,000	
4		냉장고(FR-365)	5,473	58,622,281,000	
5		오디오(FF-608)	4,373	20,104,392,000	
6		청소기(DD-2845)	6,990	1,861,326,000	
7		세탁기(OU-22)	6,227	64,767,319,000	
8		스마트폰(IER-312	5,286	14,156,252,000	
9		TV(ASD-3142)	8,998	4,145,137,000	
10		노트북(QE-116)	5,327	46,534,574,000	
11					

입력 후 Ctrl + Enter

현재 셀의 행 머리글을 3으로 나눴을 때 나머지가 2가 되는 경우, 즉 3의 배수에서 2를 뺀 값의 간격으로 '공백'을 표시하고 나머지 셀에는 '1'을 표시합니다.

02 [홈] 탭-[편집] 그룹-[찾기 및 선택]-[이동 옵션]을 클릭합니다. [이동 옵션] 대화상자에서 [수식]을 클릭하고 이어서 [텍스트]에만 체크한 후 [확인]을 클릭합니다.

지정한 범위에서 셀값이 텍스트인 셀만 선택합니다.

03 **공백**이라고 표시된 범위만 선택된 상태에서 마우스 오른쪽 버튼을 클릭하고 [삽입]을 클릭합니다.

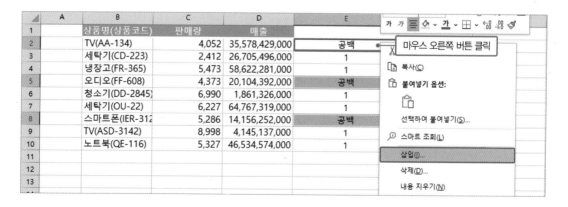

	A	B	C	D	E	
1		상품명(상품코드)	판매량	매출		
2		TV(AA-134)	4,052	35,578,429,000	공백	마우스 오른쪽 버튼 클릭
3		세탁기(CD-223)	2,412	26,705,496,000	1	
4		냉장고(FR-365)	5,473	58,622,281,000	1	복사(C)
5		오디오(FF-608)	4,373	20,104,392,000	공백	붙여넣기 옵션:
6		청소기(DD-2845)	6,990	1,861,326,000	1	
7		세탁기(OU-22)	6,227	64,767,319,000	1	선택하여 붙여넣기(S)...
8		스마트폰(IER-312	5,286	14,156,252,000	공백	스마트 조회(L)
9		TV(ASD-3142)	8,998	4,145,137,000	1	삽입(I)...
10		노트북(QE-116)	5,327	46,534,574,000	1	삭제(D)...
11						내용 지우기(N)
12						
13						

04 [삽입] 대화상자에서 [행 전체]를 선택한 후 [확인]을 클릭합니다.

▲	A	B	C	D	E
1		상품명(상품코드)	판매량	매출	
2		TV(AA-134)	4,052	35,578,429,000	공백
3		세탁기(CD-223)		05,496,000	1
4		냉장고(FR-365)		22,281,000	1
5		오디오(FF-608)		04,392,000	공백
6		청소기(DD-2845			1
7		세탁기(OU-22)			1
8		스마트폰(IER-31			공백
9		TV(ASD-3142)		0	1
10		노트북(QE-116)		4,574,000	1
11					
12					

삽입 대화상자:
- ○ 셀을 오른쪽으로 밀기(I)
- ○ 셀을 아래로 밀기
- ● 행 전체(R)
- ○ 열 전체(C)

[확인] [취소]

'공백'으로 표시된 셀 바로 위에 빈 행을 삽입합니다.

05 수식 작업을 위해 인위적으로 만든 2행과 E열을 삭제합니다.

▲	A	B	C	D	E	
1		상품명(상품코드)	판매량	매출		
2						← 삭제
3		TV(AA-134)	4,052	35,578,429,000	1	
4		세탁기(CD-223)	2,412	26,705,496,000	1	
5		냉장고(FR-365)	5,473	58,622,281,000	공백	
6						
7		오디오(FF-608)	4,373	20,104,392,000	1	
8		청소기(DD-2845)	6,990	1,861,326,000	공백	
9		세탁기(OU-22)	6,227	64,767,319,000	1	
10						
11		스마트폰(IER-312	5,286	14,156,252,000	공백	
12		TV(ASD-3142)	8,998	4,145,137,000	1	
13		노트북(QE-116)	5,327	46,534,574,000	1	
14						

STEP 02 **빈 셀을 바로 위 셀값으로 채우기**

예제 파일 CHAPTER 03\12_상품별매출.xlsx

다음은 상품별 매출과 담당 판매사원을 정리한 표입니다. [B2:B5] 범위의 상품명을 보면 [B2] 셀에만 **TV**라고 상품명이 입력되어 있고 그 아래는 모두 비어 있습니다. 물론 모두 TV를 판매하는 사원이라는 뜻이겠지만, 이렇게 정리하면 함수, 부분합, 피벗 테이블 등 엑셀의 데이터베이스 기능을 적용할 수 없습니다. 데이터베이스 기능을 정상적으로 사용하려면 [B3:B5] 범위를 **TV**로 채우고, [B7] 셀은 **세탁기**로 채우는 등 상품명 열의 빈 셀도 모두 채워야 합니다. 이때 이동 옵션이나 함수를 이용하면 간단하게 작업할 수 있습니다.

이런 표에서는 상품명에 해당하는
값을 일일이 복사해서 붙여 넣을 수
있지만, 채워 넣을 셀의 개수가 많
다면 수작업으로 처리하기엔 너무
비효율적입니다. 먼저 이동 옵션 기
능을 이용해서 채워 넣는 방법을
알아보겠습니다. [값채우기_이동옵
션] 시트에서 작업합니다.

	A	B	C	D
1		상품명	판매사원	판매량
2		TV	정철한	2,298
3			박현욱	7,682
4			김기수	2,716
5			위성진	4,533
6		세탁기	하열우	6,204
7			김현우	6,178
8		냉장고	나한수	515
9			최철호	7,444
10			위승우	3,410
11			정철한	4,916
12				

	A	B	C	D	E
1		상품명	판매사원	판매량	
2		TV	정철한	2,298	
3		TV	박현욱	7,682	
4		TV	김기수	2,716	
5		TV	위성진	4,533	
6		세탁기	하열우	6,204	
7		세탁기	김현우	6,178	
8		냉장고	나한수	515	
9		냉장고	최철호	7,444	
10		냉장고	위승우	3,410	
11		냉장고	정철한	4,916	
12					

> 내용을 붙여 넣어 셀을 채우려니
> 시간이 너무 오래 걸려요.

01 [B2:B11] 범위를 지정한 후 [홈] 탭-[편집] 그룹-[찾기 및 선택]-[이동 옵션]을 클릭합니다.

02 [이동 옵션] 대화상자의 [빈 셀]을 클릭한 후 [확인]을 클릭합니다.

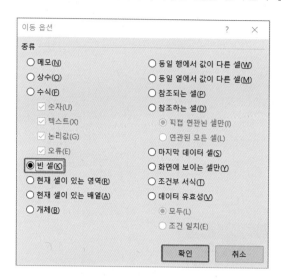

03 이 상태에서 **=**를 입력한 후 ↑ 를 누릅니다. 예제에서는 [B3] 셀에 **=B2**라고 입력됩니다. Ctrl + Enter 를 누릅니다.

	A	B	C	D	E
				SUM	

> [B2:B11] 범위 중 모든 빈 셀에 바로 위의 셀값을 입력하는 수식입니다. Ctrl + Enter 를 눌러 입력을 완료합니다.

	A	B	C	D	E
1		상품명	판매사원	판매량	
2		TV	정철한	2,298	
3		=B2	박천 입력 후 ↑	7,682	
4			김기수	2,716	
5			위성진	4,533	
6		세탁기	하열우	6,204	
7			김현우	6,178	
8		냉장고	나한수	515	
9			최철호	7,444	
10			위승우	3,410	
11			정철한	4,916	
12					

IF 함수를 이용하여 빈 셀의 값을 셀값으로 채울 수도 있습니다. [값채우기_함수이용] 시트에서 작업합니다.

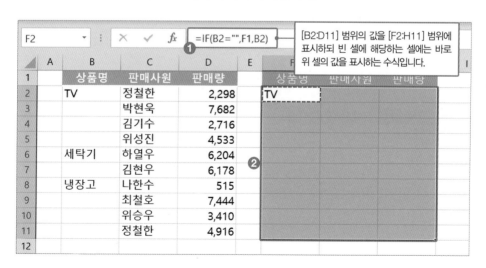

새로운 표를 만들고 기존 표의 내용을 가져오되, 빈 셀인 경우 바로 위 셀의 값을 적용하는 방식입니다.

01 [F2] 셀에 **=IF(B2=" ",F1,B2)**를 입력합니다.

02 [F2] 셀을 복사해서 [F2:H11] 범위에 붙여 넣습니다.

TIP 해당 기능은 채우기 핸들🔲을 드래그해 [F2:H11] 범위에 데이터를 채워도 됩니다.

배운 내용을 내 것으로 만들어보자!

학습 점검

핵심 내용 실습 점검

예제 파일 CHAPTER 03\13_학습점검.xlsx

01 다음 국가별 매출 데이터에서 [C4:E8] 범위의 원 단위 금액을 모두 천 원 단위로 변경하세요.

	A	B	C	D	E	F	G
1							
2							
3		구분	1월	2월	3월		
4		미국	5,856천원	7,661천원	5,652천원		
5		독일	1,657천원	5,960천원	3,076천원		
6		프랑스	6,378천원	6,376천원	5,541천원		
7		호주	3,726천원	4,720천원	4,999천원		
8		중국	5,417천원	1,745천원	9,520천원		
9							

Help! [셀 서식] 대화상자의 [표시 형식] 탭에서 설정하거나 데이터를 직접 변경할 경우 [선택하여 붙여넣기] 기능을 활용합니다.
▶p.122

02 사번에 해당하는 [B4:B8] 범위의 숫자를 앞에 0이 붙는 네 자리 숫자로 표시하세요.

	A	B	C	D	E	G	H	I
1								
2								
3		사번	이름	직급	입사월			
4		0001	박현수	과장	2008-07-31			
5		0002	김진현	대리	2014-01-01			
6		0003	이수민	사원	2018-01-01			
7		0004	김승의	부장	2003-01-01			
8		0005	하진수	대리	2015-07-01			

Help! 표시 형식을 활용해 네 자리 숫자가 모두 보이도록 처리합니다. ▶p.125

03 함수를 활용하여 다음 입고일 일자를 모두 해당 연월의 1일로 변경하여 [D4:D8] 범위에 입력하세요.

	A	B	C	D	E	F
1						
2						
3		상품명	입고일	입고일_초일변경		
4		TV	2021-03-07	2021-03-01		
5		세탁기	2022-02-12	2022-02-01		
6		냉장고	2023-02-01	2023-02-01		
7		오디오	2024-04-20	2024-04-01		
8		청소기	2025-11-07	2025-11-01		
9						
10						

Help! YEAR, MONTH, DATE 함수를 각각 조합합니다. ▶p.133

04 함수를 활용하여 다음 입고일 일자를 모두 해당 연월의 말일로 변경하여 [D4:D8] 범위에 입력하세요.

	A	B	C	D	E	F
1						
2						
3		상품명	출고일	출고일_말일변경		
4		TV	2021-02-01	2021-02-28		
5		세탁기	2021-12-18	2021-12-31		
6		냉장고	2022-11-16	2022-11-30		
7		오디오	2024-02-15	2024-02-29		
8		청소기	2025-09-01	2025-09-30		
9						
10						

Help! YEAR, MONTH, DATE 함수를 각각 조합합니다. ▶p.134

05 셀 서식을 활용하여 다음 날짜에 해당하는 값을 모두 해당 날짜의 요일로 표시하여 [D4:D8] 범위에 입력하세요.

	A	B	C	D	E	F
1						
2						
3		상품명	입고일	요일		
4		TV	2021-02-02	화		
5		세탁기	2021-12-19	일		
6		냉장고	2022-11-17	목		
7		오디오	2024-02-16	금		
8		청소기	2025-09-02	화		
9						
10						

Help! [셀 서식] 대화상자의 [표시 형식] 탭 – [사용자 지정]에서 [형식]을 **aaa**로 설정합니다. ▶p.135

06 시작 시각과 종료 시각을 참조하여 [F4:F8] 범위에 근무 시간을 계산하세요.

	날짜	요일	시작시간	종료시간	근무시간
4	2021-03-08	월	8:00 AM	4:15 PM	8:15
5	2021-03-09	화	8:00 PM	7:00 AM	11:00
6	2021-03-10	수	9:00 AM	5:00 PM	8:00
7	2021-03-11	목	8:30 PM	4:30 AM	8:00
8	2021-03-12	금	8:00 PM	5:00 AM	9:00

Help! 야간 작업으로 종료 시간이 다음 날에 끝나는 경우 IF 함수를 조합해 처리합니다. ▶p.140

07 수식을 사용하여 시, 구, 동을 하나의 셀에 표시하세요.

	시	구	동	주소
4	인천시	남구	주안2동	인천시 남구 주안2동
5	서울시	도봉구	쌍문동	서울시 도봉구 쌍문동
6	서울시	서초구	서초4동	서울시 서초구 서초4동
7	서울시	용산구	이태원동	서울시 용산구 이태원동
8	고양시	일산서구	주엽동	고양시 일산서구 주엽동

Help! 텍스트를 합칠 때는 &를 활용하거나 CONCATENATE 함수를 활용합니다. ▶p.146

08 다음 주소를 시, 구, 동으로 각각 나누어 각각의 셀에 입력하세요.

	주소	시	구	동
4	인천시 남구 주안2동	인천시	남구	주안2동
5	서울시 도봉구 쌍문동	서울시	도봉구	쌍문동
6	서울시 서초구 서초4동	서울시	서초구	서초4동
7	서울시 용산구 이태원동	서울시	용산구	이태원동
8	고양시 일산서구 주엽동	고양시	일산서구	주엽동

Help! 규칙성을 가진 텍스트는 텍스트 나누기 기능을 사용하면 편리합니다. 해당 데이터는 띄어쓰기(공백)로 시, 구, 동을 나눌 수 있습니다. ▶p.150

09 표에서 빈 행을 모두 삭제하세요.

	A	B	C	D	E	F	G
1		구 분	1월	2월	3월		
2		서울	63,469	80,222	93,211		
3							
4		부산	84,763	66,219	99,504		
5							
6		대구	36,255	44,547	66,100		
7		대전	32,817	22,539	56,906		
8							
9		전주	52,082	72,899	71,917		
10		광주	71,186	76,110	50,011		
11							

Help! 이동 옵션 기능을 사용해 빈 셀을 선택하고 삭제하면 편리합니다. ▶p.160

10 표의 3행마다 빈 행을 하나씩 추가하세요.

	A	B	C	D	E	F
1		지역명	월	매출		
2		강동	1월	37,068		
3		강동	2월	36,487		
4		강동	3월	98,897		
5		강서	1월	60,638		
6		강서	2월	66,673		
7		강서	3월	43,174		
8		강남	1월	63,442		
9		강남	2월	44,123		
10		강남	3월	59,157		
11		강북	1월	30,282		
12		강북	2월	60,741		
13		강북	3월	82,214		
14						

Help! ROW 함수와 MOD 함수를 조합해 활용합니다. ▶p.162

다양한 업무 상황의 문제 해결 방법을 찾아보자!

실무 문제 해결 노트

Q 각 시간의 합계를 계산하려고 SUM 함수를 적용하니 예상치 못한 결괏값이 나와서 시간은 시간대로, 분은 분대로 각각 수작업으로 더한 후 다시 엑셀에 입력하고 있습니다. 시간을 간단히 합산하는 방법이 있을까요?

A 시간을 계산한 결괏값을 시간 형식으로 표시하지 않고 숫자 형식으로 표시할 때 나타나는 현상입니다. SUM 함수를 적용한 결괏값에 사용자 지정 셀 서식을 **[h]:mm**인 시간 형식으로 바꾸면 됩니다.

Q 두 셀에 각각 입력된 문자열을 하나의 셀에 합치려고 일일이 각 셀의 값을 입력하고 있습니다. 간단히 두 셀의 값을 하나의 셀에 입력하는 방법이 있을까요?

A 엑셀 연산자 &를 이용합니다. 또는 CONCATENATE 함수를 이용해도 됩니다.

Q 날짜를 요일로 바꾸려고 일일이 달력을 찾아 날짜에 맞는 요일을 입력하고 있습니다. 날짜를 요일로 쉽게 변경하는 방법이 있을까요?

A WEEKDAY 함수를 활용하거나 사용자 지정 셀 서식을 **aaa**로 지정하면 날짯값을 해당 요일로 변환할 수 있습니다.

Q 날마다 업데이트하는 파일이 있는데 현재 수작업으로 날짜를 기록하고 있습니다. 파일을 열었을 때의 날짜를 특정 셀에 항상 표시할 수 있을까요?

A ····· TODAY 함수를 이용하세요. 빈 셀에 **=TODAY( )**라고 한 번만 입력하면 파일을 열었을 때 기준으로 현재 날짜가 항상 표시됩니다.

주소록에서 **아파트**란 문자열이 있는 행만 따로 추출할 수 있나요? **Q**

IFERROR 함수와 FIND 함수를 활용하면 셀에 특정 문자열이 있는 행만 추출할 수 있습 ····· **A**
니다.

Q 표에서 공백 행만 삭제하려고 합니다. 일일이 선택해서 셀을 삭제하지 않고 간단히 해결하는 방법이 있나요?

A ····· 이동 옵션을 활용하여 빈 행만 선택한 상태에서 마우스 오른쪽 버튼을 클릭한 후 [삭제]를 클릭하면 됩니다.

엑셀 수식의 핵심, 함수의 원리 익히기

함수는 많이 아는 것보다 적절히, 잘 쓰는 게 중요하다

이번 CHAPTER에서는 엑셀의 꽃이라 할 수 있는 함수를 배워보겠습니다. 엑셀에는 약 460여 개의 함수가 있습니다. 업무에 따라 다소 차이는 있지만 자주 사용하는 함수는 20여 개면 충분합니다. 따라서 함수는 많이 아는 것보다 함수의 개념을 알고 적절하게 활용하는 능력이 중요합니다.

우선 [원리 이해]에서 함수의 기초부터 수식을 입력하는 방법, 엑셀 도움말에서 함수를 효과적으로 찾는 방법까지 알아본 후 셀 안에 입력된 데이터를 활용하는 참조의 개념과 상대, 절대, 혼합 참조를 통해 여러 셀의 데이터를 효과적으로 활용하는 방법을 알아보겠습니다.

[본격 실습]에서는 필수 함수를 하나씩 익혀보겠습니다. 기본적인 자동 합계로 함수를 입력하는 방법, 통계 함수로 셀 개수를 세고, 숫자를 올림 또는 내림하는 방법, 소수점과 자릿수와 관련된 함수, 조건과 관련된 논리 함수 등을 개념과 함께 실제 업무에 적용해보겠습니다.

필수 함수를 학습한 후 실무에서 자주 사용되는 사례에 함수를 적용해 실습해봅니다. 카드 사용 내역에서 방문 빈도가 높은 매장의 매출 합계와 빈도를 구하는 법, 표에서 조건에 만족하는 값을 추출하는 방법, 입력한 값에 따라 전체 행 또는 열의 값을 효율적으로 읽어오는 방법 등 실제 업무에서 빈번하게 사용될 기법을 기본 함수를 사용해 해결하는 방법을 알아보겠습니다.

또한 업무에서 함수를 응용하는 방법도 실습해봅니다. 주민등록번호에서 나이, 성별 등을 추출하는 법을 각종 함수와 함께 알아보고, 각 시트에 분산된 표를 하나의 표에 취합하는 기법, 다중 조건을 만족하는 경우의 합계 산출하기, 입사일과 현재일을 기준으로 근속 연수를 구하는 법, 행과 열을 함수를 이용해서 변환하는 기법, 숫자를 한글 또는 한자로 바꾸는 기법 등을 관련 함수와 함께 배워보겠습니다.

이런 다양한 작업은 함수는 종류를 많이 아는 것보다 실제 사례를 중심으로 기본 함수를 응용하는 능력이 중요합니다. 이렇게 하려면 자주 사용되는 양식을 사용해 계속 연습하며 따라 해본 후 실무에 적용하는 것을 추천합니다.

함수를 사용하면
계산기보다 편리하다

수식으로 입력하는 것보다 함수를 활용하는 것이 편하다

수식은 엑셀에서 매우 중요한 기능입니다. 계산기로도 어지간한 계산은 할 수 있지만, 엑셀의 수식 기능은 더욱 강력합니다. 간단한 예를 들어보겠습니다. 한 학생이 시험을 다섯 과목 봤을 때, 이 학생의 전체 점수 합계와 평균은 어떻게 구할까요? 합계는 다섯 과목의 점수 전체를 더하면 되고, 평균은 전체 점수를 5로 나누면 됩니다.

엑셀에서 합계를 구하려면 빈 셀에 **=90+85+95+82+74**를 입력하고 Enter 를 누릅니다. 셀에 **426**이라는 값이 표시됩니다. 평균을 구하려면 빈 셀에 **=(90+85+95+82+74)/5**를 입력하고 Enter 를 누릅니다. 셀에 **85.2**라는 값이 표시됩니다.

수식 자체는 계산기에 입력하는 방식과 크게 다르지 않습니다. 다만 주의할 점은 **수식을 입력할 때는 반드시 맨 앞에 등호(=)를 입력**해야 한다는 것입니다. 수식은 **+, −, *, / 등의 기호를 이용해 사칙연산을 수행**합니다.

엑셀의 가장 큰 장점은 이미 입력된 자료를 다른 셀에서 참조할 수 있다는 점입니다. 엑셀에서 **참조**는 **다른 곳에 입력되어 있는 값을 끌어와서 쓴다**는 의미입니다. 수식을 쓸 때마다 일일이 수치를 입력할 필요 없이 셀 주소만 참조하면 수치를 그대로 가져와 계산에 쓰는 것입니다. 점수의 합계와 평균을 다시 예로 들어보겠습니다. 앞에서는 각각의 점수를 일일이 입력해 합계와 평균을 구했지만, 학생의 과목별 점수가 이미 셀에 입력되어 있다면 이 값을 참조해 계산에 활용할 수 있습니다.

	A	B	C	D	E	F	G	H	I	J
1										
2										
3		이름	국어	영어	수학	사회	과학	합계	평균	
4		김한수	90	85	95	82	74			
5										

합계를 계산할 [H4] 셀에는 **=C4+D4+E4+F4+G4**를 입력한 후 Enter 를 누르고, 평균을 계산할 [I4] 셀에는 **=(C4+D4+E4+F4+G4)/5**를 입력한 후 Enter 를 누릅니다. 각 셀에 입력된 값을 셀 주소로 참조해 각각 **426**과 **85.2**라는 결괏값이 표시됩니다. 임의의 셀인 [I6] 셀에 **=(C4+D4+E4+F4+G4)/5**를 입력해도 **85.2**라는 동일한 평균이 계산됩니다.

| I4 | | | × | ✓ | fx | =(C4+D4+E4+F4+G4)/5 |

수식에 들어가는 인수가 셀 주소일 때는 =를 입력한 후 해당 셀을 직접 클릭하면 자동으로 참조됩니다.

	A	B	C	D	E	F	G	H	I
1									
2									
3		이름	국어	영어	수학	사회	과학	합계	평균
4		김한수	90	85	95	82	74	426	85.2

| I6 | | | × | ✓ | fx | =(90+85+95+82+74)/5 |

이렇게 입력된 데이터는 다양하게 참조할 수 있습니다.

	A	B	C	D	E	F	G	H	I
1									
2									
3		이름	국어	영어	수학	사회	과학	합계	평균
4		김한수	90	85	95	82	74	426	85.2
5									
6		이미 입력된 자료는 다른 셀에서도 참조할 수 있습니다.							85.2

만약 시험 과목이 30개인데 평균 점수를 구해야 한다면 어떨까요? 마찬가지로 =를 입력하고 셀 주소를 입력해 합계와 평균을 구할 수 있습니다. 하지만 항목이 너무 많으면 셀 주소를 포함한 수식을 일일이 입력하기 너무 벅찰 수도 있겠지요. 이런 작업을 간단하게 만들어주는 도구가 바로 **함수**입니다.

엑셀에서 여러 값을 한번에 더하는 SUM 함수, 평균을 구하는 AVERAGE 함수가 있습니다. 함수를 이용해 앞에서 계산했던 점수의 합계와 평균을 계산해보겠습니다. [H4] 셀에는 **=SUM(C4:G4)**를, [I4] 셀에는 **=AVERAGE(C4:G4)**를 각각 입력하고 Enter 를 누릅니다. 그러면 [C4:G4] 범위에 있는 값들의 합계와 평균을 각각 구할 수 있습니다. 여기서 함수에 사용된 각각의 셀 주소 혹은 값을 **인수**라고 부릅니다.

| C4 | | | × | ✓ | fx | =AVERAGE(C4:G4) |

	A	B	C	D	E	F	G	H	I
1									
2									
3		이름	국어	영어	수학	사회	과학	합계	평균
4		김한수	90	85	95	82	74	=AVERAGE(C4:G4)	
5									
6		이미 입력된 자료는 다른 셀에서도 참조할 수 있습니다.							

TIP 범위를 직접 입력하는 대신 드래그해 선택하면 자동으로 수식에 입력됩니다.

엑셀에 내장된 함수는 약 460여 개입니다. 그 많은 함수를 언제 다 외우나 싶겠지만, 모든 함수를 다 알 필요는 없습니다. 아주 특수한 전문 영역에서 일하는 사람이면 모르겠지만 일반적인 사용자는 20여 개의 함수만 알아도 충분합니다. 또 동일한 함수라도 여러 목적으로 사용될 수 있으므로 함수의 기능 자체를 외우기보다는 여러 업무에 실제로 적용하는 사례를 중심으로 익히는 것이 중요합니다. 예를 들어 SUM 함수는 어떤 범위의 전체 값을 더하거나 또는 따로 떨어진 여러 셀의 값을 더할 때 사용합니다. 그리고 다른 함수와 중첩해서 사용할 수도 있습니다.

함수는 함수 마법사를 사용하거나 셀에 직접 입력한다

앞에서 잠깐 살펴보았듯 함수를 이용한 수식은 다음과 같은 형식으로 구성됩니다.

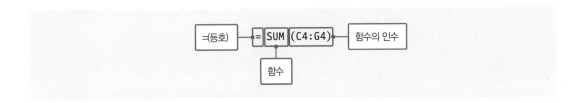

셀에 함수를 입력하려면 두 가지 방법을 사용할 수 있습니다. 하나는 키보드로 직접 입력하는 것이고 또 다른 하나는 함수 삽입 기능을 활용하는 것입니다. 먼저 함수를 적용할 셀을 지정하고 [수식] 탭-[함수 라이브러리] 그룹-[함수 삽입]을 클릭합니다.

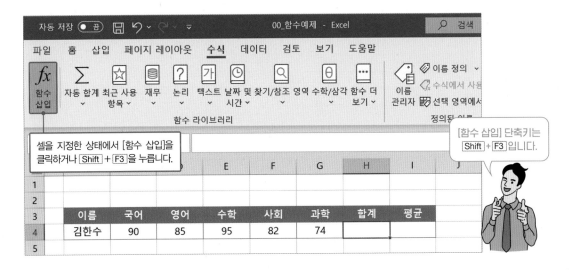

[함수 마법사] 대화상자가 나타납니다. [함수 검색]에서 원하는 함수를 검색하거나 [범주 선택], [함수 선택] 목록에서 찾아 선택할 수 있습니다.

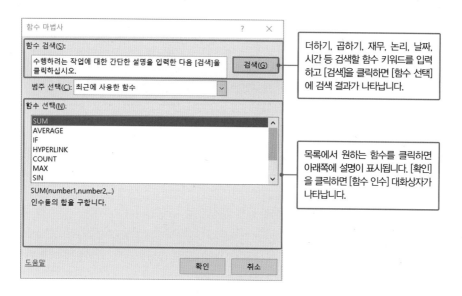

[함수 선택] 목록에서 함수를 선택하고 [확인]을 클릭하면 인수를 입력하는 [함수 인수] 대화상자가 나타납니다. 대화상자에서 각각의 인수 입력란을 클릭하고 범위를 지정한 후 [확인]을 클릭하면 수식이 자동으로 입력되고 계산까지 완료됩니다.

여기서는 SUM 함수를 사용해보겠습니다. 범위 하나만 계산하므로 [Number1] 인수 한 곳에만 [C4:G4] 범위를 지정합니다. 서로 떨어진 여러 셀 혹은 범위를 입력해서 합계를 계산할 경우에는 [Number2], [Number3] 등의 인수를 추가로 지정합니다.

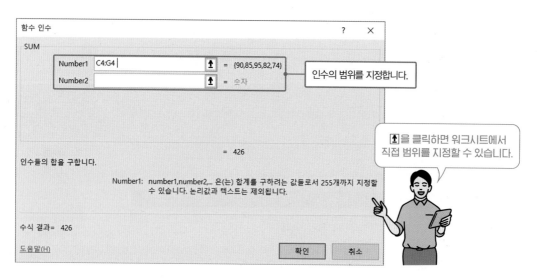

셀에 직접 함수를 입력할 때는 수식을 입력할 셀을 클릭하고 **=SUM(**까지 입력합니다. 그리고 수식에 인수로 넣을 범위를 마우스로 드래그해 지정한 후 **)**를 입력하고 Enter 를 누르면 계산된 값이 표시됩니다. 인수의 범위는 직접 셀 주소를 입력하여 지정할 수도 있지만, 해당 셀을 클릭하거나 드래그해서 지정할 수도 있습니다.

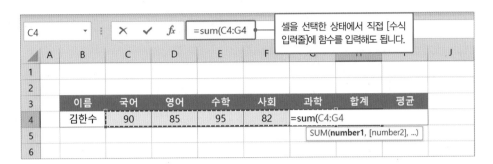

TIP 수식에서 닫는 괄호 **)**는 Enter 를 누르면 자동으로 입력되어 수식을 완성할 수 있습니다. 빠른 작업을 위해 닫는 괄호는 입력하지 않아도 됩니다. 초보자들의 경우 주로 함수 마법사를 이용하다가 숙달되면 키보드로 입력하는 방법을 사용합니다. 키보드로만 입력하면 작업 능률도 좋고 함수를 외울 때도 도움이 되므로 직접 입력하는 방법을 권합니다.

함수 도움말을 활용하면 함수가 쉬워진다

엑셀을 배우기 가장 좋은 참고서는 엑셀 도움말입니다. 함수를 공부할 때도 마찬가지입니다. 도움말을 참고하면 함수를 훨씬 쉽게 이해할 수 있습니다. 도움말에서 함수를 찾아 사용 방법을 확인할 수도 있고, 도움말에서 제공되는 예제를 복사해 워크시트에 붙여 넣어 실습해보면 사용 방법을 조금 더 직관적으로 이해할 수 있습니다. 여기서는 순위를 구하는 함수인 RANK 함수를 찾아보겠습니다.

엑셀 메뉴 [도움말] 탭-[도움말] 그룹-[도움말]을 클릭합니다. 단축키 F1 을 눌러도 됩니다. 그러면 엑셀 마이크로소프트 365 버전을 기준으로 화면 오른쪽에 [도움말] 작업 창이 나타납니다. 검색란에 **Rank 함수**라고 입력한 후 Enter 를 누르면 관련 항목들이 표시됩니다.

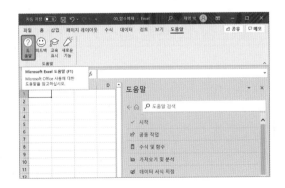

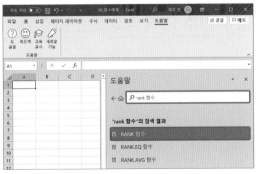

RANK 함수와 연관된 다양한 함수가 검색됩니다. [RANK 함수]를 클릭하면 RANK 함수에 대한 설명이 나타납니다. 도움말 내용에서 맨 아래로 이동하면 예제 부분이 있는데 예제를 드래그해서 선택한 후 Ctrl+C를 눌러 복사합니다. 빈 시트의 [A1] 셀에서 Ctrl+V를 눌러 붙여 넣습니다.

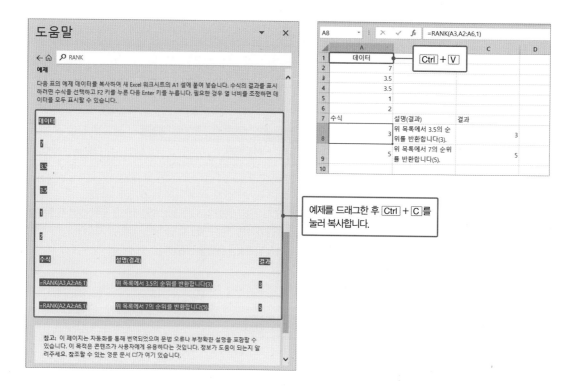

예제를 드래그한 후 Ctrl + C를 눌러 복사합니다.

예제를 보면 [A8] 셀에 **=RANK(A3,A2:A6,1)**라는 수식이 입력되는데, 이는 [A3] 셀의 값인 **3.5**가 [A2:A6] 범위에서 몇 번째로 큰 값인지 표시하라는 의미입니다. 맨 마지막 인수 **1**은 목록 범위를 작은 수부터 오름차순으로 정리하라는 의미입니다. [A2:A6] 범위의 데이터를 오름차순으로 정리하면 1, 2, 3.5, 3.5, 7과 같이 정리되며, 먼저 나타나는 3.5가 세 번째 값이 됩니다. 참고로 맨 마지막 인수를 생략하거나 0을 입력하면 큰 수부터 내림차순으로 정렬한 상태에서 순위를 구합니다.

함수 인수 입력 방법으로는 상대 참조, 절대 참조, 혼합 참조가 있다

'상대적'이란 개념과 '절대적'이란 개념이 있습니다. '상대적'인 것은 주위 상황에 따라 바뀔 수 있지만, '절대적'인 것은 비교하거나 상대할 만한 것이 없으며 주위 상황과 무관하게 바뀌지 않는 특성을 가집니다. 엑셀에서도 함수 또는 수식에서 셀이나 범위를 입력할 때 상대적인 주소로 입력하는 경우와 절대적인 주소로 입력하는 경우가 있습니다.

셀 주소는 [B5]와 같은 형태로 표현하며, [D5:F6]과 같은 형태로 범위를 지정할 수도 있습니다. 셀 주소가 입력된 수식은 복사해서 다른 셀에 붙여 넣으면, 붙여 넣은 위치에 따라 셀 주소가 상대적으로 바뀝니다. 이처럼 셀 주소가 고정되어 있지 않고 상대적으로 바뀌는 형태를 **상대 참조**라고 합니다. 수식을 복사해서 다른 셀에 붙여 넣더라도 인수의 셀 주소가 변하지 않게 하려면 **$B$5**나 **$D$5:$F$6**처럼 인수의 행 머리글과 열 머리글 앞에 각각 $ 기호를 붙여 입력합니다. 이와 같은 형태를 **절대 참조**라고 합니다. 또한 행과 열 중에서 하나만 상대적으로 바뀌도록 **$B5, B$5, $D5:$F6, D$5:F$6** 등과 같이 입력하는 형태를 **혼합 참조**라고 합니다.

먼저 상대 참조로 입력하는 방법에 대해 배워보겠습니다.

아래 예시에서는 과일별로 판매 개수와 단가를 곱한 값을 수식으로 만들어야 합니다. 먼저 [E4] 셀에 **=**을 입력한 후 [C4] 셀을 클릭합니다. 이어서 ***를 입력하고 [D4] 셀을 클릭합니다. 그러면 [E4] 셀에 **=C4*D4**가 입력되고 Enter 를 누르면 결괏값인 **3,500**이 표시됩니다.

E4		✕ ✓	*fx*	=C4*D4		
	A	B	C	D	E	F
1						
2						
3		품목	개수	단가	매출	
4		배	35	100	3,500	
5		사과	71	200		
6		포도	54	150		
7		귤	67	100		
8		수박	34	150		

이번에는 [E4] 셀을 클릭한 후 채우기 핸들🔲을 아래로 드래그해서 [E8] 셀까지 수식을 붙여 넣습니다. 그러면 [E4] 셀의 수식이 [E5:E8] 범위에도 입력되어 각각 개수와 단가를 곱한 값이 자동으로 계산됩니다.

E4		✕ ✓	*fx*	=C4*D4		
	A	B	C	D	E	F
1						
2						
3		품목	개수	단가	매출	
4		배	35	100	3,500	
5		사과	71	200	14,200	
6		포도	54	150	8,100	
7		귤	67	100	6,700	
8		수박	34	150	5,100	

채우기 핸들🔲을 더블클릭하면 표 길이에 맞게 자동으로 채워집니다.

채우기 핸들 드래그

이와 같이 수식을 복사해서 붙여 넣을 경우 [E4] 셀에 입력된 **=C4*D4** 수식은 [E5] 셀에서 **=C5*D5**
로 바뀝니다. 즉 셀의 상대적인 위치를 자동으로 인식해 수식의 인수로 사용된 셀 주소도 바꾸는 것
입니다. 이것이 상대 참조입니다. '배'의 매출을 계산한 [E4] 셀의 수식에서 [C4], [D4] 셀이 상대 참조
로 입력되어 있으므로 [E4] 셀의 수식을 복사해서 [E5:E8] 범위에 적용하면 사과, 포도, 귤, 수박의
매출이 동일한 방식으로 계산됩니다.

SUM	⋮ ✕ ✓ fx	=C5*D5			
	A	B	C	D	E	F
1						
2						
3		품목	개수	단가	매출	
4		배	35	100	3,500	
5		사과	71	200	=C5*D5	
6		포도	54	150	8,100	
7		귤	67	100	6,700	
8		수박	34	150	5,100	
9						

이번에는 절대 참조로 입력하는 방법을 배워보겠습니다.

예시에서는 과일별로 개수와 단가를 곱한 값을 수식을 입력해야 합니다. 여기서 '150원'으로 단가가
입력된 [D2] 셀의 위치는 하나이므로 [D6] 셀의 수식을 복사해 아래에 붙여 넣어도 인수로 사용할
[D2] 셀의 위치는 고정되어야 합니다. 이때 D와 2 앞에 각각 **$** 기호를 입력해 **$D$2**로 표시합니다. 이
렇게 셀 주소 앞에 $ 기호를 입력하면 해당 셀 주소가 절대 참조로 인식되며 수식을 복사해서 다른
셀에 붙여 넣더라도 위치가 고정됩니다.

우선 '배' 품목의 매출을 구하기 위해 [D6] 셀을 클릭합니다. =를 입력한 후 [C6] 셀을 클릭합니다. 이
어서 *를 입력하고 [D2] 셀을 클릭하면 [D6] 셀에 **=C6*D2**라고 입력됩니다. 여기서 F4 를 누르면
D2가 **$D$2**로 수정됩니다. Enter 를 누르면 [D6] 셀에 **=C6*$D$2**가 입력되고 결괏값인 **5,250**이 표
시됩니다.

D6	: × ✓ fx	=C6*$D$2				
	A	B	C	D	E	F	G

	A	B	C	D	E	F	G
1							
2			단가	150			
3							
4							
5			품목	개수	매출		
6			배	35	5,250		
7			사과	71			
8			포도	54			
9			귤	67			
10			수박	34			
11							

참조 방식을 바꾸는 단축키 F4 를 꼭 기억하세요!

TIP 수식에 [D2] 셀 주소를 입력한 상태에서 F4 를 한 번 누를 때마다 D2→$D$2→D$2→$D2 순서로 셀 참조 방식이 바뀌어 입력됩니다. D2는 상대 참조, $D$2는 절대 참조, D$2와 $D2는 혼합 참조입니다. 이처럼 F4 를 적절히 활용하면 상대 참조, 절대 참조, 혼합 참조를 쉽게 입력할 수 있습니다.

이번에는 [D6] 셀을 복사한 후 [D7:D10] 범위에 붙여 넣습니다. [D7:D10] 범위에 붙여 넣어 입력된 수식 가운데 **$D$2**는 수식을 붙여 넣은 셀의 상대적 위치가 변하더라도 고정된 주소로 입력됩니다. 가령 [D8] 셀에는 수식이 **=C8*$D$2**로 표시됩니다.

D8	: × ✓ fx	=C8*$D$2				
	A	B	C	D	L	F	G

수식을 다른 셀에 복사해도 절대 참조로 입력한 셀 주소 **D2**는 바뀌지 않습니다.

	A	B	C	D	E	F	G
1							
2			단가	150			
3							
4							
5			품목	개수	매출		
6			배	35	5,250		
7			사과	71	10,650		
8			포도	54	8,100		
9			귤	67	10,050		
10			수박	34	5,100		
11							

이와 같이 수식이나 함수의 인수를 입력할 때 특정 셀 주소를 $ 기호 없이 입력하면 상대 참조가 되고, 셀 주소를 입력하고 F4 를 한 번 눌러 열과 행 번호에 $ 기호를 붙이면 절대 참조가 됩니다.

예제로 배워서 업무에 응용해보자!

필수 기초 함수 익히기

엑셀에서 가장 많이 사용하는 기초 함수에 대한 개념과 적용 예시를 알아보겠습니다. 자동 합계 기능을 활용하여 합계, 평균, 최댓값, 최솟값 등을 구하는 방법, 통계 함수를 이용하여 값이 있거나 공백인 셀의 개수를 구하는 함수, 소수점 이하 자릿수를 지정해 올림 또는 내림을 처리하는 함수, 특정 조건에 따라 원하는 값을 출력하는 함수 등을 배워보겠습니다.

STEP 01 자동 합계로 함수 입력하기

예제 파일 CHAPTER 04\01_1분기 실적.xlsx

[수식] 탭을 보면 [함수 라이브러리] 그룹에 [자동 합계]가 있습니다. 여기에서 합계(SUM), 평균 (AVERAGE), 셀 개수(COUNT), 최댓값 (MAX), 최솟값(MIN)을 구하는 함수를 쉽게 적용할 수 있습니다. 엑셀에서 대표적으로 많이 쓰는 함수이므로 알아두면 유용합니다.

F4		f_x	=AVERAGE(C4:E4)			
	A	B	C	D	E	F	G
1	■ 1분기 판매 실적						
2							
3		상품명(상품코드)	1월	2월	3월	1분기 월평균	
4		TV(AA-134)	6,240	7,037	1,233	4,837	
5		세탁기(CD-223)	9,105	5,349	6,814	7,089	
6		냉장고(FR-365)	1,393	8,522	3,796	4,570	
7		오디오(FF-608)	1,362	5,880	3,351	3,531	
8		청소기(DD-2845)	2,498	7,797	4,380	4,892	
9		MP3 플레이어(OIU-2342)	5,303	3,220	9,697	6,073	
10							

> 함수를 이용해서 평균을 구하고 싶어요.

1분기 판매 실적 자료에서 각 상품별 1분기 평균 실적을 구하는 방법을 알아보겠습니다. 평균은 AVERAGE 함수를 사용해 간단히 구할 수 있습니다. [평균] 시트에서 작업합니다.

AVERAGE 함수

평균을 구하는 함수로 **=AVERAGE(Number1, Number2, …)** 형태로 사용합니다. 여기서 [Number1], [Number2], … 인수는 평균을 구하려는 숫자 또는 범위를 말합니다. [Number1] 인수는 반드시 입력해야 하는 필수 인수이고, [Number2] 이상부터는 필요에 따라 입력하는 선택 인수입니다.

01 [F4] 셀을 클릭하고 [수식] 탭-[함수 라이브러리] 그룹-[자동 합계]의 목록 버튼⯆을 클릭한 후 [평균]을 클릭합니다.

	A	B	C	D	E	F	G
1	■						
2							
3		(상품코드)	1월	2월	3월	1분기 월평균	
4		TV(AA-134)	6,240	7,037	1,233		
5		세탁기(CD-223)	9,105	5,349	6,814		
6		냉장고(FR-365)	1,393	8,522	3,796		

메뉴: 합계(S) / 평균(A) / 숫자 개수(C) / 최대값(M) / 최소값(I) / 기타 함수(F)…

02 [F4] 셀에 **=AVERAGE(C4:E4)**가 자동으로 입력되면 Enter 를 눌러 함수 입력을 완료합니다.

SUM · ✕ ✓ fx =AVERAGE(C4:E4)

	A	B	C	D	E	F	G
1	■ 1분기 판매 실적						
2							
3		상품명(상품코드)	1월	2월	3월	1분기 월평균	
4		TV(AA-134)	6,240	7,037	1,233	=AVERAGE(C4:E4)	
5		세탁기(CD-223)	9,105	5,349	6,814		
6		냉장고(FR-365)	1,393	8,522	3,796		
7		오디오(FF-608)	1,362	5,880			
8		청소기(DD-2845)	2,498	7,797			
9		MP3 플레이어(OIU-2342)	5,303	3,220	9,697		

Enter

AVERAGE(**number1**, [number

함수를 입력하면 해당 함수의 구성에 대한 설명이 풍선말로 나타납니다.

TIP [자동 합계]를 클릭하면 인접한 셀을 엑셀이 자동으로 판단해 범위를 입력해줍니다. 반드시 사용자가 원하는 범위를 지정해 주는 것은 아니므로 워크시트에 나타난 참조된 범위를 확인한 후 Enter 를 눌러 입력을 완료합니다.

03 [F4] 셀의 채우기 핸들 ⊞을 아래로 드래그해서 [F5:F9] 범위에 수식을 붙여 넣습니다.

	A	B	C	D	E	F	G
						F4 =AVERAGE(C4:E4)	
1	■ 1분기 판매 실적						
2							
3		상품명(상품코드)	1월	2월	3월	1분기 월평균	
4		TV(AA-134)	6,240	7,037	1,233	4,837	
5		세탁기(CD-223)	9,105	5,349	6,814	7,089	
6		냉장고(FR-365)	1,393	8,522	3,796	4,570	
7		오디오(FF-608)	1,362	5,880	3,351	3,531	
8		청소기(DD-2845)	2,498	7,797	4,380	4,892	
9		MP3 플레이어(OIU-2342)	5,303	3,220	9,697	6,073	
10							

채우기 핸들 드래그

자동 합계 기능을 활용하여 월별 최댓값 및 최솟값을 구할 수도 있습니다.

	A	B	C	D	E	F	G
						F4 =MAX(C4:E4)	
1	■ 1분기 판매 실적						
2							
3		상품명(상품코드)	1월	2월	3월	1분기 최대값	
4		TV(AA-134)	6,240	7,037	1,233	7,037	
5		세탁기(CD-223)	9,105	5,349	6,814	9,105	
6		냉장고(FR-365)	1,393	8,522	3,796	8,522	
7		오디오(FF-608)	1,362	5,880	3,351	5,880	
8		청소기(DD-2845)	2,498	7,797	4,380	7,797	
9		MP3 플레이어(OIU-2342)	5,303	3,220	9,697	9,697	
10							

최댓값과 최솟값도 함수로 구할 수 있나요?

최댓값 및 최솟값은 MAX 함수와 MIN 함수를 각각 사용하면 간단히 구할 수 있습니다. 1분기 판매 실적 자료에서 각 상품별 최댓값을 구해보겠습니다. [최댓값] 시트에서 작업합니다.

친절한 함수 해설

MAX 함수

최댓값을 구하는 함수로 **=MAX(Number1, Number2, ⋯)** 형태로 사용합니다. [Number1], [Number2], ⋯ 인수는 최댓값을 구하려는 숫자 또는 범위이며, [Number1]은 필수 인수, [Number2] 부터는 선택 인수입니다.

MIN 함수

최솟값을 구하는 함수로 **=MIN(Number1, Number2, …)** 형태로 사용합니다. [Number1], [Number2], … 인수는 최솟값을 구하려는 숫자 또는 범위이며, [Number1]은 필수 인수, [Number2] 부터는 선택 인수입니다.

01 [F4] 셀을 클릭하고 [수식] 탭–[함수 라이브러리] 그룹–[자동 합계]의 목록 버튼▽을 클릭한 후 [최대값]을 클릭합니다.

02 [F4] 셀에 **=MAX(C4:E4)**가 자동으로 입력되면 Enter 를 눌러 함수 입력을 완료합니다.

03 [F4] 셀의 채우기 핸들▣을 아래로 드래그해서 [F5:F9] 범위에 수식을 붙여 넣습니다.

최댓값이 아닌 최솟값을 구하려면 MIN 함수를 사용합니다.

	A	B	C	D	E	F	G
1		■ 1분기 판매 실적					
2							
3		상품명(상품코드)	1월	2월	3월	1분기 최대값	
4		TV(AA-134)	6,240	7,037	1,233	7,037	
5		세탁기(CD-223)	9,105	5,349	6,814	9,105	
6		냉장고(FR-365)	1,393	8,522	3,796	8,522	
7		오디오(FF-608)	1,362	5,880	3,351	5,880	
8		청소기(DD-2845)	2,498	7,797	4,380	7,797	
9		MP3 플레이어(OIU-2342)	5,303	3,220	9,697	9,697	
10							

③ 채우기 핸들 드래그

예제 파일 CHAPTER 04\02_회원 관리.xlsx

COUNTA, COUNT, COUNTBLANK 등 COUNT 계열 함수를 이용하면 각종 통계를 간단히 구할 수 있습니다. 먼저 COUNTA 함수를 활용하여 회원별 회비 관리 표에서 전체 인원수를 구해보겠습니다. [전체인원] 시트에서 작업합니다.

| F4 | | f_x | =COUNTA(B4:B16) | |

	A	B	C	D	E	F	G
1		■ 회원별 회비 관리					
2							
3		성명	연간 회비				
4		강나림	926,000		전체 인원수	13	
5		김가람	507,000				
6		김나운					
7		김보람	805,000				
8		김승춘					
9		김재영	663,000				
10		김진수	810,000				
11		김현조					
12		김혜림					
13		박영호	444,000				
14		이미현	314,000				
15		장길수					
16		장인성	990,000				

입력된 이름의 개수로 전체 인원수를 구하고 싶어요.

회원 명단에서 등록된 회원의 인원수를 구하려면 회원 이름이 입력된 범위에서 데이터가 입력된 셀의 개수를 구하면 됩니다. 이때 COUNTA 함수를 이용하면 됩니다. COUNTA 함수는 범위에서 문자열, 숫자와 관계없이 값이 들어 있는 셀의 개수를 모두 세는 함수입니다. COUNTA 함수에서 마지막 글자인 'A'는 ALL을 의미합니다.

친절한 함수 해설

COUNTA 함수

특정 범위 안에서 비어 있지 않은 셀의 개수를 구하는 함수로써, **=COUNTA(Value1, Value2 …)** 형태로 사용합니다. [Value1], [Value2], … 인수는 개수를 구하려는 값 혹은 범위이며, [Value1]은 필수 인수, [Value2]는 선택 인수입니다.

01 [F4] 셀에 **=COUNTA(**를 입력합니다.

02 [B4:B16] 범위를 지정합니다. [F4] 셀에 수식이 **=COUNTA(B4:B16**까지 입력됩니다. Enter 를 눌러 함수 입력을 완료합니다.

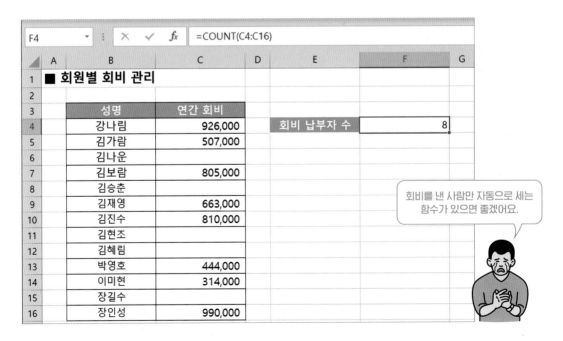

COUNT 함수를 이용하면 회원별 회비 관리 표에서 회비를 낸 인원수를 구할 수도 있습니다.

COUNT 함수는 범위 안에서 숫자가 들어 있는 셀만 골라서 세는 함수입니다. 연간 회비에는 회비 납부액이 숫자로 입력되어 있습니다. 이를 활용하여 회비를 낸 인원만 구하는 방법은 다음과 같습니다. [회부납부자] 시트에서 작업합니다.

친절한 함수 해설

COUNT 함수

특정 범위 안에서 빈 셀을 제외하고 숫자가 입력된 셀의 개수를 구하는 함수로, **=COUNT(Value1, Value2, …)** 형태로 사용합니다. [Value1], [Value2], … 인수는 개수를 구하려는 값 혹은 범위이며 [Value1]은 필수 인수, [Value2]는 선택 인수입니다.

01 [F4] 셀에 **=COUNT(**를 입력합니다.

02 [C4:C16] 범위를 지정합니다. [F4] 셀에 수식이 **=COUNT(C4:C16**까지 입력됩니다. Enter 를 눌러 함수 입력을 완료합니다.

| SUM | ✕ ✓ fx | =COUNT(C4:C16 | ❷ Enter |

	A	B	C	D	E	F	G
1		■ 회원별 회비 관리					
2							
3		성명	연간 회비			❶	
4		강나림	926,000		회비 납부자 수	=COUNT(C4:C16	
5		김가람	507,000				
6		김나운				COUNT(**value1**, [value2], …)	
7		김보람	805,000				
8		김승춘					
9		김재영	663,000				
10		김진수	810,000				
11		김현조					
12		김혜림					
13		박영호	444,000				
14		이미현	314,000				
15		장길수					
16		장인성	990,000				
17							

TIP 미납자의 연간 회비가 빈 셀이 아닌 숫자 0으로 입력되어 있을 때 회비를 낸 인원수를 구해야 한다면 0보다 큰 숫자가 입력된 셀의 개수를 세면 됩니다. 0보다 큰 값을 가진 셀의 개수를 구하려면 [F4] 셀에 **=COUNTIF(C4:C16,">0")**를 입력합니다. COUNTIF 함수의 자세한 내용은 뒤에 나올 **[본격 실습] 기본 함수 제대로 활용하기**의 STEP 01에서 알아보겠습니다.

이번에는 COUNTBLANK 함수를 이용하여 회비를 내지 않은 인원수를 구해보겠습니다. [회비미납자] 시트에서 작업합니다.

| F4 | : | × ✓ fx | =COUNTBLANK(C4:C16) |

	A	B	C	D	E	F	G
1		■ 회원별 회비 관리					
2							
3		성명	연간 회비				
4		강나림	926,000		회비 미납자 수	5	
5		김가람	507,000				
6		김나운					
7		김보람	805,000				
8		김승춘					
9		김재영	663,000				
10		김진수	810,000				
11		김현조					
12		김혜림					
13		박영호	444,000				
14		이미현	314,000				
15		장길수					
16		장인성	990,000				
17							

회비를 내지 않은 사람만 셀 수도 있나요?

회비를 내지 않아 연간 회비가 빈 셀인 인원수만 세면 회비 미납자 수를 구할 수 있습니다. 이때는 범위에서 빈 셀의 개수를 세는 함수인 COUNTBLANK 함수를 이용합니다.

친절한 함수 해설

COUNTBLANK 함수
지정한 범위에서 빈 셀의 개수를 구하는 함수로, **=COUNTBLANK(Range)** 형태로 사용합니다.
[Range] 인수는 빈 셀의 개수를 구할 범위이며 필수 인수입니다.

01 [F4] 셀에 **=COUNTBLANK(**를 입력합니다.

02 [C4:C16] 범위를 지정합니다. [F4] 셀에 수식이 **=COUNTBLANK(C4:C16**까지 입력됩니다. Enter 를 눌러 함수 입력을 완료합니다.

| SUM | ▼ | : | × | ✓ | fx | =COUNTBLANK(C4:C16 | ❷ Enter |

	A	B	C	D	E	F	G
1		■ 회원별 회비 관리					
2							
3		성명	연간 회비			❶	
4		강나림	926,000		회비 미납자 수	=COUNTBLANK(C4:C16	
5		김가람	507,000				
6		김나운				COUNTBLANK(**range**)	
7		김보람	805,000				
8		김승춘					
9		김재영	663,000				
10		김진수	810,000				
11		김현조					
12		김혜림					
13		박영호	444,000				
14		이미현	314,000				
15		장길수					
16		장인성	990,000				

STEP 03 올림, 내림, 반올림하는 함수 익히기

예제 파일 CHAPTER 04＼03_요율 계산.xlsx

금액을 다루는 데이터를 가공할 때는 소수점 이하의 자릿수를 올림, 반올림, 내림으로 처리하고 10원 단위의 금액은 절사하거나 100원 단위에서 반올림해야 하는 경우가 있습니다. 또한 택시 요금처럼 특정 거리별 요금을 계산하기 위해 10원 단위가 아닌 특정 거리 단위로 금액을 올림해야 할 경우도 있습니다. 이 역시 함수를 이용하여 간단히 계산할 수 있습니다.

먼저 반올림, 올림, 내림을 처리하는 ROUND 함수, ROUNDUP 함수, ROUNDDOWN 함수를 알아보겠습니다. [올림,내림처리] 시트에서 작업합니다.

| D4 | ▼ | : | × | ✓ | fx | =C4*6% |

	A	B	C	D
1		■ 유통망별 수수료 계산		
2				
3		성명	매출액	수수료
4		강동	16,837,246	1,010,235
5		강서	14,831,853	889,911
6		강남	32,207,862	1,932,472
7		강북	24,632,489	1,477,949
8		수원	83,852,004	5,031,120
9		인천	36,013,788	2,160,827

> 10원 단위에서 내림해서 100원 단위까지만 표시하고 싶어요.

유통망별 수수료를 계산하려고 합니다. 매출액의 6%를 수수료로 구하고 계산한 값을 10원 단위에서 내림하고 100원 단위로 나타내려고 합니다. 이 경우 내림할 때는 ROUNDDOWN 함수를 사용합니다. [D4] 셀에 있는 값을 10원 단위에서 내림해 100원 단위로 만들려면 **=ROUNDDOWN(D4, −2)**와 같이 수식을 입력합니다. 소수의 경우 소수점 셋째 자리에서 내림해 소수점 둘째 자리로 만들려면 **=ROUNDDOWN(D4, 2)**와 같이 수식을 입력합니다. 올림할 경우에는 **ROUNDUP 함수**를, 반올림할 경우에는 **ROUND 함수**를 사용합니다.

친절한 **함수 해설**

ROUNDDOWN 함수

지정한 자릿수에서 내림하는 함수로써, **=ROUNDDOWN(Number, Number_digits)** 형태로 사용합니다. [Number]는 내림할 숫자, [Number_digits]는 [Number] 인수를 내림할 자릿수입니다.

ROUNDUP 함수

지정한 자릿수에서 올림하는 함수로써, **=ROUNDUP(Number, Number_digits)** 형태로 사용합니다. [Number]는 올림할 숫자, [Number_digits]는 [Number] 인수를 올림할 자릿수입니다.

ROUND 함수

지정한 자릿수로 반올림하는 함수로써, **=ROUND(Number, Number_digits)** 형태로 사용합니다. [Number]는 반올림할 숫자, [Number_digits]는 [Number] 인수를 반올림할 자릿수입니다.

01 [D4] 셀에 **=ROUNDDOWN(**까지 입력합니다.

02 [C4] 셀을 클릭하고 이어서 ***6%, −2**를 직접 입력한 후 Enter 를 누릅니다. [D4] 셀의 수식은 **=ROUNDDOWN(C4*6%,−2)**가 되며 6%의 수수료가 100원 단위에서 내림되어 계산됩니다.

03 [D4] 셀의 채우기 핸들을 아래로 드래그하여 [D5:D9] 범위에 수식을 붙여 넣습니다.

	D4			f_x	=ROUNDDOWN(C4*6%,-2)	② Enter

①

	A	B	C	D
1		■ 유통망별 수수료 계산		
2				
3		성명	매출액	수수료
4		강동	16,837,246	1,010,200
5		강서	14,831,853	889,900
6		강남	32,207,862	1,932,400
7		강북	24,632,489	1,477,900
8		수원	83,852,004	5,031,100
9		인천	36,013,788	2,160,800
10				

③ 채우기 핸들 드래그

TIP 숫자를 반올림이나 올림할 경우에는 각각 ROUND 함수와 ROUNDUP 함수를 사용합니다. 그리고 셀값을 100원 단위가 아닌 10원 단위로 표시하려면 ROUND 계열 함수의 두 번째 인수 값인 [Number_digits]에는 **-2** 대신 **-1**을 입력합니다.

CEILING 함수를 사용하면 특정 배수로 올림 처리를 할 수 있습니다.

	A	B	C	D	E
1		■ 거리별 요금 계산			
2					
3		이동 거리	기준 거리 환산	택시 요금	
4		2.2 km	3.0 km	1,500원	
5		3.0 km	3.0 km	1,500원	
6		11.9 km	12.0 km	6,000원	
7		12.1 km	15.0 km	7,500원	
8		35.0 km	36.0 km	18,000원	
9		11.0 km	12.0 km	6,000원	
10		4.2 km	6.0 km	3,000원	
11					

3의 배수로 올림할 함수가 필요해요.

택시 요금이 3km마다 500원이라고 가정한다면 0~3km는 3km가 기준 거리이고, 3.1~6km는 6km 가 기준 거리입니다. 이 경우 3의 배수 단위로 기준 거리값을 올림해야 합니다. 이때는 CEILING 함 수를 이용하면 편리합니다. 이와 유사하게 특정 배수 단위로 내림하는 함수로는 FLOOR 함수가 있 습니다. [특정배수올림] 시트에서 작업합니다.

친절한 함수 해설

CEILING 함수

특정 배수로 올림하는 함수로써, **=CEILING(Number, Significance)** 형태로 사용합니다. [Number] 인수는 올림할 숫자, [Significance] 인수는 몇 배수로 올림할지 결정하는 인수입니다.

FLOOR 함수

특정 배수로 내림하는 함수로써, **=FLOOR(Number, Significance)** 형태로 사용합니다. [Number] 인수는 내림할 숫자, [Significance] 인수는 몇 배수로 내림할지 결정하는 인수입니다.

01 [C4] 셀에 **=CEILING(B4,3)**를 입력한 후 Enter 를 누릅니다.

02 [C4] 셀의 채우기 핸들을 아래로 드래그하여 [C5:C10] 범위에 수식을 붙여 넣습니다.

	A	B	C
C4			=CEILING(B4,3) ① Enter

[Significance] 인수에 **3**을 입력해서 [B4] 셀값을 3의 배수 단위로 올림합니다.

■ 거리별 요금 계산

	이동 거리	기준 거리 환산	택시 요금
	2.2 km	3.0 km	② 채우기 핸들 드래그
	3.0 km	3.0 km	
	11.9 km	12.0 km	
	12.1 km	15.0 km	
	35.0 km	36.0 km	
	11.0 km	12.0 km	
	4.2 km	6.0 km	

03 [D4] 셀에 **=C4*500**을 입력한 후 Enter 를 누르고, [D4] 셀의 채우기 핸들을 아래로 드래그 해서 [D5:D10] 범위에 수식을 붙여 넣습니다.

	A	B	C	D	E
D4				=C4*500 ① Enter	

■ 거리별 요금 계산

	이동 거리	기준 거리 환산	택시 요금	
	2.2 km	3.0 km	1,500원	기준 거리 3km당 500원의 요금이 계산됩니다.
	3.0 km	3.0 km	1,500원	
	11.9 km	12.0 km	6,000원	
	12.1 km	15.0 km	7,500원	② 채우기 핸들 드래그
	35.0 km	36.0 km	18,000원	
	11.0 km	12.0 km	6,000원	
	4.2 km	6.0 km	3,000원	

TIP 0~2.9km 거리의 기준 거리는 0km로, 3~5.9km 거리는 3km, 6~8.9km 거리는 6km 등과 같이 처리하려면 3의 배수에 가까운 수로 내림해야 합니다. 이 경우에는 [C4] 셀에 **=FLOOR(B4,3)**를 입력합니다.

TIP 위 예제에서 [B4:C10] 범위와 [D4:D10] 범위의 셀 서식은 사용자 지정 셀 서식을 이용하여 각각 **0.0 "km "**와 **#,##0"원 "** 으로 지정해놓았습니다.

예제 파일 CHAPTER 04\04_시험 성적.xlsx

IF 함수를 이용하면 특정 조건을 만족하는 경우(참)와 만족하지 않는 경우(거짓)에 각각 다른 값을 표시할 수 있습니다. 이런 함수를 논리 함수라고 합니다. 또한 AND 함수, OR 함수 등을 중첩해 사용하면 더욱 복잡한 논리 조건이 들어가는 수식을 만들 수 있습니다.

다음은 IF 함수를 활용하여 시험 성적이 80점 이상이면 합격, 아니면 불합격으로 표시하는 방법입니다. [IF 함수] 시트에서 작업합니다.

	A	B	C	D	E
1	■ 성적 처리				
2					
3		성명	시험 성적	합격 여부	
4		강나림	65	불합격	
5		김가람	98	합격	
6		김나운	77	불합격	
7		김보람	70	불합격	
8		김승춘	64	불합격	
9		김재영	84	합격	
10		김진수	88	합격	

> 함수로 합격 여부도 판단할 수 있나요?

IF 함수를 사용하면 특정 조건에 대하여 참일 경우 A, 거짓일 경우 B와 같이 나타낼 수 있습니다. 예를 들어 **=IF(A1>10,"10 초과","10 이하")**라는 수식을 확인해보겠습니다. **A1>10**은 '[A1] 셀의 값이 10보다 크면'이라는 조건입니다. 조건이 참일 경우 **10 초과**라는 값을 표시하고, 거짓일 경우(10보다 작거나 같으면) **10 이하**라는 값을 표시한다는 뜻입니다. 이 방법으로 시험 성적에 따라 합격, 불합격을 처리하는 것도 함수로 가능합니다. IF 함수를 이용하여 80점 이상일 경우 **합격**, 그 미만일 경우에는 **불합격**으로 표시해보겠습니다.

친절한 함수 해설

IF 함수

특정 조건에 따른 값을 표현하는 함수로써, **=IF(Logical_test, Value_if_true, Value_if_false)** 형태로 사용합니다. [Logical_test] 인수는 참(TRUE) 또는 거짓(FALSE)의 기준이 되는 조건(값 또는 수식)을 나타냅니다. [Value_if_true] 인수는 참일 경우에 셀에 나타낼 값이며, [Value_if_false] 인수는 거짓일 경우 셀에 나타낼 값입니다.

01 [D4] 셀에 **=IF(C4>=80,"합격","불합격")**를 입력한 후 Enter 를 누릅니다.

02 [D4] 셀의 채우기 핸들📲을 드래그하여 [D5:D10] 범위에 수식을 붙여 넣습니다.

D4		× ✓ fx	=IF(C4>=80,"합격","불합격")	← **①** Enter

	A	B	C	D
1		■ 성적 처리		
2				
3		성명	시험 성적	합격 여부
4		강나림	65	불합격
5		김가람	98	합격
6		김나운	77	불합격
7		김보람	70	불합격
8		김승춘	64	불합격
9		김재영	84	합격
10		김진수	88	합격
11				

> 80점 이상이면 **합격**, 미만이면 **불합격**이 표시되는 수식입니다.

> **②** 채우기 핸들 드래그

TIP [D4] 셀에 **=IF(C4<80,"불합격","합격")**를 입력해도 동일한 결과를 얻을 수 있습니다. 즉, [C4] 셀의 값이 80 미만인 경우 **불합격**이 표시되고, 그렇지 않은 경우 **합격**이 표시됩니다.

이번에는 아래 포상 처리 표에서 성적이 60점 이상이고, 목표 달성율이 80% 이상일 경우 **포상**을 표시하는 작업을 해보겠습니다. [IF_AND 함수] 시트에서 작업합니다.

	A	B	C	D	E
1		■ 포상 처리			
2					
3		성명	시험 성적	목표달성율	포상 여부
4		강나림	65	80%	포상
5		김가람	98	31%	
6		김나운	77	49%	
7		김보람	70	46%	
8		김승춘	64	65%	
9		김재영	84	88%	포상
10		김진수	88	47%	
11					

> 두 가지 이상의 조건을 사용해서 함수를 만들고 싶어요.

시험 성적은 60점 이상이고, 목표 달성율은 80% 이상인 직원들에게만 포상을 줄 경우 IF 함수와 함께 AND 함수를 이용하여 조건을 입력합니다. 두 가지 조건을 동시에 만족하는 경우에는 AND 함수, 두 가지 조건 중 하나라도 만족하는 경우에는 OR 함수를 사용합니다.

AND 함수

=AND(Logical1, Logical2, …) 형태로 사용하며 인수가 모두 참이면 **TRUE**를 표시하고, 인수가 하나라도 거짓이면 **FALSE**를 표시합니다. [Logical1]은 참 또는 거짓을 판단하는 첫째 조건이며 필수 인수입니다. [Logical2]는 선택 인수입니다.

OR 함수

=OR(Logical1, Logical2, …) 형태로 사용하며 인수가 하나라도 참이면 **TRUE**를 표시하고, 인수가 모두 거짓이면 **FALSE**를 표시합니다. [Logical1]은 참 또는 거짓을 판단하는 첫째 조건이며 필수 인수입니다. [Logical2]는 선택 인수입니다.

01 [E4] 셀에 **=IF(AND(C4>=60,D4>=80%),"포상","")**를 입력한 후 [Enter]를 누릅니다.

02 [E4] 셀의 채우기 핸들▪️을 아래로 드래그해서 [E5:E10] 범위에 수식을 붙여 넣습니다.

E4			fx	=IF(AND(C4>=60,D4>80%),"포상","")	**①** Enter

	A	B	C	D	E
1	■ 포상 처리				
2					
3		성명	시험 성적	목표달성율	포상 여부
4		강나림	65	80%	포상
5		김가람	98	31%	
6		김나운	77	49%	
7		김보람	70	46%	
8		김승춘	64	65%	
9		김재영	84	88%	포상
10		김진수	88	47%	
11					

② 채우기 핸들 드래그

TIP IF 함수의 [Logical_test] 인수로 사용된 **AND(C4>=60,D4>=80%)**는 [C4] 셀이 60 이상이고, [D4] 셀이 80% 이상일 때만 TRUE를 표시하며, 이 값은 참이 됩니다. 따라서 IF 함수는 'TRUE'일 때 출력할 값인 **포상**을 출력합니다.

TIP 시험 성적 60점 이상, 목표 달성율 80% 이상이라는 두 가지 조건 중 한 가지만 만족해도 포상하려면 OR 함수를 이용하여 [E4] 셀에 **=IF(OR(C4>=60,D4>=80%),"포상","")**와 같이 입력합니다.

본격
실습

예제로 배워서 업무에 응용해보자!

기본 함수 제대로 활용하기

엑셀에서 자주 사용하는 함수를 활용하여 실제 업무에 적용하는 방법을 알아보겠습니다. 또한 엑셀에서 함수와 유효성 검사를 함께 사용해 효율적으로 작업하는 방법, VLOOKUP, HLOOKUP 등의 실무에서 요긴하게 활용하는 함수도 배워보겠습니다.

STEP 01 신용카드 사용 내역 집계하기

예제 파일 CHAPTER 04\05_신용카드 사용 내역.xlsx

온라인에서 다운로드할 수 있는 신용카드 사용 내역을 각 항목별로 분류해서 엑셀로 분석할 수도 있습니다. 이때 SUMIF, COUNTIF 함수를 사용하면 주요 항목별 사용 금액을 더욱 효과적으로 분류, 합산할 수 있습니다. [SUMIF 함수] 시트에서 작업합니다.

	A	B	C	D	E	F	G	H
1		이용일자	가맹점명	이용 금액		가맹점명	이용금액 합계	
2		2022-06-23	A마트	75,000		마트	218,500	
3		2022-06-26	경일주유소	79,700				
4		2022-07-02	향원식당	28,600				
5		2022-07-03	XY마트	33,000				
6		2022-07-03	다다문고	46,200				
7		2022-07-06	B마트	39,900				
8		2022-07-09	A마트	28,400				
9		2022-07-09	가산병원	56,600				
10		2022-07-13	원일주유소	30,900				
11		2022-07-15	B마트	42,200				
12								

마트에서 지출한 내역만
합산하고 싶어요.

[C2:C11] 범위에서 **마트**라는 문자열이 포함된 셀을 찾고, 여기서 찾은 셀의 이용 금액에 해당하는 값을 [D2:D11] 범위에서 뽑아내 합계를 구해야 합니다. 이렇게 조건을 적용할 영역과 합산해야 하는 영역이 다른 경우에는 특정 조건에 대한 조건부 합계를 구하는 SUMIF 함수를 사용합니다.

친절한 함수 해설

SUMIF 함수

특정 조건에 맞는 셀값의 합계를 구하는 함수로써, **=SUMIF(Range, Criteria, Sum_ range)** 형태로 사용합니다. [Range] 인수는 조건을 적용할 범위, [Criteria] 인수는 찾을 조건, [Sum_ range] 인수는 합을 구할 범위입니다.

01 [G2] 셀에 **=SUMIF(C2:C11,"*마트",D2:D11)**를 입력합니다.

02 Enter 를 눌러 함수 입력을 완료합니다.

	A	B	C	D	E	F	G	H
G2			fx	=SUMIF(C2:C11,"*마트",D2:D11) ❶				
1		이용일자	가맹점명	이용 금액		가맹점명	이용금액 합계	
2		2022-06-23	A마트	75,000		마트	218,500	❷ Enter
3		2022-06-26	경일주유소	79,700				
4		2022-07-02	향원식당	28,600				
5		2022-07-03	XY마트	33,000				
6		2022-07-03	다다문고	46,200				
7		2022-07-06	B마트	39,900				
8		2022-07-09	A마트	28,400				
9		2022-07-09	가산병원	56,600				
10		2022-07-13	원일주유소	30,900				
11		2022-07-15	B마트	42,200				

[C2:C11] 범위에서 '마트'라는 문자열이 포함된 셀에 대응하는 [D2:D11] 범위의 셀값을 합산합니다.

TIP SUMIF 함수의 조건을 지정할 때 ? 또는 * 등 와일드 카드 문자를 이용할 수 있습니다. **?**는 한 음절의 문자를 의미하고, *****는 여러 문자를 포함합니다. 예를 들어 '철수'란 이름을 찾을 경우 조건을 **?철수**라고 하면 '김철수'는 찾지만, '남궁철수'는 찾지 못합니다. 이때 ***철수**라고 조건을 지정하면 음절에 관계없이 '철수'로 끝나는 모든 문자열을 다 찾습니다.

가맹점명 목록에서 몇 번이나 마트에 갔는지 계산할 수도 있습니다. [COUNTIF 함수] 시트에서 작업합니다.

	A	B	C	D	E	F	G	H
1		이용일자	가맹점명	이용 금액		가맹점명	이용 빈도	
2		2022-06-23	A마트	75,000		마트	5	
3		2022-06-26	경일주유소	79,700				
4		2022-07-02	향원식당	28,600				
5		2022-07-03	XY마트	33,000				
6		2022-07-03	다다문고	46,200				
7		2022-07-06	B마트	39,900				
8		2022-07-09	A마트	28,400				
9		2022-07-09	가산병원	56,600				
10		2022-07-13	원일주유소	30,900				
11		2022-07-15	B마트	42,200				

마트에 간 횟수도 구할 수 있나요?

이 경우 특정 범위(가맹점명) 안에서 조건(마트)에 맞는 셀의 개수를 구하면 됩니다. 이렇게 조건에 맞는 셀 개수를 구할 때는 COUNTIF 함수를 사용합니다.

COUNTIF 함수

특정 조건에 맞는 셀의 개수를 구하는 함수로써, **=COUNTIF(Range, Criteria)** 형태로 사용합니다. [Range] 인수는 조건을 적용하는 범위, [Criteria] 인수는 찾을 조건입니다.

01 [G2] 셀에 **=COUNTIF(**를 입력한 후 [C2:C11] 범위를 지정하고 **,"*마트")**를 입력합니다.

02 [G2] 셀에 수식 **=COUNTIF(C2:C11,"*마트")**가 입력되면 Enter 를 누릅니다.

G2		fx	=COUNTIF(C2:C11,"*마트") ❶				
	A	B	C	D	E	F	G	H
1		이용일자	가맹점명	이용 금액		가맹점명	이용 빈도	
2		2022-06-23	A마트	75,000		마트	5	❷ Enter
3		2022-06-26	경일주유소	79,700				
4		2022-07-02	향원식당	28,600				
5		2022-07-03	XY마트	33,000				
6		2022-07-03	다다문고	46,200				
7		2022-07-06	B마트	39,900				
8		2022-07-09	A마트	28,400				
9		2022-07-09	가산병원	56,600				
10		2022-07-13	원일주유소	30,900				
11		2022-07-15	B마트	42,200				
12								

[C2:C11] 범위에서 '마트'라는 문자열이 포함된 셀의 개수를 셉니다.

TIP 마트 1회당 평균 사용 금액을 구할 경우에는 **=SUMIF(C2:C11,"*마트",D2:D11)/COUNTIF(C2:C11,"*마트")**를 입력해도 되지만 AVERAGEIF 함수를 사용하여 **=AVERAGEIF(C2:C11,"*마트",D2:D11)**를 입력하면 훨씬 간편합니다.

STEP 02 표에서 조건에 해당하는 특정 값 추출하기

예제 파일 CHAPTER 04\06_영업사원별 목표.xlsx

INDEX 함수와 MATCH 함수를 사용하면 특정한 표에서 가로와 세로의 특정 필드명을 참고해 표에서 해당하는 값을 가져올 수 있습니다. 또한 각 필드명을 입력하는 셀에 유효성 검사의 목록을 적용해서 사용자가 정해진 항목을 선택할 수 있도록 구현할 수도 있습니다.

아래와 같이 월별 매출목표가 입력된 표에서 김현수 사원의 3월 매출목표를 불러올 수 있습니다. [목표테이블값추출] 시트에서 작업합니다.

	A	B	C	D	E	F	G	H
1		구분	1월	2월	3월	4월	5월	
2		최현우	42,637	4,358	24,616	53,814	57,700	
3		김현수	70,894	86,544	73,498	88,307	89,235	
4		김나영	52,819	54,844	40,378	71,522	65,860	80,354
5		박성우	41,545	54,263	59,702	63,631	81,719	65,955
6		이철호	71,375	77,636	70,535	89,982	89,255	70,118
7								
8								
9		영업사원	월	매출 목표				
10		김현수	3월	73,498				

이름과 월을 입력하면 자동으로 목푯값을 표시하고 싶어요.

이 경우 INDEX 함수와 MATCH 함수를 함께 사용하면 됩니다. 함수를 여러 개 중첩해 사용해야 하므로 한번에 입력하는 것보다 순차적으로 나누어 입력하는 방법으로 설명하겠습니다.

친절한 함수 해설

INDEX 함수

특정 범위(배열)에서 행과 열에 해당하는 셀값을 구하는 함수로써, **=INDEX(Array, Row_num, Column_num)** 형태로 사용합니다. [Array] 인수는 지정할 범위이며, [Row_num] 인수는 [Array] 인수에서 지정한 범위에서의 행 번호, [Column] 인수는 [Array] 인수에서 지정한 범위에서의 열 번호입니다. 예를 들어 빈 셀에 **=INDEX(C2:H6,2,3)**를 입력할 경우 [C2:H6] 범위에서 두 번째 행, 세 번째 열에 해당하는 [E3] 셀값을 구합니다.

MATCH 함수

특정 범위(배열)에서 항목의 상대적인 위치(행 번호나 열 번호)를 구하는 함수로써, **=MATCH(Lookup_value, Lookup_array, Match_type)** 형태로 사용합니다. [Lookup_value] 인수는 표에서 찾으려는 값, [Lookup_array] 인수는 찾고자 하는 값이 포함된 특정 범위입니다. [Match_type] 인수는 정확한 값을 찾으려는 경우 **0**을 입력하면 됩니다. 예를 들어 빈 셀에 **=MATCH(B10,B2:B6,0)**을 입력한 경우 [B2:B6] 범위에서 [B10] 셀과 셀값이 정확히 일치하는 행 번호를 구합니다.

01 [D10] 셀에 **=INDEX(C2:H6,2,3)**를 입력한 후 Enter 를 누릅니다.

02 앞서 입력한 수식 **=INDEX(C2:H6,2,3)**의 인수 중에서 **2** 대신 **MATCH(B10,B2:B6,0)**를 입력하고, **3** 대신 **MATCH(C10,C1:H1,0)**를 입력한 후 Enter 를 누릅니다.

03 이렇게 완성된 수식은 **=INDEX(C2:H6,MATCH(B10,B2:B6,0),MATCH(C10,C1:H1,0))**입니다.

D10			✕ ✓ fx	=INDEX(C2:H6,2,3)	⟵ Enter		
▲	A	B	C	D	E	F	G	H
1		구분	1월	2월	3월	4월	5월	6월
2		최현우	42,637	4,358	24,616	53,814	57,700	66,917
3		김현수	70,894	86,544	73,498	88,307	89,235	86,835
4		김나영	52,819	54,844	40,378	71,522	65,860	80,354
5		박성우	41,545	54,263	59,702	63,631	81,719	65,955
6		이철호	71,375	77,636	70,535	89,982	89,255	70,118
7								
8				[C2:H6] 범위에서 2행, 3열에				
9		영업사원	월	매출 목표	해당하는 셀 값을 불러옵니다.			
01		김현수	3월	73,498				

D10			✕ ✓ fx	=INDEX(C2:H6,MATCH(B10,B2:B6,0),MATCH(C10,C1:H1,0)) ❸			
▲	A	B	C	D	E	F	G	H
1		구분	1월	2월	3월	4월	5월	6월
2		최현우	42,637	4,358	24,616	53,814	57,700	66,917
3		김현수	70,894	86,544	73,498	88,307	89,235	86,835
4		김나영	52,819	54,844	40,378	71,522	65,860	80,354
5		박성우	41,545	54,263	59,702	63,631	81,719	65,955
6		이철호	71,375	77,636	70,535	89,982	89,255	70,118
7								
8					[B2:B10] 범위에서 [B10] 셀과 정확히 일치하는 행 번호와			
9		영업사원	월	매출 목표	[C1:H1] 범위에서 [C10] 셀과 정확히 일치하는 열 번호에			
02		김현수	3월	73,498	해당하는 값을 [C2:H6] 범위에서 불러옵니다.			

TIP [D10] 셀에 **=INDEX(C2:H6,MATCH(B10,B2:B6,0),MATCH(C10,C1:H1,0))**와 같이 수식을 한번에 입력할 수도 있지만, 복잡한 수식은 인수를 하나씩 따로 입력하면 실수를 줄일 수 있습니다. 즉, [D10] 셀에 **=INDEX(C2:H6,2,3)**를 먼저 입력하여 [C2:H6] 범위에서 두 번째 행, 세 번째 열에 해당하는 [E3] 셀값(김현수 사원의 3월 매출 목표)을 산출합니다. 그런 다음 수식에서 2를 지운 후 **MATCH(B10,B2:B6,0)**를 입력하고 [D10] 셀에 동일한 값이 표시되는지 확인합니다. 그런 다음 수식에서 3을 지우고 **MATCH(C10,C1:H1,0)**를 입력하면 더욱 쉽게 수식을 만들 수 있습니다. 이렇게 두세 단계로 나누어서 함수를 입력하면 중간에 실수해서 잘못 입력할 때 오류가 반환되므로 어떤 단계에서 실수했는지 쉽게 알 수 있습니다.

데이터 유효성 검사 기능을 사용하면 드롭다운 형식의 목록이 생성되어 이름과 월을 더욱 쉽게 입력할 수 있습니다. [유효성검사] 시트에서 작업합니다.

B10		✕ ✓ fx	박성우				
▲	A	B	C	D	E	F	G	H
1		구분	1월	2월	3월	4월	5월	6월
2		최현우	42,637	4,358	24,616	53,814	57,700	66,917
3		김현수	70,894	86,544	73,498	88,307	89,235	86,835
4		김나영	52,819	54,844	40,378	71,522	65,860	80,354
5		박성우	41,545	54,263	59,702	63,631	81,719	65,955
6		이철호	71,375	77,636	70,535			
7								
8						이름과 월을 일일이 입력하지 않는		
9		영업사원	월	매출 목표		더 편리한 방법이 있나요?		
10		박성우 ▾	3월	59,702				
11		최현우						
12		김현수						
13		김나영						
		박성우						
14		이철호						

앞서 영업사원별 매출 목표를 조회하는 수식이 입력된 표에 데이터 유효성 검사의 목록을 적용해 영업사원별 월별 매출을 더욱 쉽게 조회해보겠습니다.

01 영업사원의 이름이 입력된 [B10] 셀을 클릭하고 [데이터] 탭-[데이터 도구] 그룹-[데이터 유효성 검사▣]-[데이터 유효성 검사]를 클릭합니다.

▲	A	B	C	D	E	F	G	H
1		**구분**	**1월**	**2월**	**3월**	**4월**	**5월**	**6월**
2		최현우	42,637	4,358	24,616	53,814	57,700	66,917
3		김현수	70,894	86,544	73,498	88,307	89,235	86,835
4		김나영	52,819	54,844	40,378	71,522	65,860	80,354
5		박성우	41,545	54,263	59,702	63,631	81,719	65,955
6		이철호	71,375	77,636	70,535	89,982	89,255	70,118
7								
8								
9		**영업사원**	**월**	**매출 목표**				
10		김현수	3월	73,498				
11								
12								
13								

02 [데이터 유효성] 대화상자의 [설정] 탭에서 [제한 대상]에 [목록]을 선택하고, [원본]에 [B2:B6] 범위를 지정한 후 [확인]을 클릭합니다.

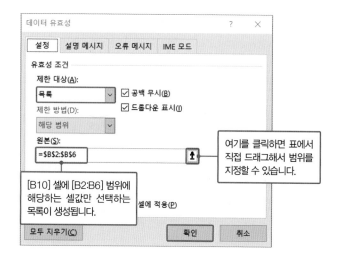

206 세상에서 제일 친절한 엑셀

03 같은 방법으로 [C10] 셀을 선택하고 [데이터] 탭-[데이터 도구] 그룹-[데이터 유효성 검사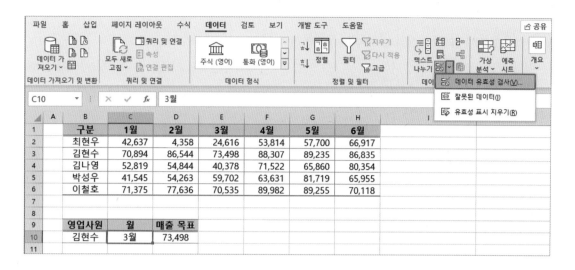]를 클릭합니다.

04 [설정] 탭에서 [제한 대상]에 [목록]을 선택하고, [원본]에 [C1:H1] 범위를 지정한 후 [확인]을 클릭합니다. [B10] 셀과 [C10] 셀에 드롭다운 목록▼이 생성됩니다. 목록에서 원하는 이름과 월을 선택하면 일치하는 매출 목표가 자동으로 표시됩니다.

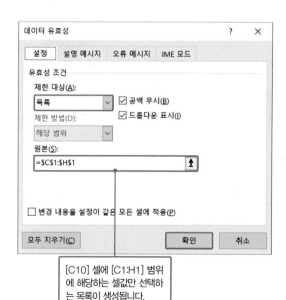

[C10] 셀에 [C1:H1] 범위에 해당하는 셀값만 선택하는 목록이 생성됩니다.

예제 파일 CHAPTER 04\07_국가별 매출.xlsx

VLOOKUP 함수와 HLOOKUP 함수를 이용하면 하나의 값을 입력해 그 값에 해당하는 전체 열 또는 행의 값을 불러올 수 있습니다. VLOOKUP 함수는 세로 방향에서 기준값에 해당하는 행을 조회할 때 사용하고, HLOOKUP 함수는 가로 방향에서 기준값에 해당하는 열을 조회할 때 사용합니다. 이런 원리를 이용해 여러 국가의 월별 매출이 입력된 표에서 특정 국가명만 입력하면 해당 국가의 월별 매출에 해당하는 전체 행의 값을 불러오는 수식을 만들 수 있습니다.

VLOOKUP 함수와 COLUMN 함수를 이용하여 특정 국가명 입력 시 해당 국가의 월별 매출을 한꺼번에 불러올 수 있습니다. [VLOOKUP 함수] 시트에서 작업합니다.

B10		✕ ✓ fx	호주			
A	B	C	D	E	F	G	H
1	**구분**	**1월**	**2월**	**3월**	**4월**	**5월**
2	미국	35,971	98,810	25,614	86,884	55,547
3	일본	70,743	80,198	87,451	95,492	88,048
4	중국	48,919	72,697	79,411	79,476	62,581
5	호주	45,886	98,678	97,472	92,696	85,207
6	캐나다	58,836	71,569	84,574	89,680	83,955
7	홍콩	77,945	63,931	96,542	86,000	69,701
8						
9	**국가명**	**1월**	**2월**	**3월**	**4월**	**5월**
10	호주	45,886	98,678	97,472	92,696	85,207

> 국가명만 입력해서 자동으로 해당 행의 모든 값을 불러오고 싶어요.

VLOOKUP 함수는 표에서 세로 방향에 있는 기준값을 찾을 때 유용합니다. VLOOKUP 함수에서 V는 Vertical(세로)을 나타냅니다. COLUMN 함수는 해당 셀의 열 머리글 번호를 반환하는 함수입니다.

친절한 함수 해설

VLOOKUP 함수
지정한 표의 첫 번째 열에서 특정 셀과 동일한 행에 있는 값을 구하는 함수입니다. **=VLOOKUP (Lookup_value, Table_array, Col_index_num, Range_lookup)** 형태로 사용합니다. [Lookup_value] 인수는 첫 번째 열에서 찾을 기준값, [Table_array] 인수는 데이터가 있는 범위, [Col_index_

num] 인수는 [Table_array] 인수의 열 머리글 번호를 의미합니다. [Range_lookup] 인수는 정확한 값을 찾아야 할 경우에 **FALSE**를 입력합니다.

COLUMN 함수

=COLUMN( )와 같이 인수 없이 사용하며, 해당 셀의 열 머리글의 번호를 반환합니다. 예를 들어 D열의 아무 셀에 **=COLUMN( )**를 입력하면 네 번째 열이므로 **4**를 반환하고, E열의 아무 셀에 **=COLUMN( )**를 입력하면 다섯 번째 열이므로 **5**를 반환합니다.

01 [C10] 셀에 **=VLOOKUP($B10,$B$2:$G$7,2,FALSE)**를 입력한 후 Enter 를 누릅니다.

C10			✕	✓	fx	=VLOOKUP($B10,$B$2:$G$7,2,FALSE)

	A	B	C	D	E	F	G
1		**구분**	**1월**	**2월**	**3월**	**4월**	**5월**
2		미국	35,971	98,810	25,614	86,884	55,547
3		일본	70,743	80,198	87,451	95,492	88,048
4		중국	48,919	72,697	79,411	79,476	62,581
5		호주	45,886	98,678	97,472	92,696	85,207
6		캐나다	58,836	71,569	84,574	89,680	83,955
7		홍콩	77,945	63,931	96,542	86,000	69,701
9		**국가명**	**1월**	**2월**	**3월**	**4월**	**5월**
10		호주	45,886				

> [B2:G7] 범위 가운데 첫 번째 열에서 [B10] 셀의 기준값(호주)에 해당하는 행을 찾아 두 번째 열(1월 매출)의 값을 나타내라는 뜻입니다. 여기서 [Col_index_num] 인수가 2가 아니라 3이면 세 번째 열인 2월 매출을 반환합니다.

02 각 월에 해당하는 매출을 하나의 수식으로 처리하기 위해 COLUMN 함수를 이용해보겠습니다. 앞서 [C10] 셀에 입력한 VLOOKUP 함수 수식의 세 번째 인수인 **2**를 **COLUMN( )–1**로 수정한 후 Enter 를 누릅니다. 이 경우 [C10] 셀의 전체 수식은 **=VLOOKUP($B10,$B$2:$G$7, COLUMN( )–1,FALSE)**가 됩니다.

C10			✕	✓	fx	=VLOOKUP($B10,$B$2:$G$7,COLUMN()-1,FALSE)

	A	B	C	D	E	F	G	H
1		**구분**	**1월**	**2월**	**3월**	**4월**	**5월**	
2		미국	35,971	98,810	25,614	86,884	55,547	
3		일본	70,743	80,198	87,451	95,492	88,048	
4		중국	48,919	72,697	79,411	79,476	62,581	
5		호주	45,886	98,678	97,472	92,696	85,207	
6		캐나다	58,836	71,569	84,574	89,680	83,955	
7		홍콩	77,945	63,931	96,542	86,000	69,701	
9		**국가명**	**1월**	**2월**	**3월**	**4월**	**5월**	
10		호주	45,886					
11								

> 인수 2를 **COLUMN( )–1**로 수정합니다. 2월, 3월, 4월 매출을 채우기 핸들로 구하려면 VLOOKUP 함수의 세 번째 인수인 2를 각각 3, 4, 5로 수정해야 하기 때문입니다.

03 [C10] 셀의 채우기 핸들■을 오른쪽으로 드래그하여 [D10:G10] 범위에 수식을 붙여 넣습니다. [B10] 셀의 값을 다른 국가명으로 수정하면 해당 국가의 월별 매출 전체가 [C10:G10] 범위에 표시됩니다.

C10		⋮	✕ ✓	f_x	=VLOOKUP($B10,$B$2:$G$7,COLUMN()-1,FALSE)	

	A	B	C	D	E	F	G	H
1		**구분**	**1월**	**2월**	**3월**	**4월**	**5월**	
2		미국	35,971	98,810	25,614	86,884	55,547	
3		일본	70,743	80,198	87,451	95,492	88,048	
4		중국	48,919	72,697	79,411	79,476	62,581	
5		호주	45,886	98,678	97,472	92,696	85,207	
6		캐나다	58,836	71,569	84,574	89,680	83,955	
7		홍콩	채우기 핸들 드래그 31	96,542	86,000	69,701		
9		**국가명**	**1월**	**2월**	**3월**	**4월**	**5월**	
10		호주	45,886	98,678	97,472	92,696	85,207	
11								

TIP =VLOOKUP($B10,$B$2:$G$7,COLUMN( )−1,FALSE)의 맨 마지막 인수인 **FALSE** 대신 숫자 **0**을 입력해도 됩니다. 엑셀에서 TRUE는 1, FALSE는 0과 동일합니다.

 친절한 **Point Note**　인수 없이 사용하는 함수

엑셀 함수는 SUM, AVERAGE 등과 같이 특정 셀이나 혹은 범위를 인수로 입력해야 결괏값이 산출되는 함수가 대부분입니다. 하지만 인수를 입력하지 않고 사용하는 함수도 있습니다. 이 경우에는 단순히 **=함수명( )**과 같은 형태로 함수명 뒤에 괄호만 붙이되, 인수는 입력하지 않고 사용합니다. 인수 없이 사용하는 함수 중 대표적으로 TODAY, NOW, ROW, COLUMN 함수가 있습니다.

TODAY 함수

TODAY 함수는 현재 날짜를 표시하는 함수입니다. 빈 셀에 **=TODAY( )**를 입력하면 파일을 열거나 새로운 데이터가 입력될 때마다 현재 날짜를 표시합니다.

NOW 함수

NOW 함수는 현재 시각을 표시하는 함수입니다. 빈 셀에 **=NOW( )**를 입력하면 파일을 열거나 새로운 데이터가 입력될 때마다 현재 시각을 표시합니다.

ROW 함수

ROW 함수는 함수가 입력된 셀의 행 번호를 표시합니다. [C5] 셀에 **=ROW( )**를 입력하면 [C5] 셀은 5

행이므로 숫자 **5**를 표시합니다. 만일 [C5] 셀에 **=ROW( )-4**를 입력하면 5에서 4를 뺀 **1**을 표시합니다. 이 수식을 복사해서 아래 범위에 붙여 넣으면 세로 방향으로 일련번호를 표시할 수 있습니다.

COLUMN 함수

COLUMN 함수는 함수가 입력된 셀의 열 번호를 표시합니다. [C5] 셀에 **=COLUMN( )**을 입력하면 C 열, 즉 세 번째 열이므로 숫자 **3**을 표시합니다. 만일 [C3] 셀에 **=COLUMN( )-2**를 입력하면 3에서 2를 뺀 숫자 **1**을 표시합니다. 해당 수식을 복사해서 오른쪽 범위에 붙여 넣으면 가로 방향으로 일련번호를 표시할 수 있습니다.

이번에는 동일한 국가별 매출 표에서 월을 입력하면 해당월의 각 국가별 매출을 불러오도록 만들어 보겠습니다. [HLOOKUP 함수] 시트에서 작업합니다.

	구분	1월	2월	3월	4월	5월		월입력	4월
1	구분	1월	2월	3월	4월	5월		월입력	4월
2	미국	35,971	98,810	25,614	86,884	55,547		미국	86,884
3	일본	70,743	80,198	87,451	95,492	88,048		일본	95,492
4	중국	48,919	72,697	79,411	79,476	62,581		중국	79,476
5	호주	45,886	98,678	97,472	92,696	85,207		호주	92,696
6	캐나다	58,836	71,569	84,574	89,680	83,955		캐나다	89,680
7	홍콩	77,945	63,931	96,542	86,000	69,701		홍콩	86,000

> 월을 입력하면 해당 월의 각 나라별 데이터를 한꺼번에 가져오고 싶어요.

위 그림의 표에서 HLOOKUP 함수와 ROW 함수를 사용하면 특정 월을 입력했을 때 해당 월의 국가별 매출을 한꺼번에 불러올 수도 있습니다. HLOOKUP 함수는 표에서 가로 방향에 있는 기준값을 찾을 때 사용하는 함수입니다. HLOOKUP에서 H는 Horizontal(가로)을 나타냅니다. 그리고 ROW 함수는 해당 셀값이 있는 행 머리글을 반환하는 함수입니다. 임의의 셀에 **=ROW( )**를 입력하면 해당 셀의 행 머리글을 반환합니다.

친절한 **함수 해설**

HLOOKUP 함수

지정한 표의 첫 번째 행에서 특정 셀과 동일한 열에 있는 값을 구하는 함수입니다.

=HLOOK UP(Lookup_value, Table_array, Row_index_num, Range_lookup) 형태로 사용합니다. [Lookup_value] 인수는 첫 번째 행에서 찾을 기준값, [Table_array] 인수는 데이터의 범위, [Row_index_num] 인수는 [Table_array] 인수의 행 머리글을 의미합니다. 그리고 [Range_lookup] 인수는 정확한 값을 찾아야 할 경우 **FALSE**를 입력합니다.

ROW 함수

=ROW( )와 같이 인수 없이 사용하며, 입력된 해당 셀의 행 번호를 반환합니다. 예를 들어 [K4] 셀에 =ROW( )를 입력하면 4행이므로 **4**가 반환됩니다.

01 [J2] 셀에 **=HLOOKUP($J$1,$C$1:$G$7,2,FALSE)**를 입력한 후 Enter 를 누릅니다.

J2			fx	=HLOOKUP($J$1,$C$1:$G$7,2,FALSE)					
A	B	C	D	E	F	G	H	I	J	K
1	**구분**	**1월**	**2월**	**3월**	**4월**	**5월**		**월입력**	**4월**
2	미국	35,971	98,810	25,614	86,884	55,547		미국	86,884
3	일본	70,743	80,198	87,451	95,492	88,048		일본	
4	중국	48,919	72,697	79,411	79,476	62,581			
5	호주	45,886	98,678	97,472	92,696	85,207			
6	캐나다	58,836	71,569	84,574	89,680	83,955			
7	홍콩	77,945	63,931	96,542	86,000	69,701		홍콩	
8									

[C1:G7] 범위 가운데 첫 번째 행에서 [J1] 셀의 기준값(4월)에 해당하는 열을 찾아 두 번째 행의 값(미국 매출)을 나타내라는 뜻입니다. 여기서 인수 2가 아니라 3이면 세 번째 행에 있는 일본 매출을 반환합니다.

02 각 월에 해당하는 매출을 하나의 수식으로 처리하기 위해 ROW 함수를 이용해보겠습니다. 앞서 [J2] 셀에 입력한 HLOOKUP 함수 수식의 세 번째 인수인 2를 **ROW( )**로 수정한 후 Enter 를 누릅니다. 이 경우 [J2] 셀의 전체 수식은 **=HLOOKUP($J$1,$C$1:$G$7,ROW( ),FALSE)**가 됩니다.

VLOOKUP			fx	=HLOOKUP($J$1,$C$1:$G$7,ROW(),FALSE)					
A	B	C	D	E	F	G	H	I	J	K
1	**구분**	**1월**	**2월**	**3월**	**4월**	**5월**		**월입력**	**4월**
2	미국	35,971	98,810	25,614	86,884	55,547		미국	FALSE)
3	일본	70,743	80,198	87,451	95,492	88,048		일본	
4	중국	48,919	72,697	79,411	79,476	62,581			
5	호주	45,886	98,678	97,472	92,696	85,207			
6	캐나다	58,836	71,569	84,574	89,680	83,955			
7	홍콩	77,945	63,931	96,542	86,000	69,701			

[C1:G7] 범위에서 '미국'에 해당하는 값을 찾으려면 2행에 있는 값을 읽어야 하므로 인수 2를 ROW( )로 수정합니다. 같은 원리로 '일본'의 값은 [C1:G7] 범위에서 3행의 값을 반환합니다.

03 [J2] 셀의 채우기 핸들■을 아래로 드래그하여 [J3:J7] 범위에 수식을 붙여 넣습니다. [J1] 셀의 값을 다른 월로 수정하면 해당 월의 국가별 매출이 [J2:J7] 범위에 표시됩니다.

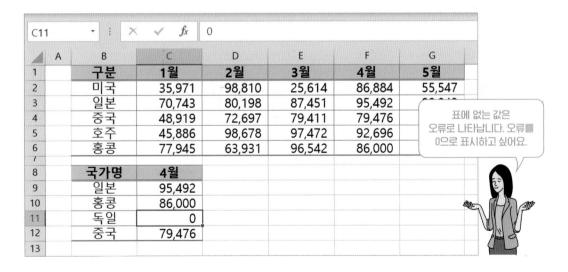

STEP 04   오류가 발생한 셀을 다른 값으로 나타내기

예제 파일 CHAPTER 04\08_오류 처리.xlsx

수식을 입력하다 보면 수식은 정확한데 해당하는 기준값이 없어서 오류로 표시될 때가 있습니다. IFERROR 함수를 활용하면 기준값이 없을 경우 결과로 에러 대신 0이나 빈 셀을 나타낼 수 있습니다.

국가별 매출에서 VLOOKUP 함수를 사용하여 4월 매출을 읽어올 경우, 이 표에는 '독일'이라는 국가 명이 없기 때문에 #N/A 오류가 표시됩니다. 엑셀에서는 수식을 올바르게 입력했더라도 해당하는 기준값이 없다면 #N/A 오류를 표시합니다. 이럴 때 #N/A 대신 0이나 빈 셀로 바꿔주는 것이 훨씬 보기 좋겠지요. 이때 IFERROR 함수를 사용하면 편리하게 오류를 처리할 수 있습니다. VLOOKUP 함수를 사용한 계산 결과에 오류가 나타날 때 0으로 처리하는 수식을 만들어 보겠습니다.

01 국가별 4월 매출을 산출하기 위해 [C9] 셀에 **=VLOOKUP(B9,$B$2:$G$6, 5,FALSE)**를 입력한 후 수식을 [C10:C12] 범위에 붙여 넣습니다. [B2:B6] 범위에 셀값이 '독일'인 셀이 없으므로 [C11] 셀에 오류가 발생합니다.

C11			×	✓	*fx*	=VLOOKUP(B11,$B$2:$G$6,5,FALSE)	

	A	B	C	D	E	F	G
1		**구분**	**1월**	**2월**	**3월**	**4월**	**5월**
2		미국	35,971	98,810	25,614	86,884	55,547
3		일본	70,743	80,198	87,451	95,492	88,048
4		중국	48,919	72,697	79,411	79,476	62,581
5		호주	45,886	98,678	97,472	92,696	85,207
6		홍콩	77,945	63,931	96,542	86,000	69,701
7							
8		**국가명**	**4월**				
9		일본	95,492				
10		홍콩	86,000				
11		독일	#N/A				
12		중국	79,476				

[B2:G6] 범위의 첫 번째 열에는 '독일'이 입력된 셀이 없습니다. 따라서 [B11] 셀에서 '독일'이 입력되면 불러올 값이 없으므로 오류가 표시됩니다.

02 [C9] 셀에 수식을 **=IFERROR(VLOOKUP(B9,$B$2:$G$6,5,FALSE),0)**로 고치고 Enter 를 누릅니다. 수정한 수식을 복사하고 [C10:C12] 범위에 붙여 넣습니다.

C9			×	✓	*fx*	=IFERROR(VLOOKUP(B9,$B$2:$G$6,5,FALSE),0)	

	A	B	C	D	E	F	G
1		**구분**	**1월**	**2월**	**3월**	**4월**	**5월**
2		미국	35,971	98,810	25,614	86,884	55,547
3		일본	70,743	80,198	87,451	95,492	88,048
4		중국	48,919	72,697	79,411	79,476	62,581
5		호주	45,886	98,678	97,472	92,696	85,207
6		홍콩	77,945	63,931	96,542	86,000	69,701
7							
8		**국가명**	**4월**				
9		일본	95,492				
10		홍콩	86,000				
11		독일	0				
12		중국	79,476				

VLOOKUP(B9,$B$2:$G$6,5,FALSE) 수식에서 오류 값이 나타날 경우 0으로 표시됩니다.

TIP 실제 수식을 구성할 경우 **=VLOOKUP(B9,$B$2:$G$6,5,FALSE)**라는 수식을 먼저 입력합니다. 그런 다음 수식 입력줄에서 **VLOOKUP(B9,$B$2:$G$6,5,FALSE)** 부분만 복사하여, **=IFERROR(**를 입력하고 복사한 부분을 붙여 넣은 후 **,0)**를 입력해 쉽게 작성할 수 있습니다.

수식이나 함수의 결과로 오류가 표시되는 경우가 종종 있습니다. 오류 표시에도 여러 종류가 있는데, 각 오류 표시의 의미를 알면 수식의 어느 부분이 잘못되었는지 쉽게 파악할 수 있습니다.

● **###** : 이 표시는 엄밀히 말하면 오류가 아닙니다. 셀의 너비가 좁아서 수식의 결괏값을 모두 표시할 수 없을 때 나타납니다. 셀의 너비를 충분히 넓게 지정하면 해결됩니다.

● **DIV/0!** : 나눗셈을 할 때 분모가 0이거나 공백인 경우 표시되는 오류입니다. 분모의 값을 0 또는 공백이 아닌 숫자로 바꾸면 해결됩니다.

● **#N/A** : 함수에서 참조하는 값을 찾을 수 없을 때 나타나는 오류입니다. 예를 들어 MATCH 함수를 사용하여 [A1:A100] 범위에서 '세탁기'란 값이 몇 번째에 위치하는지 구할 때 **=MATCH("세탁기",A1:A100)**를 입력합니다. 이때 [A1:A100] 범위에 '세탁기'라고 입력된 셀이 하나도 없다면 #N/A 오류를 표시합니다.

● **#NAME?** : 특정 범위를 이름으로 정의해놓으면 함수에서 해당 범위를 지정할 때 정의된 이름을 입력해도 됩니다. 이때 정의되지 않은 이름을 수식의 인수로 입력하면 #NAME? 오류를 표시합니다. 또한 함수명이 없거나 함수명을 잘못 입력했을 경우에도 #NAME? 오류를 표시합니다.

● **#NULL!** : SUM 함수에서 **=SUM(범위1 범위2)**처럼 인수 사이에 쉼표를 입력하지 않으면, 범위1과 범위2가 겹치는 범위 안에 있는 값들의 합계를 구합니다. 이때 서로 겹치지 않는 범위가 없을 경우 #NULL! 오류를 표시합니다. 예를 들어 빈 셀에 **=SUM(C8:C11 D14:F14)**를 입력하면 #NULL! 오류를 표시합니다. [C8:C11] 범위와 [D14:F14] 범위는 서로 겹치는 범위가 없기 때문입니다.

● **#NUM!** : 숫자를 잘못 사용했을 때 표시되는 오류입니다. 예를 들어 CEILING 함수는 가장 가까운 배수로 올림을 할 때 사용하는 함수로 빈 셀에 **=CEILING(123,5)**를 입력하면 125를 표시합니다. 123을 5의 배수로 올림할 경우 125가 되기 때문입니다. 만일 **=CEILING(123, −5)**라고 잘못 입력하면 −5의 배수가 없으므로 #NUM 오류를 표시합니다.

● **#REF!** : 참조된 셀이 사라졌을 때 표시되는 오류입니다. 예를 들어 빈 셀에 **=A1/B1**이라는 수식이 입력된 상태에서 B열 전체를 삭제하면 수식 입력줄에는 **=A1/#REF!**가 표시되고 셀에는 #REF! 오류를 표시합니다.

● **#VALUE!** : 수식이나 함수에서 인수의 값을 잘못 사용할 경우 표시되는 오류입니다. 예를 들어 '대한민국'이란 단어 중 왼쪽에서 두 번째 값인 '대한'만 표시하려면 빈 셀에 **=LEFT("대한민국",2)**를 입력합니다. 그런데 실수로 두 인수를 바꿔서 **=LEFT(2,"대한민국")**을 입력하면 #VALUE 오류를 표시합니다.

본격
실습

예제로 배워서 업무에 응용해보자!

업무 활용도가 높은
실무 함수 익히기

데이터를 취합한 결과에서 행과 열의 항목을 바꾸어 나타내는 작업은 어떻게 처리할까요? 이런 복잡한 작업은 업무 내용만 보아서는 어떤 함수를 적용해야 할지 막막할 경우가 많습니다. 실제 업무에서 활용도가 높은 실무 함수를 통해 이런 복잡한 작업도 쉽게 처리하는 방법을 확인해보겠습니다.

STEP 01 주민등록번호에서 각종 정보 추출하기

예제 파일 CHAPTER 04\09_주민등록번호.xlsx

주민등록번호에는 나이나 성별 등 많은 정보가 포함되어 있습니다. LEFT 함수, MID 함수 등 텍스트 함수를 이용하면 주민등록번호에서 생년월일 등 필요한 정보를 추출할 수 있습니다. 다른 사람과 데이터를 공유할 때 개인정보보호를 위해 주민등록번호 뒤 일곱 자리를 *로 나타내는 작업도 함수로 가능합니다.

먼저 주민등록번호에서 나이를 구하는 방법을 알아보겠습니다. [나이구하기] 시트에서 작업합니다.

D2		fx	31		
	A	B	C	D	E	F
1		구분	주민등록번호	나이		
2		김아람	860824-2124001	31		
3		최정인	840928-2242341	38		
4		김길수	620107-1127114	60		
5		박현수	700816-1124224	52		
6		박성대	690509-1123222	53		
7		박성우	000927-3123239	22		
8		김혜진	030512-4131244	19		
9		김영수	730811-1324223	49		
10						

주민등록번호에서 나이를 구할 수 있나요?

주민등록번호 14자리(중간 하이픈(−) 포함)에서 나이를 산출하려면 현재 연도에서 출생 연도를 빼면 되므로 현재 연도에서 1900과 주민등록번호 앞의 두 자릿수를 더한 후 빼면 됩니다. 즉, **=YEAR(TODAY( ))−1900−LEFT(C2,2)**와 같은 수식을 입력하면 되겠지요.

다만 2000년 이후 태어난 사람이 문제인데 주민등록번호 맨 앞자리가 0이나 1로 시작하면(2000년대나 2010년대에 태어난 사람) 2000, 아닐 경우 에는 1900을 빼도록 처리하여 **=YEAR(TODAY( ))−IF(OR(LEFT(C2,1)="0",LEFT(C2,1)="1"),2000,1900)−LEFT(C2,2)**와 같이 수식을 입력하면 됩니다. 이 원리를 이용해 나이를 구해봅니다. 현재 연도에서 2000이나 1900를 뺀 값에서 주민등록번호 앞 두 자리에 해당하는 숫자를 뺀 후 한국식 나이로 1을 더합니다.

LEFT 함수

=LEFT(Text, Num_chars) 형태로 사용하며, 지정한 문자 수에 따라 문자열의 첫 문자(왼쪽)부터 원하는 수만큼의 문자를 반환합니다. [Text] 인수는 추출할 문자가 들어 있는 문자열을 말하며, [Num_chars] 인수는 추출할 문자의 개수를 뜻합니다.

01 [D2] 셀에 입력할 1986년생 김아람의 나이를 계산해보겠습니다. 현재 연도를 구하기 위해 **=YEAR(TODAY( ))**를 입력합니다. 여기에서 1900을 빼고 86을 빼고 난 후 1을 다시 더하기 위해 뒤에 **−1900−86+1**을 입력합니다. [D2] 셀에는 **=YEAR(TODAY( ))−1900−86+1** 수식이 입력됩니다. 현재 2021년이라면 [D2] 셀에 **36**이 표시됩니다.

D2			fx	=YEAR(TODAY())-1900-86+1			
	A	B	C	D	E	F
1		구분	주민등록번호	나이		
2		김아람	860824-2124001	36		
3		최정인	840928-2242341			
4		김길수	620107-1127114			
5		박현수	700816-1124224			
6		박성대	690509-1123222			
7		박성우	000927-3123239			
8		김혜진	030512-4131244			
9		김영수	730811-1324223			

02 [D2] 셀의 수식에서 **1900** 부분을 지우고 **IF(OR(LEFT(C2,1)="0",LEFT(C2, 1)="1"),2000,1900)**를 입력합니다. 주민등록번호가 있는 [C2] 셀의 첫 번째 자릿값이 0이나 1일 경우에는 2000을 반환하고, 그렇지 않은 경우 1900을 반환하는 수식입니다. 그리고 [D2] 셀의 수식에서 **86** 부분을 지우고 **LEFT (C2,2)**를 입력합니다. [C2] 셀에서 출생 연도를 나타내는 앞쪽 두 개의 숫자를 추출하기 위한 수식입니다. 이렇게 **=YEAR(TODAY( ))–IF(OR(LEFT(C2,1)="0",LEFT(C2,1)="1"),2000,1900)–LEFT(C2,2)+1** 수식이 완성됩니다.

03 [D2] 셀의 채우기 핸들█을 아래로 드래그하여 [D3:D9] 범위에 수식을 붙여 넣습니다.

	A	B	C	D	E	F	G
				fx =YEAR(TODAY())-IF(OR(LEFT(C2,1)="0",LEFT(C2,1)="1"),2000,1900)-LEFT(C2,2)+1 ❷			
1		**구분**	**주민등록번호**	**나이**			
2		김아람	860824-2124001	36			
3		최정인	840928-2242341	38			
4		김길수	620107-1127114	60			
5		박현수	700816-1124224	52			
6		박성대	690509-1123222	53	❸ 채우기 핸들 드래그		
7		박성우	000927-3123239	22			
8		김혜진	030512-4131244	19			
9		김영수	730811-1324223	49			
10							

주민등록번호 뒤쪽 일곱 개 숫자 중 첫 번째 자릿수로 남자인지, 여자인지 알 수 있습니다. [남녀구분] 시트에서 작업합니다.

	A	B	C	D	E	F
	D2		fx 여자			
1		**구분**	**주민등록번호**	**성별**		
2		김아람	860824-2124001	여자		
3		최정인	840928-2242341	여자		
4		김길수	620107-1127114	남자		
5		박현수	700816-1124224	남자		
6		박성대	690509-1123222	남자		
7		박성우	000927-3123239	남자		
8		김혜진	030512-4131244	여자		
9		김영수	730811-1324223	남자		

주민등록번호를 이용해 성별을 표시할 수 있을까요?

MID 함수를 이용해 주민등록번호 총 14자리(하이픈 포함) 가운데 여덟 번째 자릿수가 '1'이면 남자로, '2'면 여자로 구분합니다. 하지만 1만 남자로 판단할 경우 2, 3, 4인 경우는 모두 여자로 표시되기 때문에 2000년 이후 출생자는 모두 여자로 표시됩니다. 이때는 MOD 함수를 함께 이용하는 것이 좋습니다. 여덟 번째 자릿수를 2로 나누어 나머지가 0이면(즉 짝수면) 여자, 아니면(2로 나누어 나머지가 1이므로 홀수) 남자로 처리합니다.

친절한 **함수 해설**

MOD 함수

=MOD(Number, Divisor) 형태로 사용하며, [Number] 인수를 [Divisor] 인수로 나눈 나머지 값을 구합니다.

MID 함수

=MID(Text, Start_num, Num_chars) 형태로 사용하며, 지정한 문자의 개수에 따라 문자열의 지정한 위치부터 지정한 개수의 문자를 표시합니다. [Text] 인수는 추출할 문자가 들어있는 문자열이고, [Start_num] 인수는 추출할 첫 문자의 위치이며, [Num_chars] 인수는 문자열에서 추출할 문자의 개수를 뜻합니다.

01 [D2] 셀에 **=IF(MOD(MID(C2,8,1),2)=0,"여자","남자")**를 입력하고 Enter 를 누릅니다.

02 [D2] 셀의 채우기 핸들 ➕을 아래로 드래그하여 [D3:D9] 범위에 수식을 붙여 넣습니다.

D2	❶ Enter	*fx*	=IF(MOD(MID(C2,8,1),2)=0,"여자","남자")		[C2] 셀에서 여덟 번째 자리의 숫자가 짝수인 경우 '여자'로 표시하고 그렇지 않으면 '남자'로 표시한다는 뜻입니다.
	A	B	C	D	E
1		**구분**	**주민등록번호**	**성별**	
2		김아람	860824-2124001	여자	
3		최정인	840928-2242341	여자	
4		김길수	620107-1127114	남자	
5		박현수	700816-1124224	남자	❷ 채우기 핸들 드래그
6		박성대	690509-1123222	남자	
7		박성우	000927-3123239	남자	
8		김혜진	030512-4131244	여자	
9		김영수	730811-1324223	남자	
10					

주민등록번호에서 뒤 일곱 자리를 별표(*)로 나타낼 수도 있습니다. [변환하기] 시트에서 작업합니다.

	A	B	C	D	E	F
1		구분	주민등록번호	변환		
2		김아람	860824-2124001	860824-*******		
3		최정인	840928-2242341	840928-*******		
4		김길수	620107-1127114	620107-*******		
5		박현수	700816-1124224	700816-*******		
6		박성대	690509-1123222	690509-*******		
7		박성우	000927-3123239	000927-*******		
8		긴혜진	030512 4131244	030512-*******		
9		김영수	730811-1324223	730811-*******		

> 주민등록번호 뒤 일곱 자리를 모두 *로 표시할 수 있을까요?

개인정보의 중요성이 부각되면서 주민등록번호의 뒤쪽 일곱 자리를 별표(*)로 바꿔야 할 경우가 있습니다. 이때 REPT 함수를 이용하면 간단하게 숫자 대신 다른 기호를 입력할 수 있습니다.

친절한 함수 해설

REPT 함수

문자열을 지정한 횟수만큼 반복하는 함수로써, **=REPT(Text, Number_times)** 형태로 사용합니다. [Text] 인수는 반복할 문자열, [Number_times] 인수는 문자열을 반복할 횟수를 뜻합니다. REPT 함수를 사용하여 여러 개의 문자열을 한번에 입력할 수 있습니다. 예를 들어 빈 셀에 **=REPT("하", 5)**를 입력하면 **하하하하하**라고 표시됩니다.

01 [D2] 셀에 **=LEFT(C2,7)&REPT("*",7)**를 입력하고 Enter 를 누릅니다.

02 [D2] 셀의 채우기 핸들을 아래로 드래그하여 [D3:D9] 범위에 수식을 붙여 넣습니다.

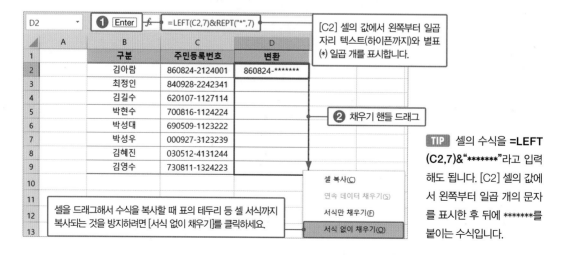

D2		① Enter	fx	=LEFT(C2,7)&REPT("*",7)	
	A	B	C	D	
1		구분	주민등록번호	변환	
2		김아람	860824-2124001	860824-*******	
3		최정인	840928-2242341		
4		김길수	620107-1127114		
5		박현수	700816-1124224		
6		박성대	690509-1123222		
7		박성우	000927-3123239		
8		김혜진	030512-4131244		
9		김영수	730811-1324223		
10					
11					
12					
13					

> [C2] 셀의 값에서 왼쪽부터 일곱 자리 텍스트(하이픈까지)와 별표(*) 일곱 개를 표시합니다.

> ② 채우기 핸들 드래그

> 셀을 드래그해서 수식을 복사할 때 표의 테두리 등 셀 서식까지 복사되는 것을 방지하려면 [서식 없이 채우기]를 클릭하세요.

| 셀 복사(C) |
| 연속 데이터 채우기(S) |
| 서식만 채우기(F) |
| 서식 없이 채우기(O) |

TIP 셀의 수식을 **=LEFT(C2,7)&"*******"**라고 입력해도 됩니다. [C2] 셀의 값에서 왼쪽부터 일곱 개의 문자를 표시한 후 뒤에 *******를 붙이는 수식입니다.

예제 파일 CHAPTER 04\10_판매현황 취합1.xlsx, 11_판매현황 취합2.xlsx

엑셀에서는 한 파일에 여러 시트를 생성해 다양한 정보를 담을 수 있습니다. 각 시트에 지역별 실적을 입력하는 것이 대표적인 예입니다. 반대로 시트별로 나누어져 있는 정보를 합치려면 어떻게 해야 할까요? 이번에는 SUM 함수를 이용하여 같은 표를 사용하는 여러 시트의 데이터를 하나의 시트에 취합하는 방법을 알아보겠습니다. 또 INDIRECT 함수를 이용하여 각 셀에 시트 이름을 입력해놓고 해당 셀값과 동일한 이름을 가진 시트에서 특정 셀 주소의 값을 가져오는 법을 알아보겠습니다.

먼저 지사별 판매현황 시트에서 하나의 시트에 지사별 실적을 취합하는 방법을 설명합니다. 서울, 대전, 대구, 부산, 광주, 전주 등 지사별 통신 상품의 분기별 판매 실적이 동일한 양식으로 입력되어 있을 경우 합산한 실적을 하나의 시트에 표시할 수 있습니다. **10_판매현황 취합1.xlsx** 예제 파일에서 작업합니다.

	구분	1Q.	2Q.	3Q.	4Q.	계
	■ 판매현황 취합 1					
	이동전화	27,351	29,564	34,387	22,610	113,912
	초고속인터넷	22,172	22,699	31,720	38,511	115,102
	집전화	20,927	30,968	23,425	22,141	97,461
	IPTV	39,519	37,596	26,905	35,156	139,176
	계	109,969	120,827	116,437	118,418	465,651

취합 | 서울 | 대전 | 대구 | 부산 | 광주 | 전주

> 개별 시트에 입력한 지사별 실적을 한 시트에 모아서 합산할 수 있을까요?

동일한 시트의 셀값을 합산할 경우 **=SUM(범위)**와 같이 입력하면 되지만, 다른 시트의 셀 주소를 참조할 때는 **=SUM(시트명!범위)**처럼 참조할 시트명을 범위 앞에 표시해야 합니다. '!'는 다른 파일이나 시트를 참조할 경우 파일명이나 시트명 앞에 붙이는 기호입니다.

01 [취합] 시트의 [C4] 셀에 **=SUM(서울:전주!C4)**를 입력하고 Enter 를 누릅니다.

02 [C4] 셀을 복사한 후 [C4:G8] 범위에 붙여 넣습니다.

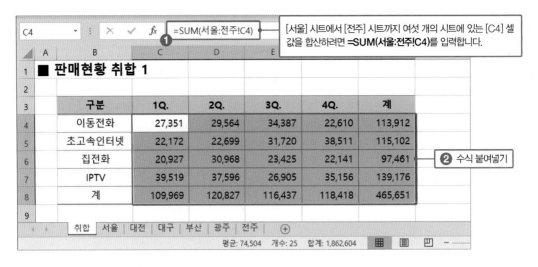

TIP 여섯 개 시트의 값을 합산할 때 **=서울!C4+대전!C4+대구!C4+부산!C4+광주!C4+전주!C4**를 입력해도 되지만, 시트 수가 많으면 간단히 **=SUM(서울:전주!C4)**와 같이 입력하는 것이 훨씬 효율적입니다. 즉, [서울] 시트부터 [전주] 시트 사이의 모든 시트에 있는 [C4] 셀의 값을 더하라는 의미입니다.

지사별 매출 합계를 하나의 시트에 취합할 수도 있습니다. **11_판매현황 취합2.xlsx** 예제 파일에서 작업합니다.

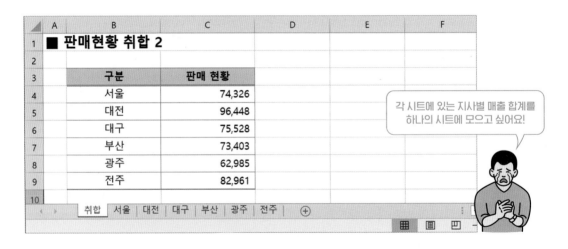

[서울], [대전], [대구], [부산], [광주], [전주] 시트에는 다음과 같이 각 분기별 통신 상품의 매출이 집계되어 있습니다. INDIRECT 함수를 사용해서 각 시트의 합계가 있는 [G8] 셀값들을 하나의 시트에 모아서 나타내겠습니다.

INDIRECT 함수

=INDIRECT(Ref_text) 형태로 사용하며, 문자열로 참조한 셀값을 반환합니다. [Ref_text] 인수는 참조하려는 셀 주소입니다. 예를 들어 [B4] 셀에 100이 입력되어 있을 경우 임의의 빈 셀에 **=INDIRECT("B4")**를 입력하면 **100**을 반환합니다.

01 [취합] 시트의 [C4] 셀에 **=INDIRECT(B4&"!G8")**를 입력한 후 Enter 를 누릅니다.

02 [C4] 셀의 채우기 핸들▪을 아래로 드래그하여 [C5:C9] 범위에 수식을 붙여 넣습니다.

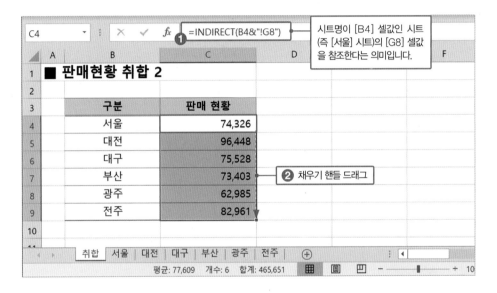

STEP 03 실무 함수로 업무를 효율적으로 처리하기

예제 파일 CHAPTER 04\12_기타 실무함수.xlsx

다중 조건에 대한 합을 계산하는 SUMIFS 함수, 두 날짜 사이의 기간을 연도, 월, 일 단위로 계산하는 DATEDIF 함수, 행과 열을 변환하는 TRANSPOSE 함수, 숫자를 한글이나 한자로 바꿔서 표현하는 NUMBERSTRING 함수도 알아두면 업무에 유용합니다.

다음은 영업사원별 실적에서 '1월에 박성우 영업사원이 판매한 세탁기'의 매출을 합산하는 방법입니다. [SUMIFS 함수] 시트에서 작업합니다.

	월	영업사원	상품명	매출액		월	영업사원	상품명
						[조건]		
	월	영업사원	상품명	매출액		월	영업사원	상품명
3	1월	박성우	세탁기	409,103		1월	박성우	세탁기
4	1월	이현수	세탁기	885,549				
5	2월	박성우	세탁기	353,169		매출합계	1,348,377	
6	2월	박성우	냉장고	153,440				
7	1월	이현수	냉장고	987,751				
8	1월	박성우	세탁기	567,659				
9	3월	이현수	세탁기	568,941				
10	3월	박성우	냉장고	126,184				
11	1월	박성우	냉장고	454,289				
12	3월	박성우	세탁기	128,465				
13	2월	이현수	세탁기	259,506				
14	1월	박성우	세탁기	371,615				
15	1월	이현수	냉장고	405,290				
16	3월	박성우	냉장고	405,385				
17	3월	이현수	세탁기	288,251				
18	3월	이현수	냉장고	544,281				
19	2월	박성우	냉장고	505,092				
20	2월	이현수	냉장고	517,065				

> 특정 조건에 맞는 값만 뽑아 합계를 구하고 싶어요.

SUMIFS 함수는 여러 조건을 만족하는 셀의 값을 합하는 함수입니다. 예를 들어 [B1:B20] 범위의 셀값이 0보다 크고 [C1:C20] 범위의 셀값이 10보다 작다는 조건을 만족하는 [A1:A20] 범위의 합계를 구할 경우에 =SUMIFS(A1:A20,B1:B20,">0",C1:C20, "<10")와 같이 수식을 입력합니다. SUMIFS 함수를 이용하여 '1월 박성우 영업사원이 판매한 세탁기'의 매출 합계를 구해보겠습니다.

친절한 함수 해설

SUMIFS 함수

여러 조건을 충족하는 범위의 값을 더하는 함수입니다. =SUMIFS(Sum_range, Criteria_range1,

Criteria1, Criteria_range2, Criteria2, …) 형태로 사용합니다. [Sum_range] 인수는 합계를 계산할 범위, [Criteria_range1] 인수는 첫 번째 조건 범위, [Criteria1] 인수는 첫 번째 조건, [Criteria_range2] 인수는 두 번째 조건 범위, [Criteria2] 인수는 두 번째 조건을 의미합니다. 이런 식으로 여러 조건을 추가해서 입력합니다.

01 [B3:E20] 범위를 지정하고 [수식] 탭-[정의된 이름] 그룹-[선택 영역에서 만들기]를 클릭합니다. [선택 영역에서 이름 만들기] 대화상자의 [이름 만들기]에 [첫 행]만 체크하고 [확인]을 클릭합니다. [B3:B20], [C3:C20], [D3:D20], [E3:E20] 범위가 각각 **월, 영업사원, 상품명, 매출액**으로 이름 정의됩니다.

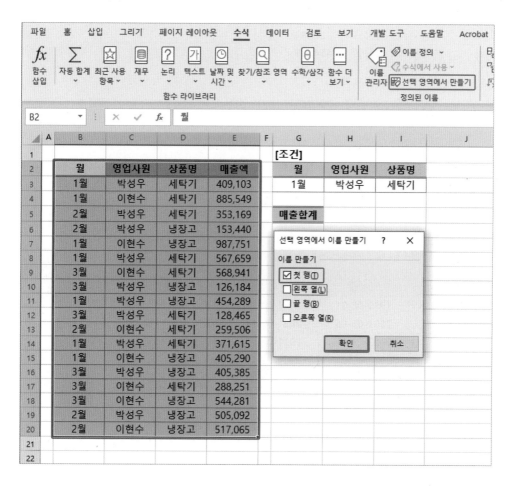

02 조건에 대한 합계를 구하려는 [H5] 셀에 **=SUMIFS(매출액,월,G3,영업사원,H3,상품명,I3)**를 입력합니다.

H5			fx	=SUMIFS(매출액,월,G3,영업사원,H3,상품명,I3)			

	A	B	C	D	E	F	G	H	I
1							**[조건]**		
2		**월**	**영업사원**	**상품명**	**매출액**		**월**	**영업사원**	**상품명**
3		1월	박성우	세탁기	409,103		1월	박성우	세탁기
4		1월	이현수	세탁기	885,549				
5		2월	박성우	세탁기	353,169		**매출합계**	1,348,377	
6		2월	박성우	냉장고	153,440				
7		1월	이현수	냉장고	987,751				
8		1월	박성우	세탁기	567,659				
9		3월	이현수	세탁기	568,941				
10		3월	박성우	냉장고	126,184				
11		1월	박성우	냉장고	454,289				
12		3월	박성우	세탁기	128,465				

> '매출액' 범위 가운데 '월'은 [G3] 셀(1월), '영업사원'은 [H3] 셀(박성우), '상품 명'은 [I3] 셀(세탁기)에 해당하는 셀 값의 합계를 구합니다.

TIP 매출 총액이 아닌 거래 건수를 산출하려면 **=COUNTIFS(월,G3,영업사원,H3,상품명,I3)**와 같이 입력한 후 [Enter]를 누르면 됩니다. COUNTIFS 함수는 여러 조건을 충족하는 셀의 개수를 구하는 함수입니다.

입사일을 기초로 근속년수가 얼마나 되었는지 구할 수도 있습니다. [DATEDIF 함수] 시트에서 작업합니다.

	A	B	C	D	E	F
1		**■ 근속년수 구하기**				
2						
3		**이름**	**입사일**	**현재일**	**근속년수**	
4		박현진	1999-08-01	2021-01-17	21년 5개월 16일	
5		김태수	2001-05-06	2021-01-17	19년 8개월 11일	
6		이정수	2007-01-01	2021-01-17	14년 0개월 16일	
7		장현수	2012-07-01	2021-01-17	8년 6개월 16일	
8		최지훈	2015-10-08	2021-01-17	5년 3개월 9일	
9						

> 입사일과 현재 날짜로 근속년수를 알 수 있을까요?

근속년수를 구하려면 입사일과 현재일 사이의 일수를 환산합니다. 입사일과 현재일이 입력되어 있다면 두 날짜 사이의 기간을 옵션에 따라 연도, 월, 일로 환산해서 표시하는 DATEDIF 함수를 이용해 근속년수를 구합니다.

DATEDIF 함수

=DATEDIF(Start_date, End_date,unit) 형태로 사용하며, 시작일(Start_date)과 종료일(End_date) 사이의 기간을 연도, 월, 일 등의 단위로 환산해서 표시합니다. [Unit] 인수는 구하려는 정보의 종류로 "Y"(년), "M"(월), "D"(일), "MD"(일의 차이), "YM"(월의 차이), "YD"(연도의 차이) 등을 사용합니다.

01 [E4] 셀에 **=DATEDIF(C4,D4,"Y")&"년 "&DATEDIF(C4,D4,"YM")&"개월 "&DATEDIF (C4,D4,"MD")&"일"**를 입력하고 Enter 를 누릅니다.

02 [E4] 셀의 채우기 핸들을 아래로 드래그하여 [E5:E8] 범위에 수식을 붙여 넣습니다.

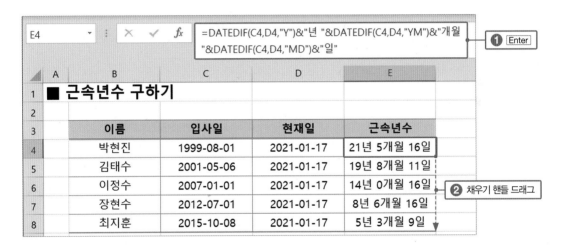

함수를 이용하여 표의 행과 열을 바꿀 수도 있습니다. [TRANSPOSE 함수] 시트에서 작업합니다.

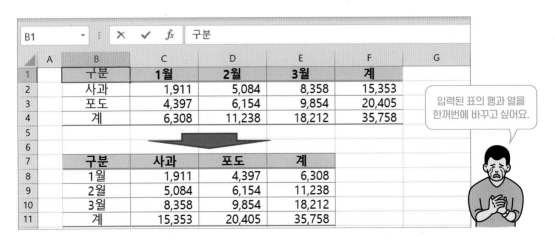

표의 행과 열을 바꿔서 표시해야 할 경우가 있습니다. 이때는 표를 복사하고 붙여 넣을 셀에서 마우스 오른쪽 버튼을 클릭한 후 바로 가기 메뉴에서 [선택하여 붙여넣기]–[행/열 바꿈]을 클릭하면 간단하게 행과 열이 바뀐 표를 만들 수 있습니다.

그러나 위 방법으로는 원본 데이터를 수정해도 바뀐 표에는 적용되지 않습니다. 원본 데이터를 수정할 때 바뀐 표에도 수정 사항이 적용되도록 하려면 TRANSPOSE 함수를 이용합니다. TRANSPOSE 함수는 반드시 배열 수식 형태로 입력해야 합니다. 따라서 수식을 입력한 후 Enter 를 눌러 입력하는 것이 아니라 Ctrl + Shift + Enter 를 눌러 입력합니다.

TRANSPOSE 함수

=TRANSPOSE(Array) 형태로 사용하며, 세로 범위를 가로 범위로, 가로 범위를 세로 범위로 바꾸어 표시합니다. [Array] 인수는 행과 열을 바꿀 범위(배열)입니다.

01 행과 열을 바꾸어 표시할 [B7:E11] 범위를 지정하고 **=TRANSPOSE(B1:F4)**를 입력합니다.

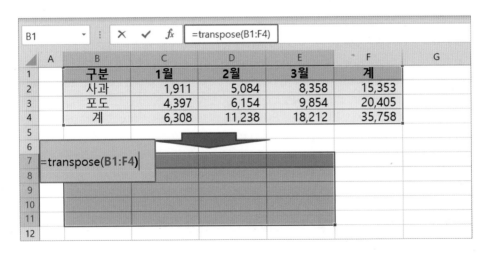

02 수식을 입력할 때 Ctrl + Shift + Enter 를 사용해 입력을 완료합니다.

| B7 | ▼ : × ✓ _fx_ | {=TRANSPOSE(B1:F4)} | Ctrl + Shift + Enter |

	A	B	C	D	E	F	G
1		**구분**	**1월**	**2월**	**3월**	**계**	
2		사과	1,911	5,084	8,358	15,353	
3		포도	4,397	6,154	9,854	20,405	
4		계	6,308	11,238	18,212	35,758	
5							
6				▼			
7		**구분**	**사과**	**포도**	**계**		
8		1월	1,911	4,397	6,308		
9		2월	5,084	6,154	11,238		
10		3월	8,358	9,854	18,212		
11		계	15,353	20,405	35,758		
12							

TIP 이 경우 각 셀의 수식은 **{=TRANSPOSE(B1:F4)}**와 같이 표시됩니다. 이는 배열 수식으로 입력해서 그런 것입니다. 만일 이 상태에서 [B1:F4] 범위의 특정 값을 바꾸면 [B7:E11] 범위의 값도 연동해서 바뀝니다.

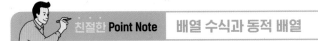

친절한 Point Note 배열 수식과 동적 배열

앞서 TRANSPOSE 함수를 이용해 수식을 입력할 때 결과가 출력될 범위를 미리 선택하고 Ctrl + Shift + Enter 를 이용했습니다. 이는 결괏값이 범위 형태로 출력되는 배열 수식으로 입력할 때 사용하는 방법입니다. 즉, 수식을 입력할 때 엑셀에 이 수식은 배열 형태로 계산하라고 명령하는 것입니다.

하지만 엑셀 마이크로소프트 365 버전에서 추가된 '동적 배열' 기능은 엑셀이 자동으로 일반 수식과 배열 수식을 구분하기 때문에 반드시 배열이 출력될 범위를 선택하고 Ctrl + Shift + Enter 를 입력할 필요가 없어졌습니다. 그래서 [B7] 셀에만 **=TRANSPOSE(B1:F4)**를 입력하고 바로 Enter 를 눌러도 [B7:E11] 범위에 자동으로 결과가 출력됩니다.

함수를 이용하여 숫자를 한글 또는 한자로 표시할 수도 있습니다.

	A	B	C	D	E
1		■ **주간 판매현황**			
2					
3		**일자**	**요일**	**판매액**	
4		2020-07-06	(월)	₩5,115,000	
5		2020-07-07	(화)	₩5,773,000	
6		2020-07-08	(수)	₩8,191,000	
7		2020-07-09	(목)	₩6,997,000	
8		2020-07-10	(금)	₩8,666,000	
9		2020-07-11	(토)	₩9,113,000	
10					
11		**주간 판매 계**		**일금 사천삼백팔십오만오천원정**	
12					

> 숫자로 된 금액을 한글로 바꾸는 함수도 있나요?

NUMBERSTRING 함수를 이용하면 숫자를 한글 또는 한자로 편리하게 바꿀 수 있습니다. 이 함수는 엑셀 도움말에서 나타나지는 않습니다만 실무에서 꽤나 편리하게 사용할 수 있습니다. 매출액의 합계를 이용해 '일금 ~원정'의 형태로 나타내도록 해보겠습니다. [NUMBERSTRING 함수] 시트에서 작업합니다.

01 [D11] 셀에 **="일금 "&NUMBERSTRING(SUM(D4:D9),1)&" 원정"**을 입력합니다.

02 Enter 를 눌러 수식 입력을 완료합니다.

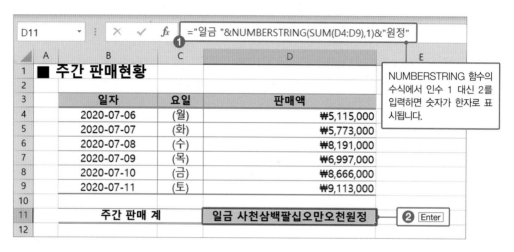

TIP =NUMBERSTRING(숫자,3)와 같이 입력하면 금액 단위가 아닌 각 숫자를 한글로 바꿔 표시합니다. 함수를 이용하지 않고 숫자가 입력된 상태에서 사용자 지정 셀 서식을 각각 [DBNUM1], [DBNUM2], [DBNUM3], [DBNUM4] 등과 같이 지정하면, 숫자 서식을 한자, 한자 갖은자, 숫자+한자, 한글 금액 등의 형태로 바꿀 수 있습니다.

배운 내용을 내 것으로 만들어보자!

핵심 내용 실습 점검

예제 파일 CHAPTER 04\13_학습점검.xlsx

01 합계, 평균, 최댓값, 최솟값을 각각 [C6:C9] 범위에 표시하세요.

	A	B	C	D	E	F	G
1							
2							
3		구분	국어	영어	수학	과학	사회
4		점수	98	87	78	90	88
5							
6		합계	441				
7		평균	88				
8		최대값	98				
9		최소값	78				

Help! 합계는 SUM, 평균은 AVERAGE, 최댓값은 MAX, 최솟값은 MIN 함수를 사용해 구할 수 있습니다. 각각의 함수를 직접 입력할 수도 있지만, 이 네 개의 함수는 [자동 합계] 기능을 활용해 쉽게 입력할 수도 있습니다. ▶ p.186

02 다음 회원 목록에서 전체 회원 수, 회비를 낸 회원 수, 회비를 내지 않은 회원 수를 각각 산출하세요.

	A	B	C	D	E	F
1						
2		회원번호	연간회비		전체인원수	13
3		강나림	57,729		회비를 낸 회원수	7
4		김가람			회비를 내지 않은 회원수	6
5		김나운				
6		김보람	36,817			
7		김승춘	46,986			
8		김재영				
9		김진수	60,132			
10		김현조				
11		김혜림	23,857			
12		박영호	76,952			
13		이미현				
14		장길수				
15		장인성	31,286			

Help! 전체 인원 수를 구하려면 회원번호에 입력된 범위를 COUNTA 함수에 사용합니다. 회비를 낸 회원수는 연간회비에 숫자로 입력되어 있는 데이터의 개수를 구하면 되므로 COUNT 함수를 이용하고, 회비를 내지 않은 인원은 연간회비가 비어 있으므로 COUNTBLANK 함수를 이용해 구할 수 있습니다. 만약 회비를 내지 않은 인원의 연간회비가 0으로 처리되어 있다면 COUNTIF 함수를 대신 사용합니다. ▶ p.190

03 매출액을 10원 단위에서 내림하여 결괏값을 100원 단위로 표시하세요.

	상품명	매출액	내림처리
4	TV	2,866,855	2,866,800
5	세탁기	4,035,465	4,035,400
6	냉장고	3,033,961	3,033,900
7	오디오	6,744,497	6,744,400
8	청소기	1,367,521	1,367,500

Help! 숫자 데이터의 자릿수를 내림할 때는 ROUNDDOWN 함수를 사용합니다. 올림은 ROUNDUP, 반올림은 ROUND이므로 세 함수를 연계해 학습하면 편리합니다. ▶p.194

04 택시 요금이 3km 단위로 800원일 경우 다음 이동거리 표에서 3km 단위로 택시 요금을 계산하세요. 단, 기준 거리는 3km까지는 3km가 되고, 3.1km 부터 6km까지는 6km가 됩니다.

	이동거리	기준거리 환산	택시요금
4	5.4 km	6.0 km	4,800 원
5	22.5 km	24.0 km	19,200 원
6	34.0 km	36.0 km	28,800 원
7	55.3 km	57.0 km	45,600 원
8	6.4 km	9.0 km	7,200 원
9	9.6 km	12.0 km	9,600 원
10	33.2 km	36.0 km	28,800 원
11	21.0 km	21.0 km	16,800 원
12	3.8 km	6.0 km	4,800 원
13	18.9 km	21.0 km	16,800 원

Help! 특정 숫자의 배수로 올림, 내림 처리를 할 때는 CEILING, FLOOR 함수를 사용합니다. 예제에서는 이동거리를 3km 단위로 산정해야 하므로 3km 단위로 올림 처리하는 것이 좋습니다. ▶p.196

05 국어 90점 이상 또는 수학 90점 이상일 경우 합격으로 표시하고, 아닐 경우에는 불합격으로 표시하세요.

	A	B	C	D	E
1					
2					
3		국어	수학	합격 여부	
4		17	98	합격	
5		80	88	불합격	
6		54	76	불합격	
7		96	56	합격	
8		86	78	불합격	
9		45	68	불합격	
10		83	29	불합격	
11		93	87	합격	
12		96	97	합격	
13		65	84	불합격	
14		56	29	불합격	
15		90	92	합격	
16		95	54	합격	
17					

Help! 특정 조건에 따라 원하는 값을 출력하려면 IF 함수를 사용합니다. 예제의 경우 국어, 수학의 점수를 각각 판단해야 하는 데 이때는 AND, OR 함수를 조합하면 편리합니다. AND 조건은 두 조건 모두 일치하는 경우(~이며, ~이고), OR 조건은 둘 중 하나라도 일치하는 경우(또는)라는 점만 다릅니다. ▶p.199

06 학원비로 사용한 금액 합계를 계산하세요.

	A	B	C	D	E	F	G
1							
2							
3		구 분	이용 금액				
4		경성 마트	43,196		학원 이용 금액	195,251	
5		가나 주유소	97,041				
6		청산 학원	58,181				
7		우리 마트	98,316				
8		A 슈퍼	53,349				
9		김가네 식당	28,686				
10		미림학원	58,596				
11		우리 식당	50,373				
12		최상위 학원	78,474				
13		S 주유소	42,473				
14		가나 마트	53,487				
15		L 슈퍼	73,149				
16		24시 편의점	15,571				
17							

Help! 특정 조건에 일치하는 값을 찾아 더하려면 SUMIF 함수를 사용합니다. 여기서 학원에 해당하는 이용 금액을 구하려면 조건으로 "***학원**"를 입력하면 됩니다. *은 와일드 카드 문자로 문자열 길이에 상관없이 모든 문자열을 포함한다는 의미입니다. ▶p.201

07 지역별 1월~6월 매출 자료에서 [B13] 셀에 지역명을 입력하면 자동으로 해당 지역의 1월~6월 매출이 표시되도록 [C13:H13] 범위에 수식을 만드세요.

	A	B	C	D	E	F	G	H
1								
2								
3		구분	1월	2월	3월	4월	5월	6월
4		서울	870,626	108,772	10,190	393,025	405,340	661,609
5		대전	305,773	249,739	366,951	823,147	93,035	287,084
6		대구	810,511	397,635	567,992	244,876	109,282	578,231
7		부산	684,977	878,853	294,242	677,779	423,555	452,452
8		전주	308,541	956,809	412,496	928,954	854,635	274,730
9		전주	341,431	213,685	850,509	550,377	10,566	342,693
10								
11								
12		지역명	1월	2월	3월	4월	5월	6월
13		부산	684,977	878,853	294,242	677,779	423,555	452,452
14								

Help! 셀에 입력된 데이터를 기준으로 원하는 값을 찾는 함수로는 VLOOKUP, HLOOKUP 함수, 그리고 INDEX와 MATCH 함수를 조합해 사용하는 방법이 있습니다. 예제에서는 열 방향으로 데이터를 찾기 때문에 VLOOKUP을 사용해도 되고, 기준이 두 개(지역명과 월)이므로 INDEX와 MATCH 함수를 조합해도 됩니다. ▶p.204

08 주민등록번호에 기초하여 성별을 표시하세요.

	A	B	C	D	E
1					
2					
3		주민등록번호	성별		
4		880928-1124424	남자		
5		000927-3123321	남자		
6		030612-4321221	여자		
7		840512-2212344	여자		
8		730815-1232877	남자		
9					

Help! 주민등록번호에서 성별을 구분하는 것은 뒤 일곱 자리 중 첫 번째에 해당하는 숫자입니다. 남자는 1, 3 여자는 2, 4입니다. 따라서 MOD 함수를 사용해 2로 나눈 값에서 나머지가 0이면(짝수) 여자, 1이면(홀수) 남자의 형태로 조건을 구하는 수식을 작성 하면 됩니다. ▶p.218

09 지역별 월별 매출 자료의 행과 열을 바꾸어 [C10:E13] 범위에 각 매출액을 표시하세요. 위의 원본 값이 바뀌면 아래 표도 함께 연계하여 바뀌도록 함수를 사용합니다.

구 분	1월	2월	2월	2월
서울	63,469	80,222	80,222	80,222
부산	84,763	66,219	66,219	66,219
대구	36,255	44,547	34,222	54,420

구 분	서울	부산	대구
1월	63,469	84,763	36,255
2월	80,222	66,219	44,547
2월	80,222	66,219	34,222
2월	80,222	66,219	54,420

Help! 표 데이터의 행/열을 반대로 적용하려면 [선택하여 붙여넣기]를 사용해도 되지만 두 데이터를 연동하려면 TRANSPOSE 함수를 사용합니다. TRANSPOSE 함수는 배열 수식으로 작성하기 위해 출력될 범위를 미리 선택한 후 수식을 작성하고 [Ctrl]+[Shift]+[Enter]로 입력하는 것을 꼭 참고합니다. 엑셀 마이크로소프트 365 버전에서는 그냥 [Enter]로 입력해도 됩니다. ▶p.227

10 영업사원별 상품별 매출액 자료에서 박성준이 판매한 냉장고 매출 합계를 계산하세요.

영업사원	상품명	매출액		[조건]	
				영업사원	상품명
박성준	세탁기	409,103		박성준	냉장고
김준성	세탁기	885,549			
박성준	세탁기	353,169		매출 합계	1,239,005
박성준	냉장고	153,440			
김준성	냉장고	987,751			
박성준	세탁기	567,659			
김준성	세탁기	568,941			
박성준	냉장고	126,184			
박성준	냉장고	454,289			
박성준	세탁기	128,465			
김준성	세탁기	259,506			
박성준	세탁기	371,615			
박성준	냉장고	505,092			
김준성	냉장고	517,065			

Help! 여기서 조건은 영업사원, 상품명 두 가지가 있으며, 구해야 할 값은 매출액의 합계이므로 두 가지 이상의 조건으로 합계를 구할 수 있는 SUMIFS 함수를 사용합니다. ▶p.224

Q 함수의 인수로 범위를 지정해야 하는데 셀 주소를 일일이 입력하는 것이 매우 번거롭습니다. 쉽게 입력하는 방법이 있을까요?

A 함수를 입력하는 도중 Ctrl + A 를 누르면 나타나는 [함수 인수] 대화상자를 활용하여 인수를 입력하거나, 함수를 직접 입력한 후 인수로 사용할 범위를 드래그하여 지정합니다.

Q 함수를 복사해서 옆의 셀에도 모두 같은 함수가 적용되도록 지정하고 싶습니다. 그런데 복사해서 붙여 넣은 함수 인수의 셀 주소가 모두 변경되어 이상한 결과가 나오네요. 좋은 방법이 있을까요?

A 인수의 셀 주소에 $ 기호를 삽입하여 절대 참조(혹은 상대 참조) 형식으로 입력하면 함수를 복사하더라도 셀 주소가 바뀌지 않습니다.

Q 특정 범위에서 빈 셀의 개수를 파악하고자 일일이 빈 셀만 세어 본 적이 있습니다. 보다 효율적으로 빈 셀의 개수를 세는 방법이 있을까요?

A COUNTBLANK 함수를 이용하면 빈 셀의 개수만 구할 수 있습니다.

Q 표에서 반올림한 결괏값을 구하기 위해 일일이 계산해서 옆 셀에 입력하고 있습니다. 쉬운 방법이 있을까요?

A ROUND 함수를 이용하면 결괏값을 반올림할 수 있습니다.

Q 성적 처리 작업을 하고 있는데, 일일이 눈으로 보면서 80점 이상인 경우에만 '합격'이라고 입력하고 80점 미만일 경우 '불합격'이라고 입력하고 있습니다. 보다 효율적인 방법이 있나요?

A IF 함수를 활용하면 특정 조건을 만족하는 경우와 만족하지 않는 경우의 결괏값을 각각 다르게 표시할 수 있습니다. IF 함수의 사용 방법은 198쪽을 참고합니다.

Q 국가별 매출 자료를 만들고 있는데 원본 데이터에서는 국가 순서가 다르게 입력되어 있어요. 일일이 찾아서 입력하는 것보다 효율적인 방법이 있나요?

A VLOOKUP 함수를 활용하면 됩니다. VLOOKUP 함수의 사용 방법은 208쪽을 참고합니다.

Q 수식 오류가 표시되는 셀은 빈 셀로 처리하고 싶습니다. 좋은 방법이 있나요?

A IFERROR 함수를 사용하면 특정 수식의 결괏값이 오류로 표시되는 셀은 빈 셀 혹은 원하는 값으로 바꿀 수 있습니다.

Q 금액을 숫자가 아닌 한글로 표시해야 하는데 방법을 몰라 직접 한글로 바꾸어 입력하고 있습니다. 쉬운 방법이 있을까요?

A NUMBERSTRING 함수를 이용하면 숫자를 한글로 바꿀 수 있습니다.

감동적인 차트로
승부하기

때로는 숫자나 표보다 차트가 위력적이다

이번 CHAPTER에서는 숫자 데이터를 이용해 적절한 차트를 그리는 방법에 대해 배워보겠습니다. 엑셀에는 막대형 차트, 꺾은선형 차트, 원형 차트 등 각종 차트들이 있습니다. 보고서에 차트를 적절히 활용할 경우 단순한 숫자 또는 표 형태로 작성하는 것보다 시각화가 훨씬 용이하고, 전체 현황이나 추세를 직관적으로 파악할 수 있습니다.

우선 [원리 이해]에서는 익숙한 막대 차트를 시작으로 차트를 쉽게 그리는 방법과 X축과 Y축을 지정하는 원리를 익혀보겠습니다. 또한 X축과 Y축을 쉽게 바꾸는 방법부터 기존 차트에 새로운 계열(데이터)을 쉽게 추가하고 삭제하는 방법, 전체 보고서에서 차트만 인쇄하는 방법까지 알아보겠습니다.

[본격 실습]에서는 각 상황에 맞는 차트를 구성하는 방법을 실습합니다. 데이터를 비교할 경우 막대형 차트를 사용하고, 추세를 나타낼 때는 꺾은선형 차트를, 구성의 비율을 표현할 때는 원형 차트를 주로 이용합니다. 이를 통해 여러 데이터를 가지고 각 상황에 맞는 차트를 구성하는 방법에 대해 배워보겠습니다.

차트를 돋보이게 하는 여러 기법도 익혀보겠습니다. 하나의 차트에 막대형 차트와 꺾은선형 차트를 혼합해 만드는 콤보 차트, 기본 축과 보조 축을 분리하는 기법, 차트가 아닌 엑셀의 다른 기능을 이용해 차트를 그리는 방법도 알아보겠습니다. 이때 특정 함수를 이용하여 차트처럼 구성할 수 있고, 스파크라인 기능을 이용하면 셀 안에 간단한 차트를 그릴 수 있습니다. 또한 데이터 편차가 아주 클 경우 생략 표시를 나타내는 차트 기법, 막대형 차트와 원형 차트를 하나의 차트에 나타내는 기법도 알아보겠습니다.

마지막으로 실무에 유용하게 사용할 수 있는 차트 기법도 익혀보겠습니다. 업무 목표 관리를 위한 차트 그리는 법, 일정 관리를 위한 간트(Gantt) 차트 그리는 방법 등을 익히면 업무에 보다 편리하게 차트를 활용할 수 있습니다.

눈으로 보고 머리로 이해하자!

숫자보다 직관적인
차트의 원리를 이해한다

표와 숫자보다는 차트가 훨씬 직관적이다

다음은 어느 회사의 일별 매출을 정리한 데이터로 만든 표와 차트입니다.

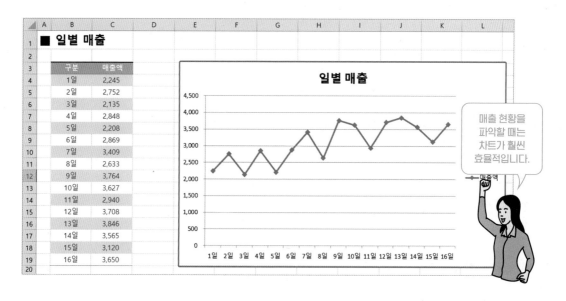

텍스트와 숫자로 이루어진 표와 그래프 형태의 차트를 직접 비교해보면 차트의 위력을 바로 실감할 수 있습니다. 발표 자료를 만들거나 보고 문서를 작성할 때 누군가에게 데이터를 제시해야 한다면 차트를 적절히 활용해 데이터를 한눈에 알아볼 수 있도록 작성하는 것이 좋습니다. 엑셀에서는 입력된 데이터를 차트로 간단하게 만드는 방법을 제공합니다. 차트로 만들 데이터의 범위를 지정하고 어떤 양식으로 생성할지 선택하거나 단축키를 사용해 한번에 차트를 만들 수 있습니다.

[삽입] 탭의 [차트] 그룹에서 차트를 만들 수 있다

엑셀에서는 우리가 사용하는 거의 모든 형식의 차트 양식을 제공합니다. 차트는 대표적으로 막대형, 꺾은선형, 원형, 영역형 등으로 나눌 수 있고 각 형식마다 특장점이 있습니다. 어떤 종류의 차트를 삽입할 수 있는지 [삽입] 탭-[차트] 그룹에서 확인해보겠습니다.

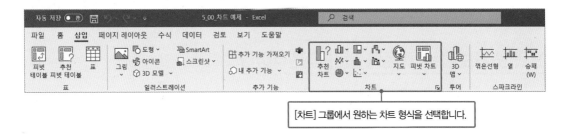

[차트] 그룹에서 원하는 차트 형식을 선택합니다.

[차트] 그룹에는 막대형, 꺾은선형, 원형 등 다양한 대분류가 있습니다. 더욱 다양한 종류를 보려면 [차트] 그룹의 오른쪽 아래에 있는 [모든 차트 보기🔽]를 클릭합니다. [차트 삽입] 대화상자가 나타나면 분류별로 정리된 여러 차트를 확인할 수 있습니다.

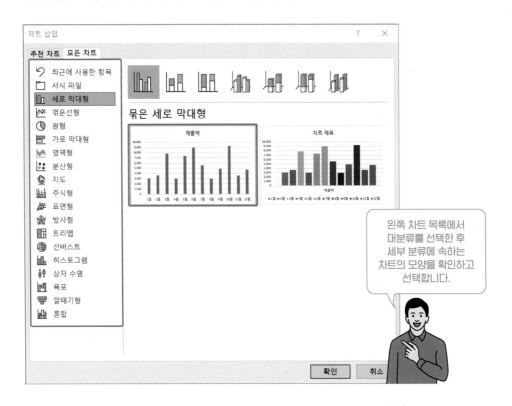

왼쪽 차트 목록에서 대분류를 선택한 후 세부 분류에 속하는 차트의 모양을 확인하고 선택합니다.

차트에도 유형이 있다

막대형 차트

월별 매출, 연도별 매출 등 데이터 계열 수가 적은 데이터에서 값을 비교할 때 흔히 사용합니다.

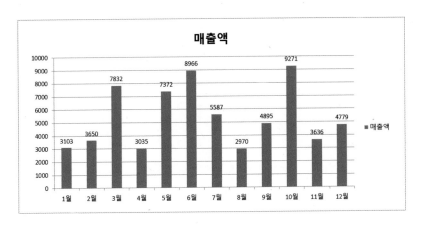

꺾은선형 차트

품목, 종목의 일별 매출처럼 데이터 계열 수가 비교적 많은 데이터에 사용합니다. 꺾은선형 차트는 전체 추세를 보여줄 때 주로 사용합니다.

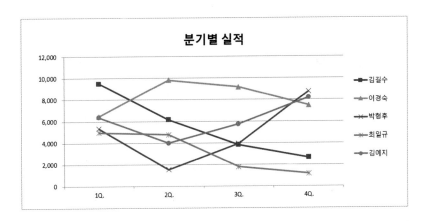

원형 차트

직급별 인원 구성, 품목별 매출 비율처럼 전체를 구성하는 각 요소의 비율을 하나의 차트로 나타낼 때 사용합니다.

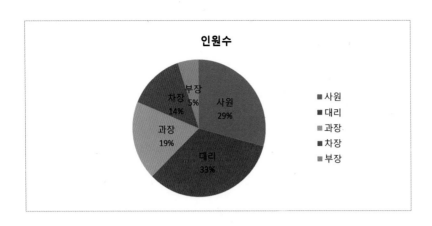

누적 영역형 차트

여러 데이터 계열을 세로로 누적해 표시합니다. 누적 영역형 차트를 사용하면 아래 차트처럼 전체 매출에서 냉장고, 세탁기, TV 매출이 각각 얼마만큼의 비중을 차지하는지 한눈에 알 수 있고, 분기별로 전체 매출의 흐름도 파악할 수 있습니다.

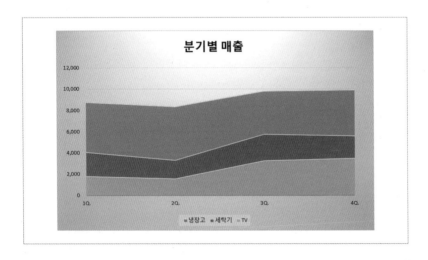

X축과 Y축을 지정하는 원리를 이해해야 차트가 쉬워진다

1월부터 4월까지 TV와 세탁기의 매출을 정리한 표를 이용해 '2차원 묶은 세로 막대형 차트'를 만들었습니다. X축은 월, Y축은 매출액으로 지정했습니다. 엑셀에서는 기본적으로 원본 데이터의 계열 수가 많은 행이나 열을 X축으로 자동 인식합니다. X축이 Y축보다 길어야 차트 그림이 옆으로 넓은 직사각형이 되고, 안정적으로 보이기 때문입니다.

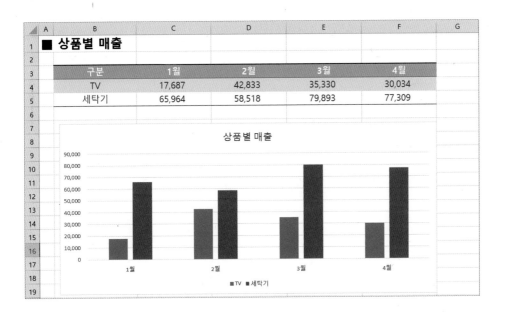

구분	1월	2월	3월	4월
TV	17,687	42,833	35,330	30,034
세탁기	65,964	58,518	79,893	77,309

아래 차트는 상품 항목의 데이터 계열 수가 많기 때문에 X축이 상품명으로 지정됩니다. 데이터를 먼저 지정하고 차트를 삽입하든, 차트를 삽입하고 데이터를 지정하든 X축이 지정되는 원리는 똑같습니다.

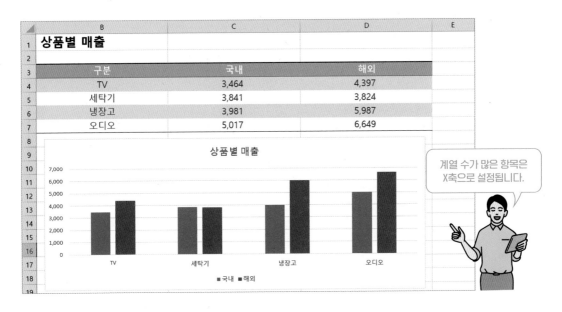

구분	국내	해외
TV	3,464	4,397
세탁기	3,841	3,824
냉장고	3,981	5,987
오디오	5,017	6,649

계열 수가 많은 항목은 X축으로 설정됩니다.

이미 만들어진 차트에서 X축과 Y축을 바꿀 수도 있습니다. 차트를 선택하면 [차트 디자인] 탭이 나타나고 [데이터] 그룹-[행/열 전환]을 클릭하면 X축과 Y축의 위치가 자동으로 바뀝니다.

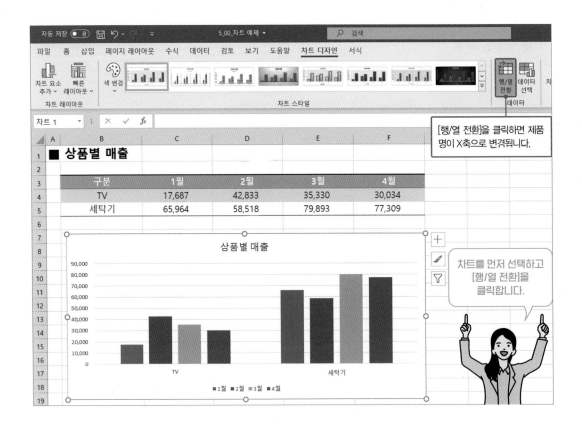

 친절한 Point Note **차트의 주요 영역 명칭 이해하기**

차트를 편집할 때는 차트의 각 영역에 별도로 서식을 지정할 일이 많습니다. 각 차트 영역의 명칭을 정확히 알아야 차트를 수정할 때 어려움이 없습니다.

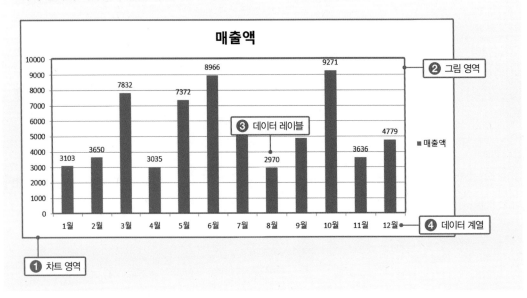

❶ 차트 영역 : 차트의 맨 바깥쪽 테두리로 차트를 삽입하면 표시되는 가장 큰 사각형 영역입니다.

❷ 그림 영역 : 차트 영역에서 차트가 표시되는 곳으로 제목, X축, Y축 등을 제외하고 차트가 표시되는 안쪽 사각형 영역입니다.

❸ 데이터 레이블 : 각 데이터값이 숫자로 표시되는 부분입니다. 데이터값 외에도 계열 이름 등 다른 내용을 입력할 수 있습니다.

❹ 데이터 계열 : 차트에서 각 항목명을 의미합니다.

차트를 마음대로 편집한다

차트는 삽입한 그대로 사용해도 되지만 필요에 맞게 편집할 수도 있습니다. 간단한 조작으로도 차트의 크기를 조절하거나 원하는 시트로 이동하는 등 기본적인 편집이 가능합니다.

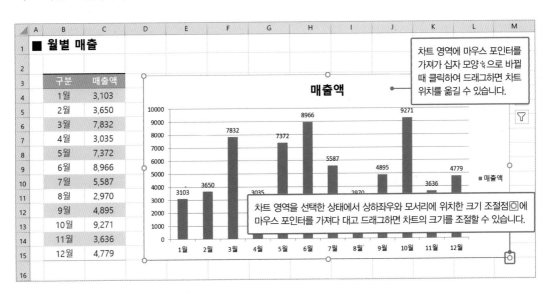

차트를 선택하면 화면 상단에 나타나는 [차트 디자인], [서식] 탭에서 세밀한 작업을 할 수 있습니다.

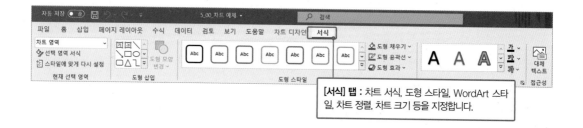

[서식] 탭 : 차트 서식, 도형 스타일, WordArt 스타일, 차트 정렬, 차트 크기 등을 지정합니다.

이미 삽입된 차트에 항목, 데이터 계열을 추가하거나 삭제하는 경우가 있습니다. 먼저 데이터가 입력된 표에 추가할 내용을 입력한 후 추가된 데이터의 범위를 복사한 후 차트 영역을 선택한 상태에서 붙여 넣으면 데이터 계열이 추가됩니다.

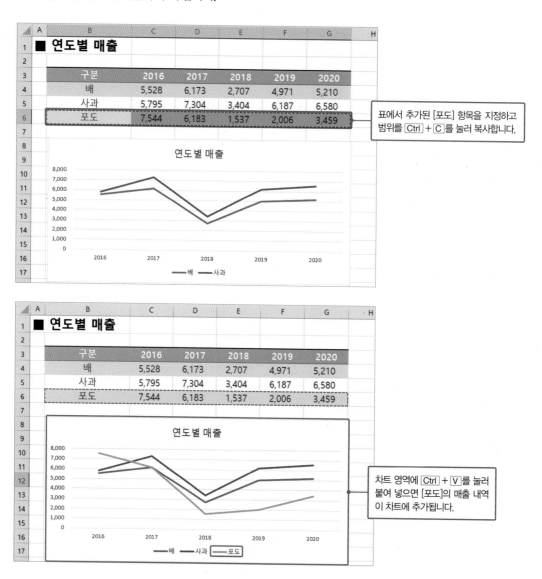

표에서 추가된 [포도] 항목을 지정하고 범위를 Ctrl + C를 눌러 복사합니다.

차트 영역에 Ctrl + V를 눌러 붙여 넣으면 [포도]의 매출 내역이 차트에 추가됩니다.

내용을 삭제하려면 차트가 선택된 상태에서 [차트 디자인] 탭-[데이터] 그룹-[데이터 선택]을 클릭합니다. [데이터 원본 선택] 대화상자가 나타나면 [범례 항목(계열)]에서 삭제할 항목을 클릭한 후 [제거]를 클릭합니다.

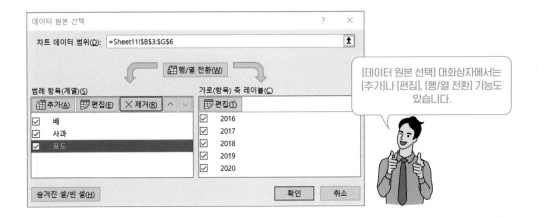

차트 영역만 인쇄할 수 있다

[파일] 탭-[인쇄]를 클릭한 후 미리 보기를 확인하면 표와 차트가 포함된 워크시트 문서 전체가 인쇄되는 것을 확인할 수 있습니다. 인쇄 설정에 필요한 나머지 옵션을 선택하는 방법은 일반적인 인쇄 옵션 선택 방법과 동일합니다.

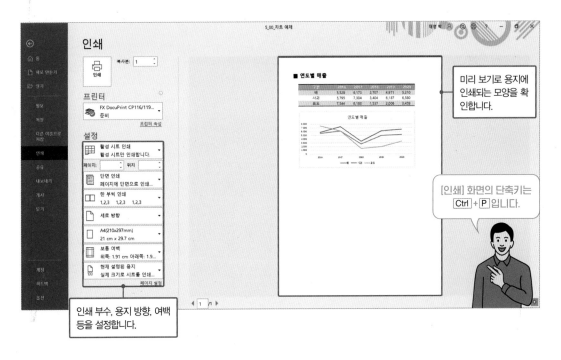

워크시트의 원본 데이터를 제외하고 차트만 인쇄할 수도 있습니다. 시트에서 차트 영역을 클릭하여 선택한 후 [파일] 탭-[인쇄]를 클릭합니다. 미리 보기에 차트 영역만 표시된 것을 확인합니다. 인쇄를 진행하려면 [인쇄]를 클릭합니다.

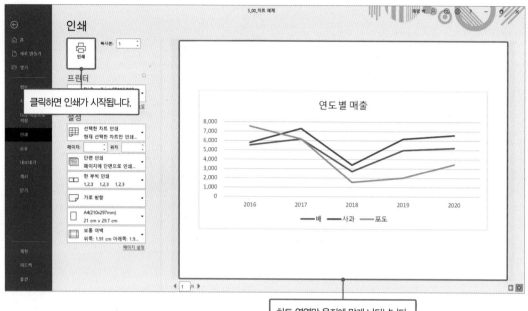

예제로 배워서 업무에 응용해보자!

상황에 어울리는 적절한 차트 구성하기

엑셀에서 차트를 삽입하는 기본 방법부터 배워보겠습니다. 차트는 각 상황에 맞게 적절하게 활용하는 것이 핵심입니다. 데이터를 비교할 경우 막대형 차트를 사용하고, 추세를 나타낼 때는 꺾은선형 차트를 자주 사용합니다. 그리고 구성 비율을 표현할 때에는 원형 혹은 도넛형 차트를 주로 이용합니다. 상황별 예제를 통해 적절한 차트를 삽입하는 방법을 알아보겠습니다.

STEP 01 | 데이터를 비교하는 막대형 차트 만들기

예제 파일 CHAPTER 05\01_월별 매출.xlsx

막대형 차트는 일반적으로 가장 많이 사용하는 차트입니다. 계열 수가 비교적 적은 월별 또는 연도별 데이터를 나타낼 때는 세로 막대형 차트를 많이 사용합니다. [세로막대형 차트] 시트에서 작업합니다.

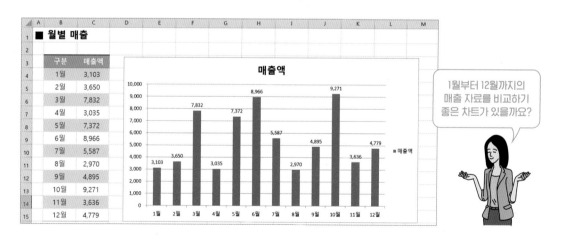

1월~12월 매출 자료와 같은 간단한 표는 세로 막대형 차트로 그리는 것이 가장 보기 좋습니다. 데이터 레이블을 설정하면 막대마다 정확한 수치를 표시할 수도 있습니다.

01 [B3:C15] 범위를 지정합니다.

02 [삽입] 탭-[차트] 그룹-[세로 또는 가로 막대형 차트 삽입 🔳]를 클릭합니다. [2차원 세로 막대형]-[묶은 세로 막대형]을 클릭합니다. 삽입된 차트의 상하좌우 혹은 모서리의 크기 조절 핸들 을 드래그하여 차트 크기를 조절합니다.

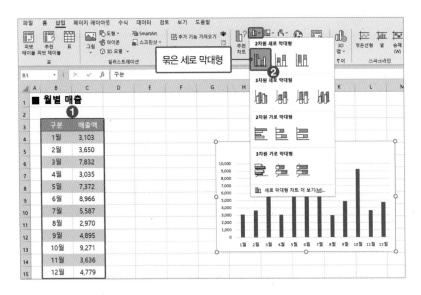

TIP 엑셀 2010 버전에서는 [세로 막대형]을 클릭한 후 [2차원 세로 막대형]-[묶은 세로 막대형]을 클릭합니다.

03 차트 영역이 선택된 상태에서 [차트 디자인] 탭-[차트 레이아웃] 그룹-[차트 요소 추가]를 클릭하고 [데이터 레이블]-[바깥쪽 끝에]를 클릭합니다.

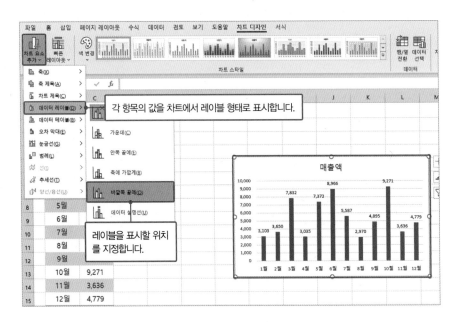

TIP 엑셀 2010 버전에서는 [레이아웃] 탭-[레이블] 그룹-[데이터 레이블]-[바깥쪽에]를 클릭합니다.

이번에는 5년간의 연도별 온라인 매출과 오프라인 매출을 하나의 차트로 표현하려고 합니다.

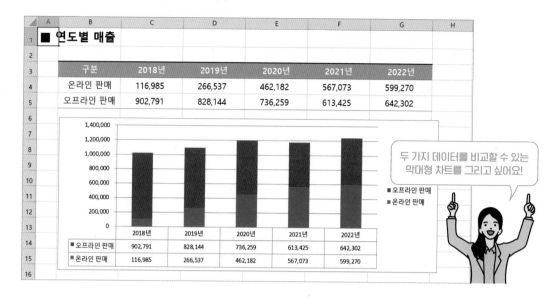

위 데이터에서 온라인 및 오프라인 매출의 비중을 비교하려고 합니다. 이때는 두 가지 값을 하나의 막대로 표현해 비교할 수 있는 누적 세로 막대형 차트를 활용하면 좋습니다. 차트 아래에 원본 데이터를 표 형식으로 함께 표시해보겠습니다. [누적세로막대형 차트] 시트에서 작업합니다.

01 [B3:G5] 범위를 지정합니다. [삽입] 탭-[차트] 그룹-[세로 또는 가로 막대형 차트 삽입🔢]을 클릭한 후 [2차원 세로 막대형]-[누적 세로 막대형]을 클릭합니다. 차트가 삽입되면 위치와 크기를 적절히 조절합니다.

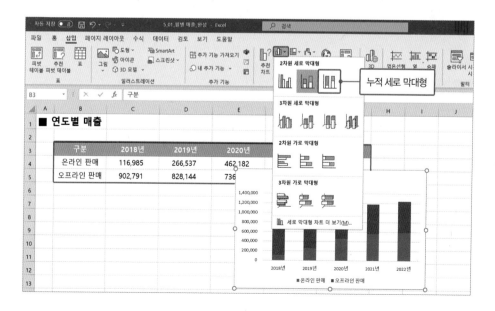

02 차트 영역을 선택한 상태에서 [차트 디자인] 탭-[차트 레이아웃] 그룹-[차트 요소 추가]를 클릭하고 [데이터 레이블]-[범례 표지 포함]을 클릭합니다.

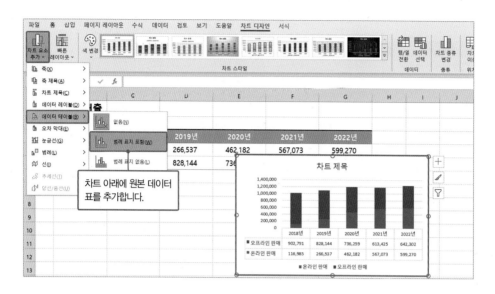

STEP 02 추세를 나타내는 꺾은선형 차트 만들기

예제 파일 CHAPTER 05\02_일별 매출.xlsx

전체 데이터의 추세가 중요할 경우 꺾은선형 차트를 사용합니다. 원본 데이터에 함수를 사용해 이동평균 추세를 함께 나타내거나 데이터 계열의 최댓값을 자동으로 표시할 수 있습니다. 먼저 일별 매출자료 데이터를 가지고 매출 추세를 나타내는 차트를 만들어보겠습니다.

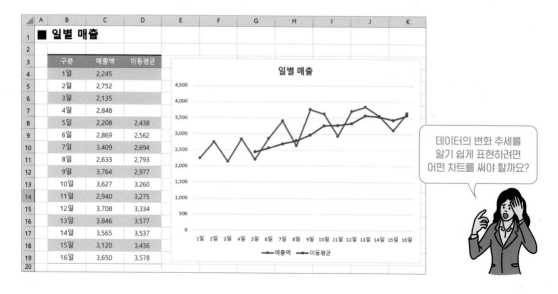

일별 또는 시간대별 데이터를 꺾은선형 차트로 표현할 때 데이터의 변동폭이 크면 전체 추세를 파악하기 어렵습니다. 이때 이동평균을 이용하면 매출이 날마다 어떻게 변동했는지 확인하는 기준이 되므로 전체 추세를 파악하기 좋습니다. 이동평균이란 3일이나 7일 등 특정 기간 동안의 데이터 평균값을 말합니다. 이동평균은 원본 데이터 표에서 AVERAGE 함수를 활용해 구합니다. [꺾은선형 차트] 시트에서 작업합니다.

01 [D8] 셀에 **=AVERAGE(C4:C8)**를 입력합니다. [D8] 셀의 채우기 핸들▉을 아래로 드래그하여 [D9:D19] 범위에 수식을 붙여 넣습니다.

02 [B3:D19] 범위를 지정한 후 [삽입] 탭-[차트] 그룹-[꺾은선형 또는 영역 형 차트 삽입▨]을 클릭한 후 [2차원 꺾은선형]-[표식이 있는 꺾은선형]을 클릭합니다. 차트 크기와 위치를 적절히 조절합니다.

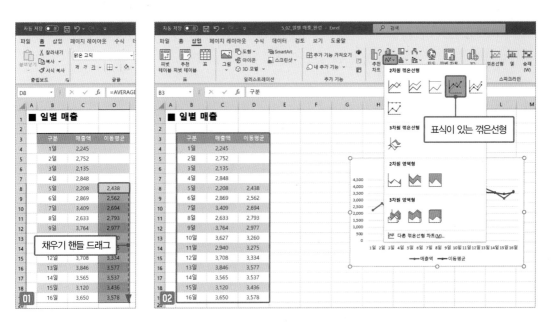

TIP 여기서는 5일 이동평균을 구했으므로 [D4] 셀이 아닌 [D8] 셀부터 평균값을 구했습니다. [D8] 셀은 1일~5일 사이의 평균, [D9] 셀은 2일~6일 사이의 평균, [D10] 셀은 3일~7일 사이의 평균입니다. 각 셀에 최근 5일간 평균 값을 계산하는 것으로, 만일 3일 이동평균을 구하려면 [D6] 셀에 **=AVERAGE(C4:C6)**를 입력한 후 [D7:D19] 범위에 수식을 붙여 넣으면 됩니다.

다음 그림처럼 차트에 최댓값을 표시할 수도 있습니다. [최댓값 표시] 시트에서 작업합니다.

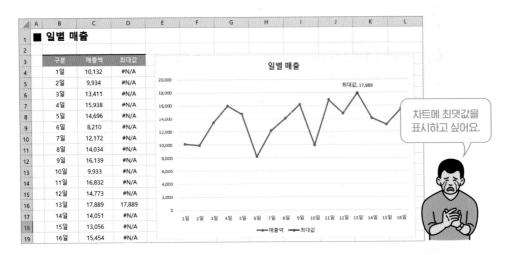

차트에 최댓값과 최솟값을 표시하면 일일이 값을 비교하지 않아도 변동폭을 금방 알 수 있어 편리합니다. 데이터의 최댓값을 구하려면 MAX 함수를, 최솟값을 구하려면 MIN 함수를 사용합니다.

01 [D4] 셀에 **=IF(MAX($C$4:$C$19)=C4,C4,NA( ))**를 입력한 후 [D4] 셀의 채우기 핸들🔲을 아래로 드래그하여 [D5:D19] 범위에 수식을 붙여 넣습니다.

02 [B3:D19] 범위를 지정한 후 [삽입] 탭–[차트] 그룹–[꺾은선형 또는 영역 형 차트 삽입📈]을 클릭하고 [2차원 꺾은선형]–[표식이 있는 꺾은선형] 차트를 클릭합니다. 차트 크기와 위치를 적절히 조절합니다.

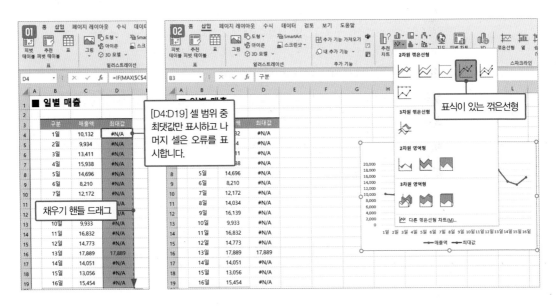

TIP [D4] 셀에 입력한 수식 **=IF(MAX($C$4:$C$19)=C4,C4,NA( ))**는 [C4] 셀값이 [C4:C19] 범위 내에서 최댓값일 경우 [C4] 셀값을 표시하고, 아닐 경우 #N/A 오류를 표시하라는 의미입니다. NA 함수는 인수 없이 **=NA( )** 형태로 사용하며 #N/A 오류를 반환하는 함수입니다.

03 차트의 최댓값 표식을 선택한 상태에서 [차트 디자인] 탭-[차트 레이아웃] 그룹-[차트 요소 추가]를 클릭하고 [데이터 레이블]-[기타 데이터 레이블 옵션]을 클릭합니다.

04 [데이터 레이블 서식] 작업 창이 나타나면 [레이블 내용] 항목의 [계열 이름]과 [값]에 각각 체크합니다.

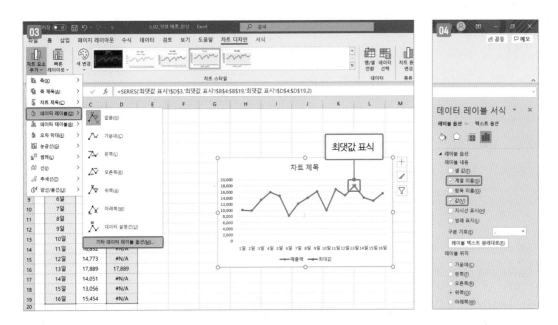

05 [레이블 위치] 항목의 [위쪽]을 클릭한 후 오른쪽 상단의 [닫기✕]를 클릭하여 [데이터 레이블 서식] 작업 창을 닫습니다.

06 [차트 디자인] 탭-[차트 레이아웃] 그룹-[차트 요소 추가]를 클릭하고 [차트 제목]-[차트 위]를 클릭한 후 차트 제목을 직접 입력합니다. 제목은 **일별 매출**로 입력했습니다.

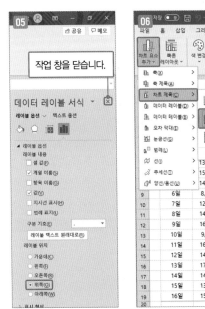

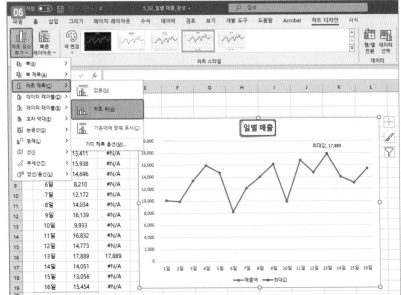

구성 비율을 표현하는 원형 차트 만들기

예제 파일 CHAPTER 05\03_구성 비율.xlsx

전체 데이터에서 개별 항목들의 구성 비율을 나타낼 때는 원형 차트를 사용하는 것이 효율적입니다. 여러 항목 중에서 비중이 낮은 항목들은 기타 항목으로 묶어서 별도로 표시할 수도 있습니다.

다음은 직급별 인원 구성을 차트로 나타내는 방법입니다. [직급별인원구성] 시트에서 작업합니다.

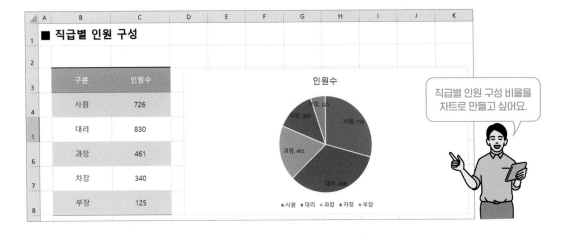

직급별 인원수를 입력한 표로 전체 인원 중 각 직급이 차지하는 비중을 나타내는 차트를 삽입하려고 합니다. 이때는 구성 비율을 표시할 수 있는 원형 차트가 유용합니다.

01 [B3:C8] 범위를 지정합니다. [삽입] 탭-[차트] 그룹-[원형 또는 도넛형 차트 삽입📊]을 클릭하고 [2차원 원형]-[원형] 차트를 클릭합니다. 차트 크기를 적절히 조절합니다.

02 차트 영역이 선택된 상태에서 [차트 디자인] 탭-[차트 레이아웃] 그룹-[차트 요소 추가]를 클릭하고 [데이터 레이블]-[기타 데이터 레이블 옵션]을 클릭합니다.

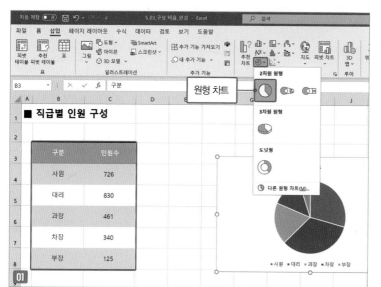

03 [데이터 레이블 서식] 작업 창에서 [레이블 내용] 항목의 [항목 이름]과 [값]에 각각 체크하고 [레이블 위치] 항목에서 [안쪽 끝에]를 클릭합니다. 오른쪽 상단의 [닫기☒]를 클릭하여 [데이터 레이블 서식] 작업 창을 닫습니다.

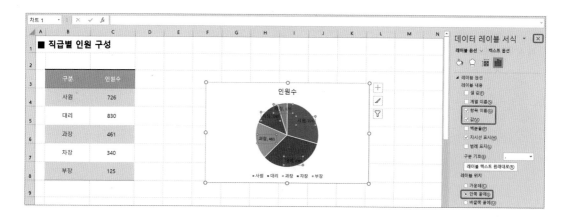

다음과 같이 지역별 매출 구성을 원형 차트와 가로 막대형 차트로 나타낼 수도 있습니다.

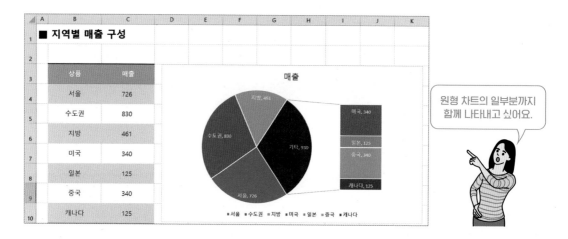

위 표와 같이 기타에 포함된 자잘한 데이터의 값까지 별도로 확대 표시할 때 적당한 차트가 있습니다. 원형 대 원형 또는 원형 대 가로 막대형 차트를 이용하면 확대해서 보여줄 수치를 별도로 구분해 구성 비율을 상세하게 나타낼 수 있습니다. [지역별매출구성] 시트에서 작업합니다.

01 [B3:C10] 범위를 지정한 후 [삽입] 탭–[차트] 그룹–[원형 또는 도넛형 차트 삽입📊]을 클릭하고 [2차원 원형]–[원형 대 가로 막대형]를 클릭합니다. 차트 크기를 조절한 후 차트의 원형 부분을 더블클릭합니다.

02 화면 오른쪽에 나타나는 [데이터 요소 서식] 작업 창의 계열 옵션 항목에서 [계열 분할]을 [위치] 로 선택하고, [둘째 영역 값]에 **4**를 입력합니다. 오른쪽 상단의 [닫기❌]를 클릭하여 [데이터 계열 서식] 작업 창을 닫습니다.

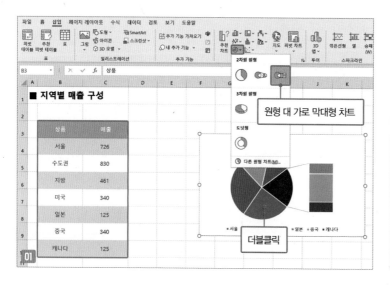

03 데이터 계열이 선택된 상태에서 [차트 디자인] 탭–[차트 레이아웃] 그룹–[차트 요소 추가]를 클릭하고 [데이터 레이블]–[기타 데이터 레이블 옵션]을 클릭합니다.

04 [데이터 레이블 서식] 작업 창의 [레이블 내용] 항목에서 [항목 이름]과 [값]에 각각 체크하고, [레이블 위치] 항목의 [안쪽 끝에]를 클릭합니다. 오른쪽 상단의 [닫기✕]를 클릭하여 [데이터 레이블 서식] 작업 창을 닫습니다.

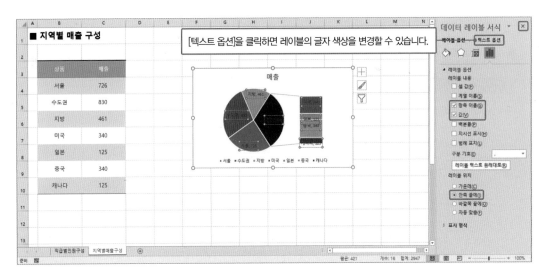

TIP [데이터 계열 서식] 작업 창의 [둘째 영역 값]을 **4**로 지정하면 차트의 원본 데이터 값들 중 하위 네 개 항목인 미국, 일본, 중국, 캐나다의 매출은 기타 계열로 표시됩니다. 만일 이 값을 **5**로 지정할 경우 지방의 매출도 기타 계열에 포함됩니다.

본격
실습

다양한 모양의 차트 작성하기

차트를 보다 다양하게 작성하는 기법을 알아보겠습니다. 막대형과 꺾은선형의 혼합 차트를 만드는 방법, REPT 함수, 스파크라인 등을 활용하여 차트를 구현하는 방법, 두 개의 차트를 하나의 차트처럼 구성하는 방법 등을 활용하면 실무에 매우 유용하게 적용할 수 있습니다.

STEP 01 | 막대형과 꺾은선형의 혼합 차트 만들기

예제 파일 CHAPTER 05\04_혼합차트.xlsx

하나의 차트에 두 개의 데이터 계열을 참조해 막대형과 꺾은선형 차트를 한번에 삽입할 수 있습니다. 특히 이 방법은 두 데이터의 단위가 서로 다를 때 사용하면 효과적입니다. [혼합 차트] 시트에서 작업합니다.

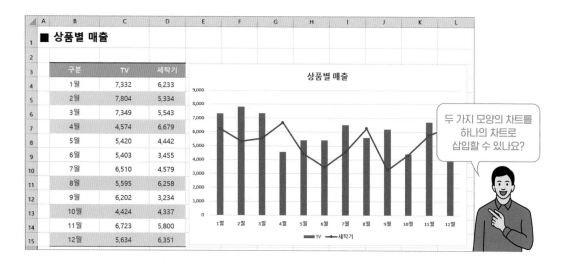

두 개의 데이터 계열을 다른 모양의 차트로 삽입하면 서로 구분하기 쉽습니다. 여기서는 TV의 매출은 막대형 차트로, 세탁기의 매출은 꺾은선형 차트로 만들어보겠습니다.

01 [B3:D15] 범위를 지정합니다. [삽입] 탭-[차트] 그룹-[콤보 차트 삽입📊]을 클릭한 후 [혼합]-[묶은 세로 막대형-꺾은선형]을 클릭합니다.

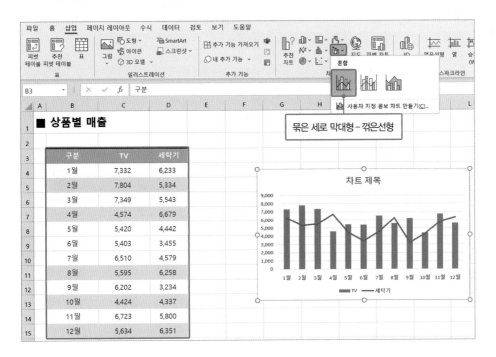

02 차트의 크기와 위치를 조절하고 차트 제목을 클릭한 후 **상품별 매출**을 입력합니다.

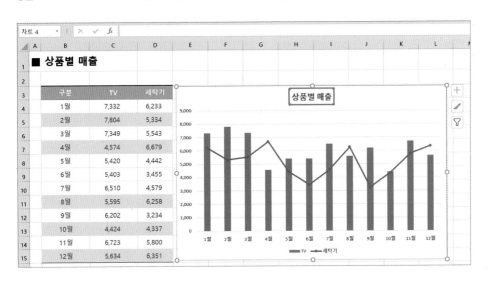

혼합 차트를 만들 때는 두 개의 데이터 계열의 단위가 다른 경우가 많습니다. 가령 특정 회사의 매출액과 점유율을 하나의 차트로 나타내려면, 원 단위로 표시되는 매출액과 퍼센트(%) 단위로 표시되는 점유율을 구분하는 별도의 축을 삽입해야 차트를 이해하기 쉽습니다.

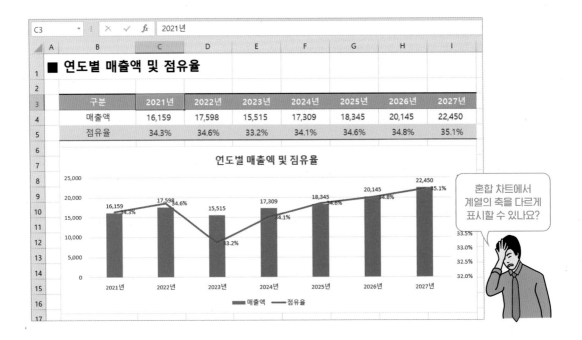

이처럼 혼합 차트에서 두 개의 데이터 계열 단위를 별도의 축으로 다르게 설정할 수 있습니다. 만드는 방법은 다음과 같습니다. [보조축분리] 시트에서 작업합니다.

01 [B3:I5] 범위를 지정합니다. [삽입] 탭–[차트] 그룹–[콤보 차트 삽입📊]을 클릭한 후 [혼합]–[묶은 세로 막대형–꺾은선형, 보조 축]을 클릭합니다.

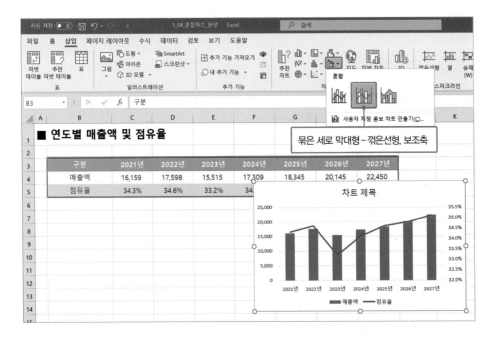

02 차트 크기와 위치를 조절합니다. 차트를 선택한 상태에서 [차트 디자인] 탭-[차트 레이아웃] 그룹-[차트 요소 추가]를 클릭하고 [데이터 레이블]-[바깥쪽 끝에]를 클릭합니다.

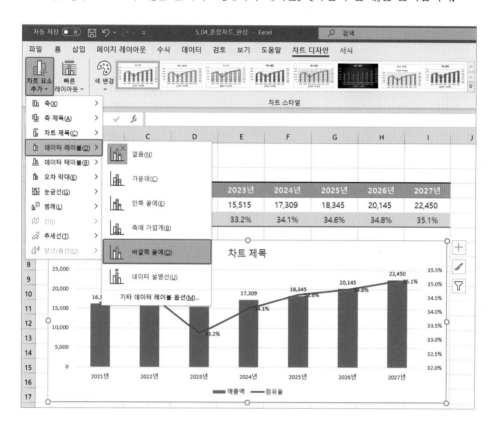

STEP 02   **엑셀의 다른 기능을 이용하여 차트 구현하기**

예제 파일 CHAPTER 05\05_차트 효과.xlsx

엑셀에서는 차트 그리기 기능 외에도 차트와 비슷한 효과를 나타낼 수 있는 기능이 있습니다. 대표적으로 REPT 함수를 이용하는 방법과 스파크라인 기능이 있습니다. 두 방법 모두 차트와 비슷한 효과를 구현할 수 있습니다.

먼저 REPT 함수를 이용하여 차트 효과를 나타내는 방법부터 알아보겠습니다. 사원별 매출목표가 입력된 표에서 각 사원의 매출 달성률을 차트처럼 만들어보겠습니다. [REPT 함수] 시트에서 작업합니다.

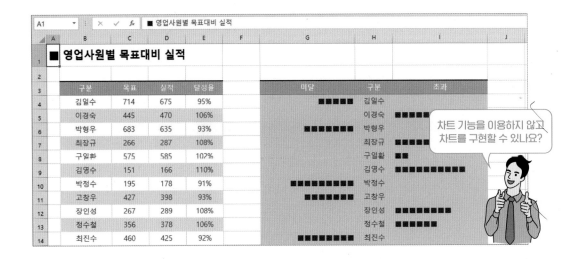

REPT 함수는 특정 문자열을 지정한 수만큼 반복해 나타내는 함수입니다. 영업사원별 실적을 나타낼 때 각 셀에 함수를 입력하여 특정 문자열을 표시함으로써 간단한 차트를 만들 수 있습니다.

01 [G4] 셀에 **=IF(E4<1,REPT("■",ROUND(E4*100−100,0)),"")**을 입력합니다. [G4]의 채우기 핸들■을 아래로 드래그하여 [I5:I15] 범위에 수식을 붙여 넣습니다.

02 [G4:G15] 범위를 지정한 상태에서 [홈] 탭−[맞춤] 그룹−[오른쪽 맞춤▤]을 클릭합니다.

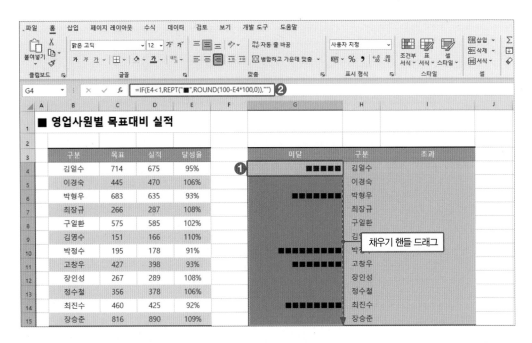

TIP [G4:G15] 범위에서 달성률이 미달한 숫자만큼 ■ 기호가 표시됩니다. 예를 들어 달성률 95%는 미달한 5%에 해당하는 ■ 기호가 5개(위의 표), 달성률 80%는 미달한 20%에 해당하는 ■ 기호가 20개(오른쪽 위의 표)로 표시됩니다.

03 [I4] 셀에 **=IF(E4>1,REPT("■",ROUND(E4*100-100,0)),"")**을 입력합니다. [I4]의 채우기 핸들 ⬚을 아래로 드래그하여 [I5:I15] 범위에 수식을 붙여 넣습니다.

04 [I4:I15] 범위를 지정한 상태에서 [홈] 탭-[맞춤] 그룹-[왼쪽 맞춤▤]을 클릭합니다.

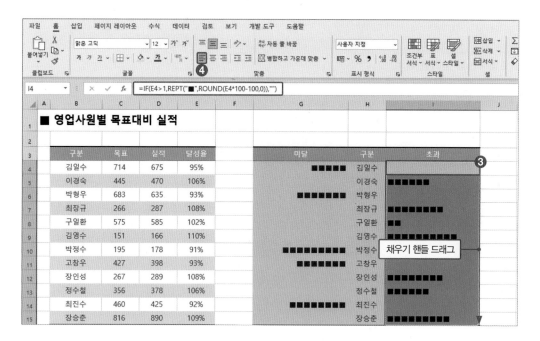

이번에는 스파크라인 기능을 이용하여 차트를 그리는 방법을 알아보겠습니다.

스파크라인은 한 행 또는 열 구조로 되어 있는 데이터 값을 참조해 셀 안에 막대형 또는 꺾은선형 차트로 표시하여 전체 데이터의 추세만 간단히 보여주는 기능입니다. 스파크라인을 이용해 영업사원별 실적을 나타내보겠습니다. [스파크라인] 시트에서 작업합니다.

01 [G4:G15] 범위를 지정하고 [삽입] 탭–[스파크라인] 그룹–[꺾은선형]을 클릭합니다.

02 [스파크라인 만들기] 대화상자의 [데이터 범위]에 [C4:F15] 범위를 지정한 후 [확인]을 클릭합니다.

TIP [G4:G15] 범위를 지정한 상태에서 스파크라인을 삽입했으므로 [스파크라인 만들기] 대화 상자의 [위치 범위]에는 자동으로 $G$4:$G$15가 입력되어 있습니다.

두 개의 차트를 하나처럼 표시하기

예제 파일 CHAPTER 05\06_이중 차트.xlsx

두 개의 차트를 별도로 그려서 마치 하나의 차트인 것처럼 만들 수 있습니다. 이러한 기법은 여러 데이터 계열 중 한두 개가 매우 큰 차트를 보완하거나 막대형 차트와 원형 차트를 합쳐서 하나로 보여주는 경우 등 여러 상황에 응용할 수 있습니다.

먼저 데이터의 편차가 큰 차트에 생략 표시를 그리는 방법입니다. [범위차이가 큰 차트] 시트에서 작업합니다.

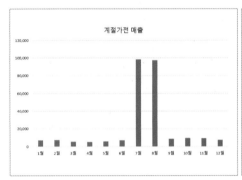
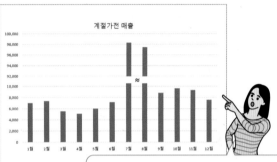

> 특정 월의 데이터만 값이 너무 커서 차트 모양이 이상해요. 물결 모양 등을 이용해서 데이터 막대의 중간 부분을 생략하고 싶어요.

에어컨처럼 여름에만 팔리는 계절 가전의 월별 매출 차트를 그리면 7월과 8월 매출이 다른 월에 비해 매우 크게 나타납니다. 데이터값의 차이가 너무 크면 값이 적은 계열의 수치가 잘 보이지 않아 추세를 파악하기 힘듭니다. 이럴 때는 물결 표시를 넣어 7월과 8월 데이터 막대의 중간 부분을 생략하는 것이 좋습니다. 하지만 엑셀에서는 데이터 막대의 중간 부분에 물결 표시하는 별도의 기능이 없으므로 차트를 두 개 만들고 하나의 차트처럼 보이게끔 정교하게 배치해야 합니다.

01 [B3:C15] 범위를 지정한 후 [삽입] 탭−[차트] 그룹−[세로 또는 가로 막 대형 차트 삽입🔢]을 클릭하고 [2차원 세로 막대형]−[묶은 세로 막대형]을 클릭합니다.

02 Y축 값을 더블클릭한 후 [축 서식] 작업 창의 [축 옵션]에서 [경계]−[최소값]에 **0**, [경계]−[최대값]에 **12000**, [단위]−[기본]에 **2000**을 각각 입력합니다.

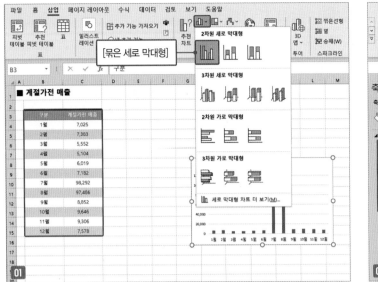

03 차트 영역의 크기를 2/3 정도로 줄여 표 아래에 옮겨 놓습니다. 다시 [B3:C15] 범위를 지정한 후 동일한 묶은 세로 막대형 차트를 하나 더 만듭니다. 새로 만든 차트에서 제목과 X축 값을 각각 선택하고 Delete 를 눌러 지웁니다.

04 Y축 값을 더블클릭한 후 [축 서식] 작업 창의 [축 옵션]에서 [경계]–[최소값]에 **92000**, [경계]–[최대값]에 **100000**, [단위]–[기본]에 **2000**을 각각 입력합니다.

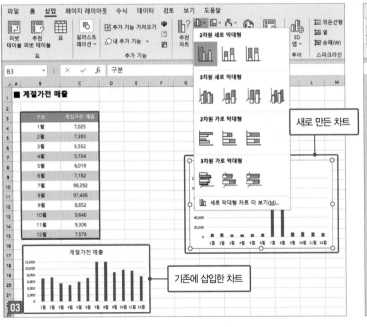
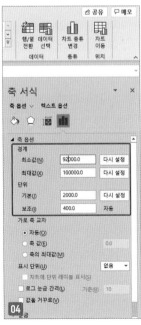

05 먼저 삽입한 차트를 확대하고 그림 영역의 상단 경계선을 아래로 드래그하여 크기를 줄입니다.

06 나중에 만든 차트의 크기를 적당히 조절한 후 먼저 만든 차트의 그림 영역 상단에 배치합니다. 두 차트 영역 사이에 텍스트 상자를 넣고 물결 표시를 입력해서 생략된 부분임을 표시합니다.

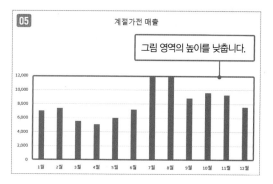

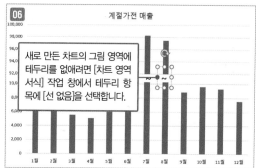

TIP 물결 표시는 [삽입] 탭 – [텍스트] 그룹 – [텍스트 상자]를 클릭한 후 삽입된 텍스트 상자에서 Shift + ~ 를 누르면 삽입할 수 있습니다. 이런 식으로 물결 표시 두 개를 만들어 나란히 배치합니다.

이번에는 막대형 차트와 원형 차트를 한 차트에 나타내는 방법에 대해 알아보겠습니다.

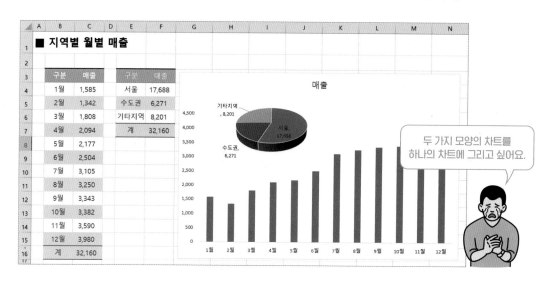

월별 매출과 지역별 매출은 각각 적당한 형태의 차트를 선택해 개별적으로 만드는 것이 좋습니다. 하지만 보고서나 발표 자료에서 보여줄 때는 하나의 문서에 작성하는 경우도 있습니다. 각각의 차트를 만들고 하나로 합쳐보겠습니다. [두개의 차트 혼합] 시트에서 작업합니다.

01 [B3:C15] 범위를 지정한 후 [삽입] 탭-[차트] 그룹-[세로 또는 가로 막대 형 차트 삽입]을 클릭하고 [2차원 세로 막대형]-[묶은 세로 막대형]을 클릭합니다.

02 차트 크기를 조절하고 Y축 주 눈금선을 선택한 상태에서 Delete 를 눌러 삭제합니다.

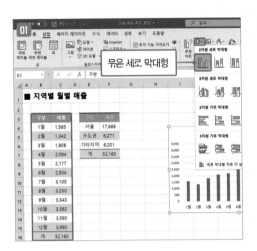
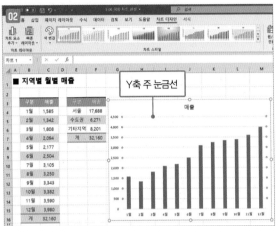

03 [E4:F6] 범위를 지정한 후 [삽입] 탭-[차트] 그룹-[원형 또는 도넛형 차트 삽입]을 클릭하고 [3차원 원형]을 클릭합니다.

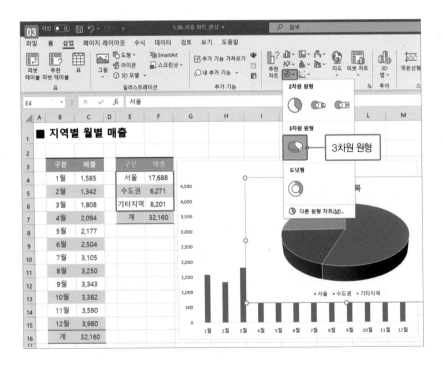

04 삽입된 원형 차트의 제목, 범례, 테두리 등을 각각 선택한 후 삭제합니다.

05 원형 차트를 선택한 상태에서 [차트 디자인] 탭-[차트 레이아웃] 그룹-[차트 요소 추가]를 클릭하고 [데이터 레이블]-[기타 데이터 레이블 옵션]을 클릭합니다. [레이블 내용] 항목의 [항목 이름]과 [값]에 각각 체크합니다. 원형 차트 크기를 적당히 조절하여 막대형 차트 위에 겹치도록 배치합니다.

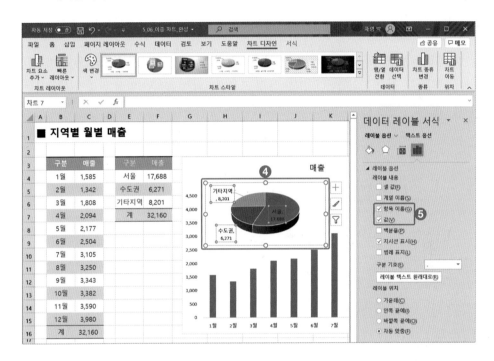

차트를 활용해
다양하게 실무에 응용하기

업무를 진행할 때 목표를 정하고 실적에 따른 연간 진도율을 나타내려면 막대형 차트와 원형 차트를 응용하여 만들어 관리하는 것이 편리합니다. 또한 특정 프로젝트의 효율적인 일정 관리에 사용하는 간트 차트도 엑셀 차트로 구현할 수 있습니다.

STEP 01　목표 관리를 위한 차트 만들기

예제 파일 CHAPTER 05＼07_목표 관리.xlsx

보고서에서 목표 대비 실적을 보여줄 때는 단순한 표 데이터보다 차트로 보여주는 것이 훨씬 효과적입니다. 이 경우 막대형 차트 또는 원형 차트를 응용하면 목표 달성률을 보기 쉽게 표현할 수 있습니다. 먼저 막대형 차트를 응용하여 목표 달성률을 표시하는 방법을 알아보겠습니다.

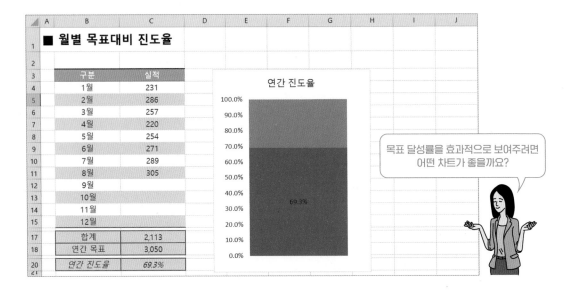

막대형 차트를 이용하면 현재 시점까지의 목표 달성률을 쉽게 보여줄 수 있습니다. 이 차트는 월별 실

적을 합해 목표 달성률 100% 기준으로 연간 진도율을 표시하는 차트입니다. 연간 목표가 있고 8월까지의 목표 달성률이 입력된 표로 막대형 차트를 만들어보겠습니다. [막대형 차트] 시트에서 작업합니다.

01 [B20:C20] 범위를 지정한 후 [삽입] 탭-[차트] 그룹-[세로 또는 가로 막 대형 차트 삽입📊]을 클릭하고 [2차원 세로 막대형]-[묶은 세로 막대형]을 클릭합니다.

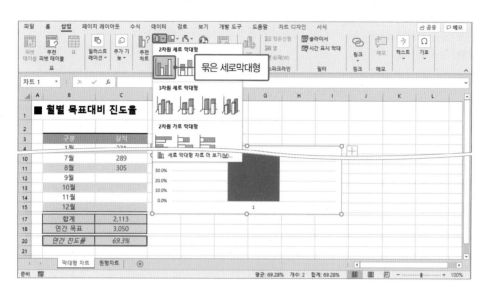

02 차트 크기를 조절합니다. 차트의 X축을 클릭하고 Delete 를 눌러 삭제합니다. Y축을 더블클릭한 후 [축 서식] 작업 창의 [축 옵션]에서 [경계]-[최소값]에 **0**을, [최대값]에 **1**을 입력합니다.

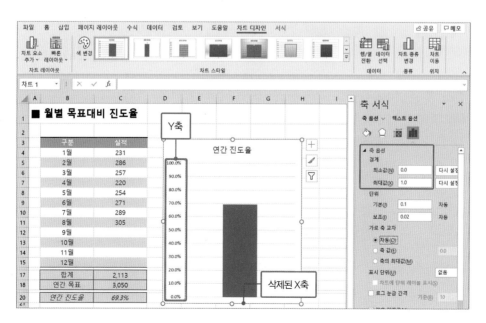

03 차트의 Y축 주 눈금선을 클릭하고 [Delete]를 눌러 삭제합니다. 데이터 막대를 더블클릭한 후 [데이터 요소 서식] 작업 창의 [계열 옵션]을 클릭하고 [간격 너비]에 **0**을 입력합니다.

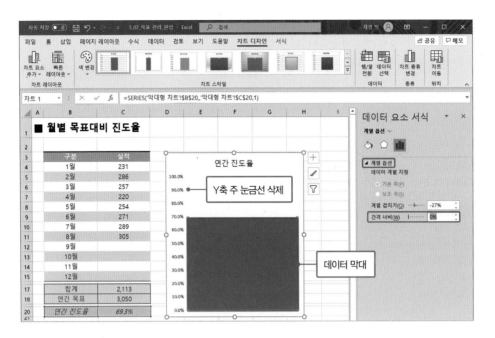

04 차트의 그림 영역을 더블클릭합니다. [그림 영역 서식] 작업 창의 [채우기 및 선]–[채우기]를 클릭하고 [단색 채우기]를 클릭한 후 [색]을 [흰색, 배경 1, 35% 더 어둡게]로 지정합니다.

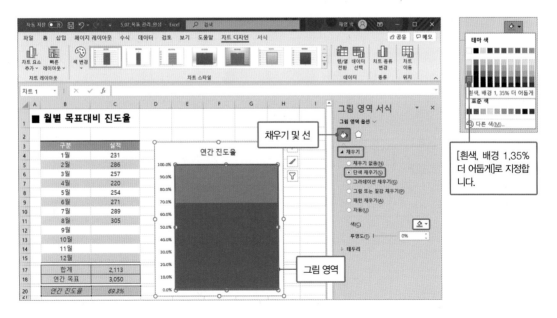

05 데이터 막대를 클릭한 후 [차트 디자인] 탭-[차트 레이아웃] 그룹-[차트 요소 추가]를 클릭하고 [데이터 레이블]-[가운데]를 클릭합니다.

TIP [C17] 셀에는 실적 합계를 계산하기 위한 수식 **=SUM(C4:C15)**가 입력되어 있고, [C20] 셀에는 연간 목표에 따른 진도율을 계산하기 위한 수식 **=C17/C18**이 입력되어 있습니다.

원형 차트를 응용하여 연간 진도율을 표현할 수도 있습니다. [원형 차트] 시트에서 작업합니다.

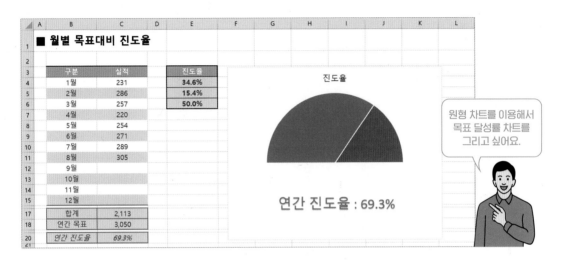

원형 차트를 응용해 마치 자동차의 속도계처럼 반원 그래프를 삽입해 전체 목표 대비 진도율을 표시하는 기법입니다. 만드는 방법은 다음과 같습니다.

01 원형 차트를 삽입하기 위해 [E3:E6] 범위에 수식을 입력합니다. 반원 형태로 그려야 하기 때문에 [E4] 셀에 **=MIN(C20,100%)/2**를, [E5] 셀에는 **=50%-E4**를 입력하고, [E6] 셀에는 **50%**를 각각 입력합니다.

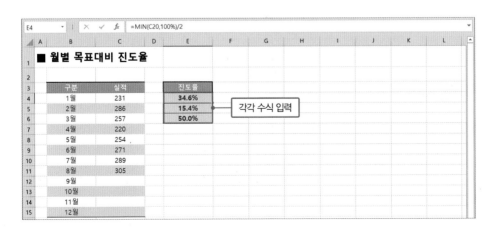

02 [E3:E6] 범위를 지정한 후 [삽입] 탭-[차트] 그룹-[원형 또는 도넛형 차트 삽입🔘]을 클릭하고 [2차원 원형]-[원형]을 클릭합니다.

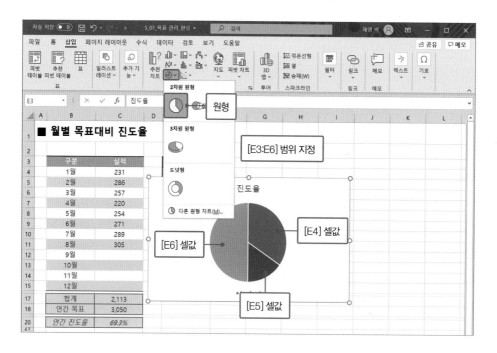

03 원형 차트를 더블클릭한 후 [데이터 계열 서식] 작업 창에서 [계열 옵션]을 클릭하고 [첫째 조각의 각]에 **270**을 입력합니다.

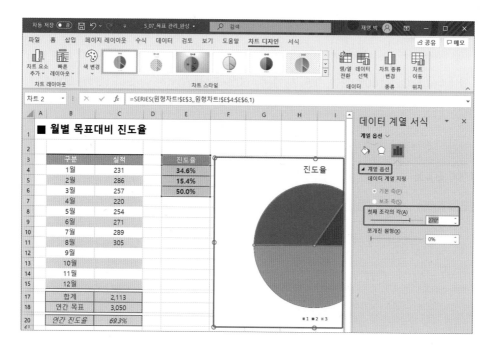

04 원형 차트의 아래 50% 계열 부분을 더블클릭한 후 [데이터 요소 서식] 작업창에서 [채우기]를 클릭하고 [채우기 없음]을 클릭합니다. 차트의 범례를 삭제합니다. 필요에 따라 텍스트 상자로 진도율을 표시하여 차트를 완성합니다.

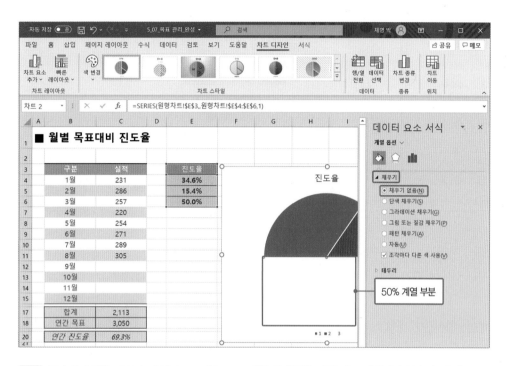

> **TIP** [E4] 셀 수식을 **=C20/2**가 아닌 **=MIN(C20,100%)/2**를 입력한 이유는 [C20] 셀값의 연간 진도율이 100%를 초과하더라도 반원으로 된 차트 모양이 이상하게 변형되는 것을 방지하기 위해서입니다.

STEP 02   일정 관리를 위한 차트 만들기

예제 파일 CHAPTER 05\08_간트 차트.xlsx

간트 차트는 특정 프로젝트의 일정을 관리할 때 많이 사용하는 차트입니다. 엑셀에서 제공하는 차트 종류 중에는 간트 차트가 없지만 가로 막대형 차트를 응용하면 만들 수 있습니다. 다음 예제에서는 신상품 프로모션과 관련된 프로젝트 일정을 관리하는 간트 차트를 만들어보겠습니다.

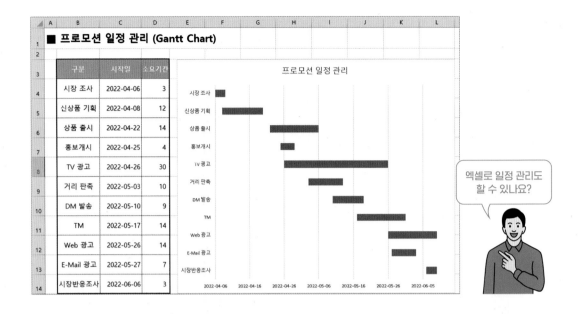

특정 신상품의 사전 시장 조사부터 신상품 기획, 출시, 홍보, 출시 후 시장 반응 조사에 이르기까지 정해진 일정과 업무에 따라 프로젝트를 관리하기 위한 간트 차트를 그려보겠습니다.

01 [B3:C14] 범위를 지정한 상태에서 [삽입] 탭-[차트] 그룹-[세로 또는 가로 막대형 차트 삽입🔳] 을 클릭하고 [2차원 가로 막대형]-[누적 가로 막대형]을 클릭합니다.

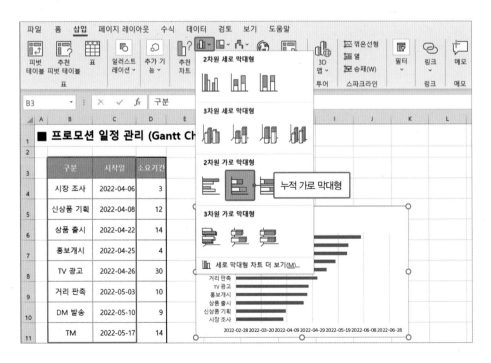

02 차트의 크기 및 위치를 조절하고 차트 제목을 **프로모션 일정 관리**로 입력합니다. [D3:D14] 범위를 Ctrl + C로 복사하고 차트 영역을 선택한 후 Ctrl + V를 눌러 붙여 넣습니다. 기존 [시작일] 데이터 막대에 [소요기간] 데이터 막대가 누적되어 추가됩니다.

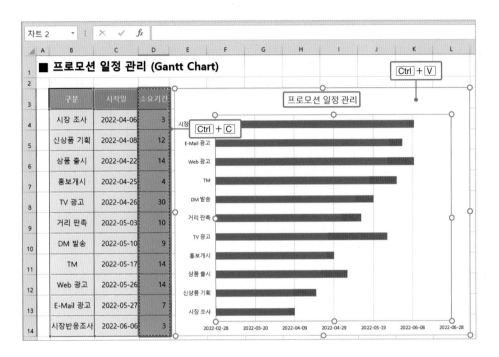

03 [시작일] 데이터 막대를 더블클릭합니다. [데이터 계열 서식] 작업 창의 [채우기]를 클릭한 후 [채우기 없음]을 클릭합니다. [테두리]를 클릭한 후 [선 없음]을 클릭합니다.

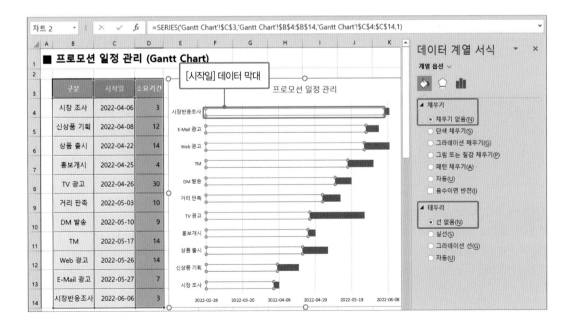

04 Y축을 더블클릭한 후 [축 서식] 작업 창의 [축 옵션]을 클릭합니다. [가로 축 교차] 항목의 [최대 항목]을 클릭하고, [축 위치] 항목은 [항목을 거꾸로]에 체크합니다.

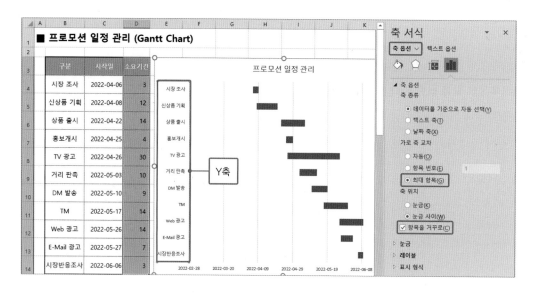

05 X축을 더블클릭합니다. [축 서식] 작업 창의 [축 옵션]에서 [경계]-[최소값]에 **44657**을 입력하고 [경계]-[최대값]에 **44721**을 입력합니다.

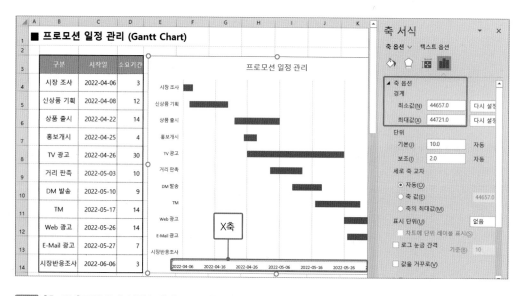

TIP [축 서식] 작업 창에서 [최소값]에 44657을 입력한 이유는 프로젝트 시작일 중 가장 빠른 날짜가 2022-04-06이므로 이 날짜의 고윳값을 입력한 것입니다. 프로젝트의 마지막 일정은 2022-06-06이며 이 일정은 소요 기간이 3일이므로 마지막 날짜는 2022-06-09가 됩니다. 따라서 [최대값]은 2022-06-09의 고윳값인 44721을 입력합니다. 날짜의 고윳값은 VALUE 함수를 이용하면 쉽게 알 수 있습니다. 예를 들어 빈 셀에 **=VALUE("2022-4-6")**를 입력하면 2022년 4월 6일에 대한 고윳값을 반환합니다.

배운 내용을 내 것으로 만들어보자!

핵심 내용 실습 점검

예제 파일 CHAPTER 05\09_학습점검.xlsx

01 일별 매출 자료를 기초로 표식이 있는 꺾은선형 차트를 작성하세요.

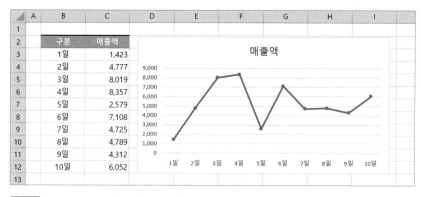

Help! 꺾은선형 차트는 [삽입] 탭–[차트] 그룹–[꺾은선형 또는 영역 형 차트 삽입 ☒]을 클릭하면 나타나는 목록에서 선택하면 됩니다. 위 그림의 차트는 [표식이 있는 꺾은선형]입니다. ▶p.254

02 상품별 매출 차트에 '냉장고' 데이터를 추가하세요.

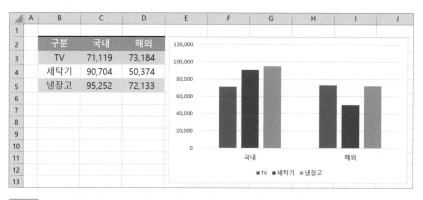

Help! 이미 삽입된 차트에 새로운 계열을 추가할 때는 추가할 범위(실습 예제에서는 [B5:D5] 범위)를 드래그해 지정하고 Ctrl +C를 눌러 복사합니다. 그리고 차트를 선택하고 Ctrl+V를 눌러 붙여 넣으면 간단히 처리할 수 있습니다. ▶p.248

03 상품별, 분기별 매출 자료를 기초로 누적 영역형 차트를 작성하세요.

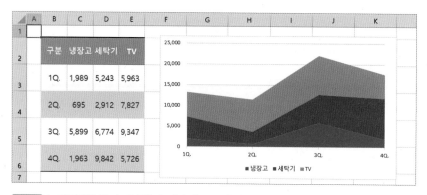

Help! 누적 영역형 차트는 [삽입] 탭 – [차트] 그룹 – [꺾은선형 또는 영역 형 차트 삽입⌧]을 클릭하고 [2차원 영역형] – [누적 영역형]을 클릭해 삽입할 수 있습니다.

04 월별 매출 자료를 기초로 세로 막대형 차트를 작성하세요.

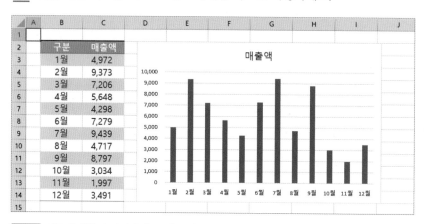

Help! 세로 막대형 차트는 [삽입] 탭 – [차트] 그룹 – [세로 또는 가로 막대형 차트 삽입⌧]을 클릭하고 [2차원 세로 막대형] – [묶은 세로 막대형]을 클릭해 삽입할 수 있습니다. ▶p.251

05 일별 매출 자료에서 3일 이동평균을 구하여 매출액과 이동평균을 꺾은선형 차트로 함께 표시하세요.

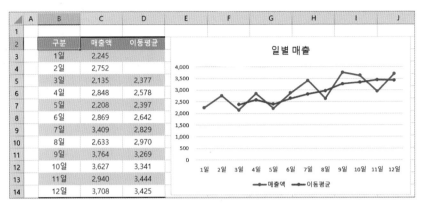

Help! 이동평균은 AVERAGE 함수를 이용해 구할 수 있으며, 이번 예제의 이동평균은 3일간의 데이터를 평균으로 구해야 하므로 [D3] 셀에 **=AVERAGE[C3:C5]**를 입력한 후 채우기 핸들▣을 더블클릭해 나머지 데이터도 완성할 수 있습니다. 이동평균을 구한 후 [표식이 있는 꺾은선형] 차트를 삽입하면 됩니다. ▶p.254

06 직급별 인원 구성 비율을 원형 차트로 작성하되, 차트 안에 직급 및 인원수를 표시하세요.

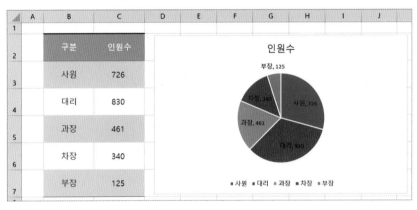

Help! [삽입] 탭 – [차트] 그룹 – [원형 또는 도넛형 차트 삽입◉]을 클릭하고 [2차원 원형] – [원형] 차트를 클릭합니다. 각 항목별 직급 및 인원을 표시하려면 [레이블 서식] 작업 창에서 [항목 이름]과 [값]에 체크합니다. ▶p.258

07 상품 A는 막대형 차트, 상품 B는 꺾은선형 차트로 표시해서 한 차트 안에 작성하세요.

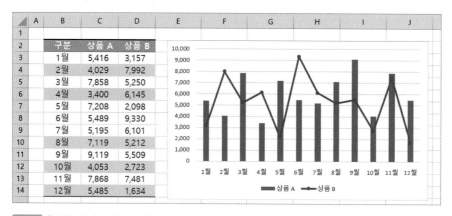

구분	상품 A	상품 B
1월	5,416	3,157
2월	4,029	7,992
3월	7,858	5,250
4월	3,400	6,145
5월	7,208	2,098
6월	5,489	9,330
7월	5,195	6,101
8월	7,119	5,212
9월	9,119	5,509
10월	4,053	2,723
11월	7,868	7,481
12월	5,485	1,634

Help! [삽입] 탭 – [차트] 그룹 – [콤보 차트 삽입 📊]을 클릭한 후 [묶은 세로 막대형–꺾은선형]을 클릭합니다. 상품 A 항목은 막대형 차트로, 상품 B 항목은 꺾은선형 차트로 설정합니다. ▶p.262

08 [G3:G10] 범위에 각 상품의 월별 매출 실적을 스파크라인(꺾은선형)으로 표시하세요.

구분	1월	2월	3월	4월	스파크라인 표시
상품 A	459	892	757	405	
상품 B	941	825	218	458	
상품 C	550	505	667	520	
상품 D	200	707	392	235	
상품 E	822	258	353	369	
상품 F	983	731	350	346	
상품 G	312	882	755	960	
상품 H	314	770	366	513	

Help! 스파크라인을 삽입할 범위를 드래그해 지정한 후 [삽입] 탭 – [스파크라인] 그룹 – [꺾은선형]을 클릭합니다. [스파크라인 만들기] 대화상자가 나타나면 [데이터 범위]에 삽입할 데이터 범위를 지정한 후 [확인]을 클릭합니다. ▶p.267

09 매출액 및 점유율 자료를 기초로 매출액은 세로 막대형(기본 축), 점유율은 꺾은선형(보조 축)으로 표시하세요.

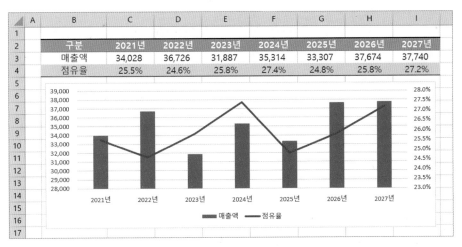

Help! 셀 서식의 [삽입] 탭 – [차트] 그룹 – [콤보 차트 삽입📊]을 클릭한 후 [묶은 세로 막대형–꺾은선형, 보조 축]을 클릭해 삽입합니다. 이때 점유율이 보조축이 되도록 설정해야 위 그림과 같은 차트를 삽입할 수 있습니다. ▶p.264

10 A팀과 B팀의 분기별 전년 대비 매출 자료를 하나의 막대형 차트로 표시하세요. 단, 각 매출액은 데이터 막대 가운데 지점에 표시합니다.

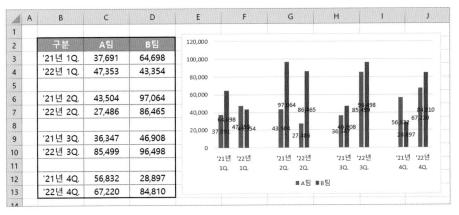

Help! 위 그림처럼 매출액을 삽입하려면 셀 서식의 [차트 디자인] 탭 – [차트 레이아웃] 그룹 – [차트 요소 추가]를 클릭하고 [데이터 레이블] – [가운데]를 클릭합니다. ▶p.251

다양한 업무 상황의 문제 해결 방법을 찾아보자!

실무 문제 해결 노트

Q 잘못 해서 차트의 행과 열을 바꾸어 삽입했어요. 이미 작성한 차트의 행과 열을 간단히 바꿀 수 있을까요?

행/열 전환 기능을 활용하여 차트의 X축과 Y축을 쉽게 바꿀 수 있습니다.　**A**

Q 차트를 삽입한 상태에서 새로운 데이터 계열을 추가하고 싶습니다. 쉽게 데이터 계열을 추가하는 방법이 있나요?

A 표에 추가한 데이터의 범위를 지정하고 복사한 뒤 차트 영역을 선택하고 붙여 넣으면 됩니다.

Q 전체 시트에서 차트만 인쇄하는 방법을 몰라 차트 크기를 조절하고 용지 크기도 조절했는데 잘 안 되네요. 차트만 간단히 출력할 수 있을까요?

차트 영역을 선택한 상태에서 　**A** [파일] 탭−[인쇄]를 선택하여 출력합니다.

Q 그려진 차트에 최댓값을 표시하려고 차트를 삽입한 후 최댓값 부분에 동그라미를 직접 그려 넣고 있습니다. 차트에서 최댓값을 자동으로 표시할 수 있나요?

A 데이터 계열에 MAX 함수를 활용하여 최댓값만 레이블에 표시하세요.

막대형과 꺾은선형 차트를 한 차트를 쉽게 만드는 방법이 있나요? **Q**

두 계열 모두 막대형으로 차트를 먼저 삽입한 후 한 개 계열만 선택한 상태에서 차트 **A**
종류를 꺾은선형 차트로 바꾸면 됩니다.

Q 매출액 차이가 큰 두 항목을 같은 차트에 그렸더니, 매출액이 작은 항목은 잘 보이지 않아요. 보다 효율적으로 차트를 삽입하는 방법이 있나요?

A 두 개의 차트를 따로 삽입한 후 나란히 붙이면 차트의 중간 부분을 생략하고 낮은 값과 높은 값 부분만 강조하여 보여줄 수 있습니다.

데이터 가공 원리 배우기

업무에서 데이터베이스는 강력한 무기가 된다

이번 CHAPTER에서는 엑셀의 데이터베이스와 관련된 개념 및 기법에 대해 알아보겠습니다.

데이터베이스를 전문적으로 다루기 위해서는 오피스 프로그램 중 액세스를 사용합니다. 하지만 웬만한 데이터베이스 작업은 엑셀에서도 가능합니다. 데이터베이스 데이터를 액세스로 정리하고 분석한 후 엑셀로 불러와서 차트, 함수로 가공하는 것보다 엑셀에서 바로 작업하는 것이 여러모로 편리합니다.

이번 CHAPTER에서는 데이터베이스의 기본 원리부터 차근차근 알아보겠습니다. 데이터베이스의 구성 요소인 필드 및 필드명, 데이터 목록, 레코드의 개념과 데이터베이스를 만들 때 주의할 점을 우선 학습한 후 정렬, 필터, 부분합, 피벗 테이블 등 데이터베이스 작업에 활용할 수 있는 엑셀의 여러 기능을 하나씩 알아보겠습니다.

[본격 실습]에서는 먼저 데이터를 정렬하는 방법부터 익혀보겠습니다. 외부 텍스트 파일이나 웹페이지의 데이터를 엑셀로 가져오고 간단한 형태의 표로 만드는 방법, 오름차순 또는 내림차순으로 데이터를 정렬하는 방법 등을 배워보겠습니다.

그리고 원하는 데이터만 쏙쏙 뽑아내는 기능인 필터와 관련된 주요 기법들을 익혀보겠습니다. 필터를 적용하여 필요한 데이터만 추출하는 방법과 텍스트 필터, 날짜 필터, 숫자 필터, 사용자 지정 필터, 고급 필터 등 실무에 유용한 각종 필터 기법들을 알아보겠습니다.

그리고 데이터를 그룹화하여 표시하는 방법, 여러 시트에 동일 양식 또는 동일 레이블로 표시된 데이터를 하나의 시트로 통합하는 방법, 각종 부분합과 관련된 기법, 끝으로 피벗 테이블을 활용하여 여러 가지 축으로 데이터를 분석하고, 특정 조건에 맞는 피벗 테이블을 만든 후 피벗 차트로 표현하는 방법도 익혀보겠습니다.

숫자를 가공하는 마술, 데이터베이스 원리를 익힌다

필드명, 필드, 레코드, 데이터 목록 개념을 이해한다

데이터베이스(Database)란 기업에서 사용하는 방대한 데이터뿐만 아니라 개인 주소록, 가계부 등 체계에 따라 정리한 데이터도 포함됩니다. 엑셀이 전문 데이터베이스 프로그램은 아니지만 필수적인 데이터베이스 기능은 모두 갖추고 있습니다.

엑셀로 데이터베이스를 작성할 때 사용하는 몇 가지 용어를 알아보겠습니다. 데이터베이스 표에서 첫 번째 제목 행을 **필드명(Field name)**이라고 합니다. 필드명은 각각의 데이터 종류를 구분하여 이름을 지정한 것으로 중복 없이 입력합니다. 그리고 각각의 필드명 아래에는 해당 필드명에 맞는 데이터를 입력합니다. 예를 들어 [부서] 필드명 아래에는 총무부, 자재부, 업무부, … 등의 부서명을 입력하고, [직위] 필드명 아래에는 부장, 차장, 과장, 대리, 사원, … 등의 직위명을 입력하는 것입니다.

이렇게 작성된 데이터베이스에서 세로 방향의 열 데이터를 **필드(Field)**라고 하고, 가로 방향의 행 데이터를 **레코드(Record)**라고 합니다. 필드는 데이터를 정렬하는 기준이 됩니다. 데이터를 정렬할 때 보통 레코드 단위로 데이터가 이동합니다. 필드와 레코드 구조로 입력된 전체 데이터 범위(표)를 **데이터 목록**이라고 합니다. 데이터 목록은 데이터베이스 또는 데이터 테이블이라고도 합니다.

사번	성명	부서	직위	호봉	기본급	부양가족	가족수당	지급계
TY-001	김길수	총무부	사원	1	1,200,000	0	0	1,200,000
TY-002	이현수	자재부	부장	3	2,166,000	3	210,000	2,376,000
TY-003	김아람	업무부	사원	2	1,140,000	1	70,000	1,210,000
TY-004	이형준	업무부	대리	1	1,500,000	2	140,000	1,640,000
TY-005	박영훈	자재부	차장	4	1,800,000	2	140,000	1,940,000
TY-006	나영은	경리부	대리	4	1,285,000	1	70,000	1,355,000
TY-007	박성우	영업부	과장	1	1,800,000	4	280,000	2,080,000
TY-008	하일호	경리부	과장	5	1,464,000	2	140,000	1,604,000
TY-009	김동수	경리부	사원	3	1,083,000	1	70,000	1,153,000
TY-010	진영호	총무부	대리	2	1,425,000	0	0	1,425,000
TY-011	이진수	영업부	부장	2	2,280,000	3	210,000	2,490,000
TY-012	최철우	자재부	과장	5	1,464,000	2	140,000	1,604,000

■ 3월 급여

필드 · 필드명 · 데이터 목록 · 레코드

이것만 주의하면 데이터베이스를 잘 만들 수 있다

데이터베이스를 만드는 몇 가지 규칙이 있습니다. 이러한 규칙을 제대로 지켜야만 엑셀에서 표를 데이터베이스로 인식해서 정렬, 부분합, 피벗 테이블 등 데이터베이스 기능을 사용할 수 있습니다.

데이터베이스의 첫 행은 반드시 필드명으로 지정한다

필드명은 데이터베이스에서 필수적인 구성 요소입니다. 필드명이 없으면 표는 단순히 숫자와 문자를 나열한 것에 불과하며 데이터베이스로 사용할 수 없습니다.

	A	B	C	D	E	F	G	H	I	J
1		■ 3월 급여대장								
2										
3		TY-001	김길수	총무부	사원	1	1,200,000	0	0	1,200,000
4		TY-002	이현수	자재부	부장	3	2,166,000	3	210,000	2,376,000
5		TY-003	김아람	업무부	사원	2	1,140,000	1	7	
6		TY-004	이형준	업무부	대리	1	1,500,000	2	14	
7		TY-005	박영훈	자재부	차장	4	1,800,000	2	14	
8		TY-006	나영은	경리부	대리	4	1,285,000	1	70,000	1,355,000
9		TY-007	박성우	영업부	과장	1	1,800,000	4	280,000	2,080,000
10		TY-008	하일호	경리부	과장	5	1,464,000	2	140,000	1,604,000
11		TY-009	김동수	경리부	사원	3	1,083,000	1	70,000	1,153,000
12		TY-010	진영호	총무부	대리	2	1,425,000	0	0	1,425,000
13		TY-011	이진수	영업부	부장	2	2,280,000	3	210,000	2,490,000
14		TY-012	최철우	자재부	과장	5	1,464,000	2	140,000	1,604,000

> 첫 행에 필드명이 없으므로 데이터를 정렬할 기준이 없습니다.

필드명에는 셀 병합을 적용하지 않는다

필드명에 병합된 셀이 있는 경우 데이터베이스로 인식하지 못합니다. 또한 필드명을 입력할 때는 Alt + Enter 를 이용해 한 셀 안에서 두 줄로 입력하면 안 됩니다.

	A	B	C	D	E	F	G	H	I	J
1		■ 3월 급여대장								
2										
3		사번	성명	부서	직위	호봉	지급			
4							기본급	부양가족	가족수당	지급계
5		TY-001	김길수	총무부	사원		1,200,000	0	0	1,200,000
6		TY-002	이현수	자재부	부장		2,166,000	3	210,000	2,376,000
7		TY-003	김아람	업무부				1	70,000	1,210,000
8		TY-004	이형준	업무부				2	140,000	1,640,000
9		TY-005	박영훈	자재부				2	140,000	1,940,000
10		TY-006	나영은	경리부	대리	4	1,285,000	1	70,000	1,355,000
11		TY-007	박성우	영업부	과장	1	1,800,000	4	280,000	2,080,000
12		TY-008	하일호	경리부	과장	5	1,464,000	2	140,000	1,604,000
13		TY-009	김동수	경리부	사원	3	1,083,000	1	70,000	1,153,000
14		TY-010	진영호	총무부	대리	2	1,425,000	0	0	1,425,000

> 이 셀은 [F3:F4] 범위가 병합되어 있으므로 데이터베이스의 필드명으로 인식되지 않습니다.

데이터 목록에 빈 행이나 빈 열을 삽입하지 않는다

필드나 레코드를 작성할 때 표 중간에 빈 행 또는 빈 열을 삽입하지 않습니다. 엑셀에서는 빈 행이나 빈 열을 기준으로 데이터 목록을 서로 다른 데이터베이스로 인식하므로 원하는 작업을 제대로 수행할 수 없습니다.

■ 3월 급여대장

사번	성명	부서	직위	호봉	기본급	부양가족	가족수당	지급계
TY-001	김길수	총무부	사원	1	1,200,000	0	0	1,200,000
TY-002	이현수	자재부	부장	3	2,166,000	3	210,000	2,376,000
TY-003	김아람	업무부	사원	2	1,140,000	1	70,000	1,210,000
TY-004	이형준	업무부	대리	1	1,500,000	2	140,000	1,640,000
TY-005	박영훈	자재부	차장	4	1,800,000	2	140,000	1,940,000
TY-006	나영은	경리부	대리	4	1,285,000	1	70,000	1,355,000
TY-007	박성우	영업부	과장	1	1,800,000	4	280,000	2,080,000
TY-008	하일호	경리부	과장	5	1,464,000	2	140,000	1,604,000
TY-009	김동수	경리부	사원		1,083,000	1	70,000	1,153,000
TY-010	진영호	총무부				0	0	1,425,000
TY-011	이진수	영업부				3	210,000	2,490,000
TY-012	최철우	자재부				2	140,000	1,604,000

> 데이터 목록 사이에 새로운 행을 삽입했습니다. 빈 행을 기준으로 위/아래의 표가 별개의 데이터베이스로 인식됩니다.

필드에는 동일한 형식의 데이터를 입력한다

각 필드 데이터는 같은 형식으로 입력해야 합니다. 아래 급여 대장을 보면 급여가 별도로 계산되어야 하는 아르바이트나 특수직의 경우 [기본급] 필드에 **특수직**이라고 입력되어 있습니다. 숫자로 입력해야 하는 [기본급]이나 [부양가족] 등의 필드에 숫자가 아닌 텍스트를 입력하면 엑셀에서 데이터베이스로 인식할 수 없습니다. 특수직의 경우 [예외 직급] 필드를 추가하고 지급 여부를 Y 또는 N 등으로 표시하는 것이 바람직합니다. [가족수당] 필드 역시 부양가족이 없는 경우에는 수당을 **없음**으로 표시하는 것보다 동일한 형식인 숫자 0으로 입력하는 것이 좋습니다.

■ 3월 급여대장

사번	성명	부서	직위	호봉	기본급	부양가족	가족수당	지
TY-001	김길수	총무부	사원	1	1,200,000	0	없음	1,200
TY-002	이현수	자재부	부장	3	2,166,000	3	210,000	2,376
TY-003	김아람	업무부	사원	2	1,140,000	1	70,000	1,210,000
TY-004	이형준	업무부	대리	1	1,500,000	2	140,000	1,640,000
TY-005	박영훈	자재부	차장	4	1,800,000	2	140,000	1,940,000
TY-006	나영은	경리부	대리	4	1,285,000	1	70,000	1,355,000
TY-007	박성우	영업부	과장	1	1,800,000	4	280,000	2,080,000
TY-008	하일호	경리부	특수직	특수직	특수직	특수직	특수직	특수직
TY-009	김동수	경리부	사원	3	1,083,000	1	70,000	1,153,000
TY-010	진영호	총무부	대리	2	1,425,000	0	없음	1,425,000

> 이런 규칙을 데이터 유효성이라고 합니다.

엑셀과 액세스의 차이를 알아본다

엑셀의 전체 행 개수는 1,048,576행(2의 20승)으로 약 1백만 개 정도의 행 데이터를 하나의 시트에서 처리할 수 있습니다.

어떤 인터넷 쇼핑몰에서 엑셀로 고객을 관리한다고 가정해보겠습니다. 관리하는 고객 수가 약 100만 명이고, 이번 달 구매액이 10만 원 이상인 고객만 필터 기능으로 추출해서 목록을 만들 수 있습니다. 하지만 어디까지나 이론상 그렇다는 것입니다. 실제로 30만 명 이상의 고객 데이터를 엑셀에서 처리하려면 상당한 시간이 걸리고 컴퓨터 사양마저 낮다면 '리소스가 부족합니다'와 같은 메시지와 함께 오류가 발생합니다. 이때는 방대한 데이터베이스를 처리하는 전문 프로그램인 액세스를 이용하는 것이 편리합니다. 마이크로소프트 오피스 패키지를 설치하면 엑셀과 함께 액세스도 설치됩니다.

경험에 의하면 전체 사용 가능 데이터의 20~30% 이내의 용량을 한 시트에서 처리할 수 있을 때는 엑셀이, 그 이상의 데이터를 처리할 때는 액세스를 이용하는 것이 효율적입니다. 즉, **데이터의 양이 20~30만 행 이하일 경우에는 엑셀에서, 그 이상일 경우에는 액세스에서 계산하는 것이 훨씬 편리**합니다. 물론 사용하는 컴퓨터의 사양에 따라서 상대적일 수 있습니다.

또한 액세스는 두 개 이상의 표를 서로 연결(Join)하여 계산하는 테이블 관계 기능을 이용하여 데이터를 아주 간단하게 추출할 수 있는 장점도 있습니다. 다음과 같은 엑셀과 액세스의 특성을 잘 이용하면 데이터베이스 작업을 효율적으로 할 수 있습니다.

	엑셀	액세스
데이터베이스 행의 수	20~30만 행 이하	20~30만 행 이상
계산 또는 차트 작성	데이터베이스에서 함수 및 차트 바로 적용 가능	쿼리 등 간단한 데이터베이스 작업만 가능 (큰 용량의 데이터를 기초로 간단한 작업을 할 경우 유리)
두 개 이상의 데이터베이스 연동	하나의 시트에서만 데이터베이스를 작성할 수 있으며, 두 개의 데이터베이스 간에 관계 설정 불가 (파워쿼리 이용)	두 개 이상의 데이터끼리 관계를 설정하여 하나의 데이터베이스처럼 작업할 수 있음

정렬, 필터, 부분합, 피벗 테이블의 차이를 알아본다

엑셀의 데이터베이스 기능은 [데이터] 탭에서 찾을 수 있으며 자주 사용하는 기능으로 정렬, 필터, 부분합 등이 있습니다. 엑셀 화면에서 메뉴의 위치와 기능을 간단히 살펴보겠습니다.

정렬

정렬은 데이터베이스의 가장 기초가 되는 작업으로 전체 데이터베이스에서 특정 필드를 기준으로 오름차순 또는 내림차순을 선택해 정렬합니다. 예를 들어 사번을 기준으로 정렬된 회사의 급여 대장에서 직원 이름을 기준으로 가나다 순서로 정렬해 표시할 수 있습니다.

필터

필터는 데이터에서 필요 없는 부분을 걸러내는 역할을 합니다. 필터를 사용해 사용자가 기준을 지정하면 데이터에서 꼭 필요한 데이터만 추출하고 골라낼 수 있습니다. 예를 들어 급여대장에서 사원과 대리에 해당하는 직위의 직원만 필터링할 수 있습니다. 또한 고급 필터 기능을 이용하면 두 가지 이상의 조건에 해당하는 값도 별도의 표로 쉽게 추출할 수 있습니다.

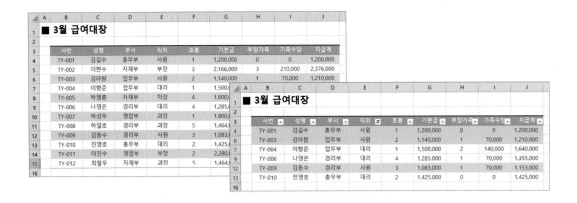

부분합

부분합은 사용자가 원하는 필드를 지정해 특정 항목끼리 묶어서 합계, 평균 등을 구할 때 사용합니다. 예를 들어 아래 표에서 각 품목별 판매량 합계를 구할 때 부분합 기능을 사용하면 편리합니다.

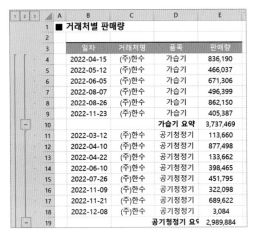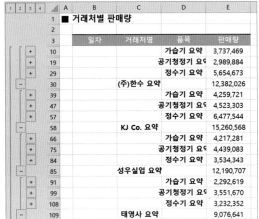

피벗 테이블

피벗 테이블 기능은 [삽입] 탭-[표] 그룹에 위치합니다.

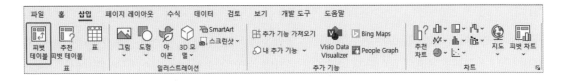

피벗 테이블은 데이터베이스의 모든 필드 구조를 재배치하여 사용자가 원하는 구성으로 표를 만들고 분석하는 기능입니다. 피벗(Pivot)이란 회전하는 축을 의미하며 특정 필드를 중심으로 연관된 필드의 데이터를 이동하거나 변경할 수 있어서 피벗 테이블이라고 부릅니다.

	일자	거래처명	지역	품목	물량	금액
	■ 일자별 납품 현황					
	2022-01-01	삼진주유소	대전	HDD	503	2,515,000
	2022-01-02	비즈기획	대구	MainBoard	484	2,323,200
	2022-01-11	광덕개발	서울본점	MainBoard	902	8,118,000
	2022-01-14	신화환경	전주	MainBoard	639	4,025,700
	2022-01-21	미래씨앤씨	광주	HDD	991	9,810,900
	2022-01-24	국제시스템	서울본점	HDD	664	4,382,400
	2022-01-26	렉스전자	대전	MainBoard	210	441,000
	2022-02-03	레두코리아	대전	MainBoard	460	2,116,000
	2022-02-07	애이치비전	전주	HDD	578	3,294,600
	2022-02-07	삼선공구	대전	HDD	946	8,892,400
	2022-02-12	티건설	서울본점	RAM	133	172,900
	2022-02-20	에스앤에스	전주	MainBoard	991	9,810,900
	2022-02-28	도서산업	대전	MainBoard	445	1,958,000
	2022-03-03	광덕개발	서울본점	RAM	639	4,025,700
	2022-03-06	광덕개발	서울본점	CPU	214	449,400
	2022-03-11	삼선공구	대전	MainBoard	274	739,800

행 레이블	합계 : 물량
가가정보통신	548
가호기업	572
건일상사	585
광덕개발	594
광명티엔에스	516
국제시스템	530
국제약국	5463
기부테크	5564
나우상사	4827
녜오상사	5069
넷테크	10458
다스테크	4486
도서산업	4621
래도정보통신	4777
레두코리아	4862
레이스젠	4155
렉스앤드	4406

피벗 테이블은 원본 데이터를 유지하고 새 위치에 삽입할 수 있습니다.

예제로 배워서 업무에 응용해보자!

본격
실습

데이터 불러오고 정렬하기

엑셀에서 데이터는 직접 표 형태로 만들 수도 있고 외부에서 가져올 수도 있습니다. 텍스트 파일 또
는 웹페이지에서 데이터를 엑셀로 가져오는 방법을 배워보고, 직접 표를 만드는 방법도 알아보겠습니
다. 또 간단한 데이터 정렬 기법과 데이터 정렬을 응용한 기법도 배워보겠습니다.

STEP 01 외부에서 데이터 가져오기

예제 파일 CHAPTER 06\01_국가별 매출.TXT, 01_외부 데이터 읽어오기.xlsx

엑셀에서는 텍스트 파일로 구성된 데이터도 엑셀 시트로 가져올 수 있습니다. 이때 텍스트 파일에서
는 특정 글자(구분자)를 기준으로 필드를 구분하거나, 동일한 간격을 기준으로 필드를 구분할 수도
있습니다. 원본 텍스트 파일의 구조에 따라 텍스트 나누기 기능을 함께 이용하면 텍스트를 깔끔한
표로 간단히 바꿀 수 있습니다.

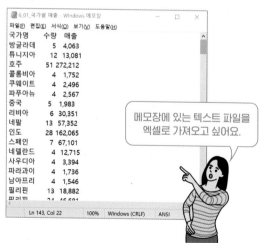

예제와 같이 텍스트 파일로 정리되어 있는 국가별 매출 자료를 엑셀로 불러올 수 있습니다.

01 [파일] 탭–[열기]를 클릭합니다. [기타 위치]–[찾아보기]를 클릭하면 [열기] 대화상자가 나타납니다. 하단의 파일 형식을 [텍스트 파일]로 지정합니다. 불러올 텍스트 파일을 선택한 후 [열기]를 클릭합니다.

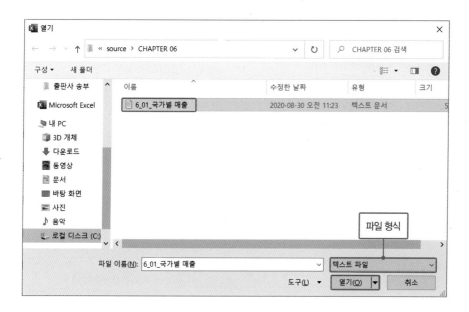

02 [텍스트 마법사–1단계] 대화상자에서 [너비가 일정함]을 클릭한 후 [다음]을 클릭합니다.

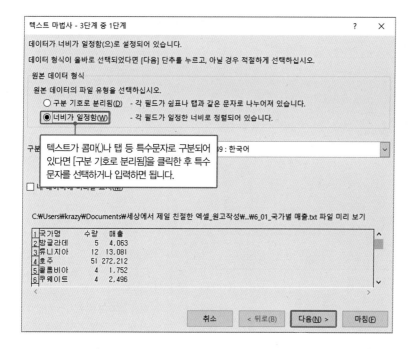

03 [텍스트 마법사−2단계] 대화상자에서 자동으로 너비가 지정되어 필드를 구분합니다. [다음]을 클릭합니다.

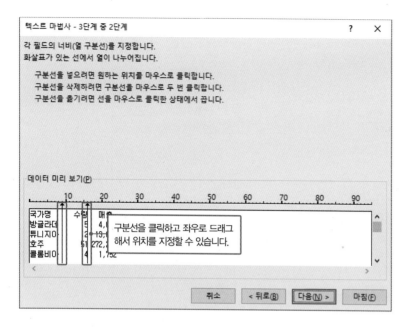

TIP [데이터 미리 보기]에서 임의의 위치를 클릭해 필드 구분선을 추가하거나, 구분선을 드래그해서 다른 영역으로 옮길 수도 있습니다. 구분선을 삭제하려면 더블클릭합니다.

04 [텍스트 마법사 −3단계] 대화상자에서 [마침]을 클릭하면 텍스트 파일이 지정된 간격에 맞게 엑셀 시트에 표시됩니다. 이렇게 표시된 데이터는 변환만 한 것이므로 엑셀 파일 형식(.xlsx)으로 저장하거나, 범위를 복사해서 다른 빈 시트에 붙여 넣은 후 사용합니다.

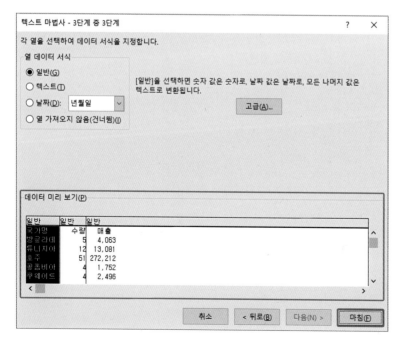

TIP [텍스트 마법사−3단계] 대화상자는 각 필드의 서식을 지정하는 단계로 엑셀에서 자동으로 문자 또는 숫자 서식을 지정합니다. 만일 날짜처럼 특수한 서식을 지정할 경우에는 이 단계에서 설정하면 됩니다.

이번에는 웹페이지의 특정 표를 데이터 가져오기 기능을 사용해 엑셀 시트로 가져오겠습니다. 이렇게 가져온 데이터는 엑셀 파일을 열 때 자동으로 업데이트됩니다. 이 기능은 실시간으로 변하는 주식 정보나 환율 정보 등 웹페이지의 데이터를 현재 기준으로 가져올 때 이용하면 편리합니다.

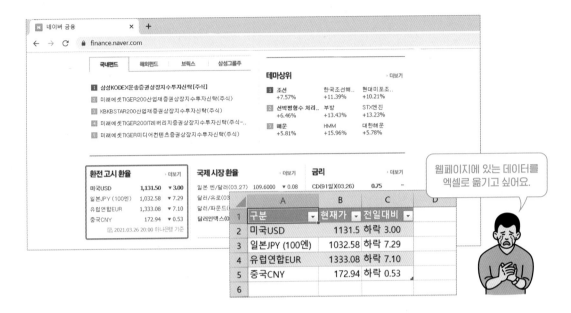

그림과 같이 웹페이지의 환율 정보를 엑셀 시트에 실시간으로 가져올 수 있습니다. 방법은 다음과 같습니다. [웹쿼리] 시트에서 작업합니다.

01 [A1] 셀을 클릭한 후 [데이터] 탭–[데이터 가져오기 및 변환] 그룹–[데이터 가져오기]–[기타 원본에서]–[웹]을 클릭합니다.

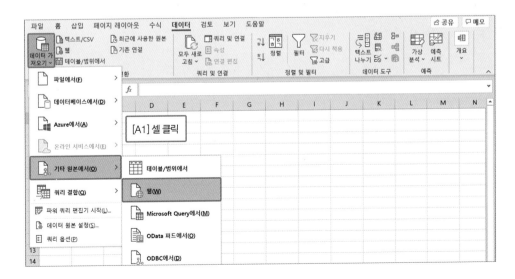

02 [웹에서] 대화상자의 [URL]에 **http://finance.naver.com**을 입력한 후 [확인]을 클릭합니다.

> **TIP** 웹 주소 입력 시 **http://** 부분은 생략하고 **finance.naver.com**만 입력해도 됩니다.

03 [탐색 창] 대화상자에 나타난 여러 항목 중 맨 아래에 있는 [환전 고시 환율 통화명에 대한~]을 클릭한 후 [로드]를 클릭합니다.

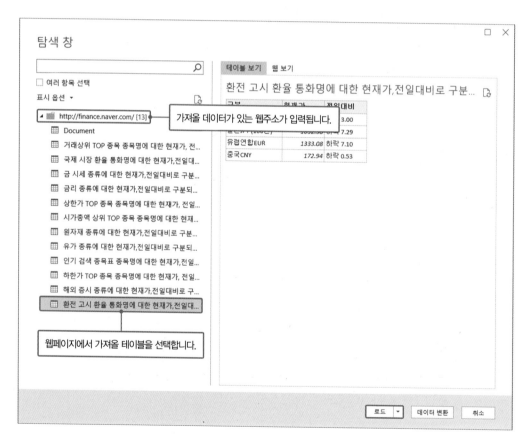

04 웹페이지의 환율 정보가 엑셀 시트에 웹 쿼리 형태로 옮겨집니다. 이 상태에서 엑셀 파일을 저장한 후 다시 열거나, [데이터] 탭-[데이터 및 연결] 그룹-[모두 새로 고침]-[모두 새로 고침]을 클릭하면 웹페이지의 정보가 업데이트됩니다.

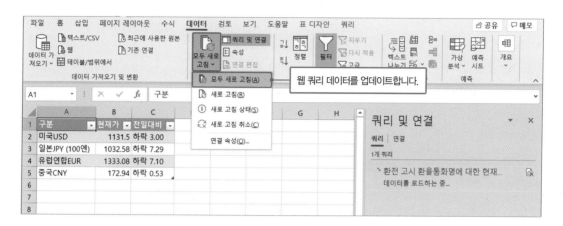

TIP 웹 쿼리는 아이디와 비밀번호를 입력해서 로그인해야 하는 웹페이지를 제외한 대부분의 웹페이지를 가져올 수 있습니다. 만일 웹페이지의 표 구조가 변경되면 해당 웹 쿼리는 제대로 작동하지 않을 수도 있습니다. 이때는 데이터를 다시 가져옵니다.

STEP 02　표 만들기

예제 파일　CHAPTER 06\02_표 기능.xlsx

표 기능을 이용하면 데이터를 사용해 표를 쉽게 만들 수 있고, 이미 만들어진 표를 편집할 수도 있습니다. 또한 표에 특정 필드를 추가해서 수식을 적용할 경우에도 한 셀에 입력하는 것만으로 필드 전체의 데이터를 완성할 수 있습니다.

표는 미리 양식을 만들고 값을 입력해서 만들 수 있고, 이미 작성한 데이터에 표 양식을 적용할 수도 있습니다. 경제활동인구 추이 데이터를 기초로 표를 만들어보겠습니다. [표만들기] 시트에서 작업합니다.

01 [B3:F8] 범위를 지정한 후 [삽입] 탭-[표] 그룹-[표]를 클릭합니다.

02 [표 만들기] 대화상자에서 선택된 범위가 맞는지 확인합니다. [머리글 포함]에 체크하고 [확인]을 클릭합니다.

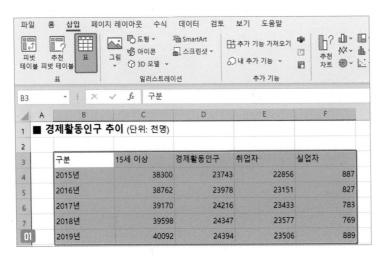

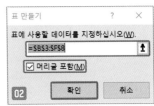

TIP 표 만들기 단축키는 Ctrl + T입니다.

 친절한 Point Note 표에 스타일 적용하기

표를 선택한 상태에서 [표 디자인] 탭-[표 스타일] 그룹의 갤러리에서 원하는 표 스타일을 지정하면 간단히 스타일을 적용할 수 있습니다. [표 스타일] 그룹의 갤러리에서 각 색상의 밝기를 선택할 수 있고, 각 밝기에 따른 세부 표 스타일을 적용할 수 있습니다. 표 스타일은 엑셀 버전에 따라 다소 차이가 있을 수 있습니다. 예를 들어 아래 표는 중간 밝기 중에서 [황록색, 표 스타일 보통 11]을 적용한 경우입니다.

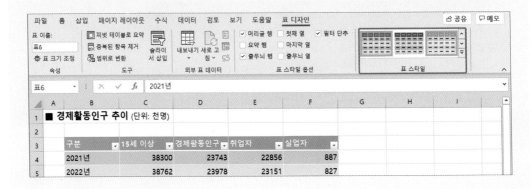

또한 표의 필드명에 나타나는 필터 단추▼는 [표 디자인] 탭–[표 스타일 옵션]–[필터 단추]의 체크를 해제해 없앨 수도 있습니다. 기타 다양한 서식도 [표 스타일 옵션]에서 지정할 수 있습니다. 표를 일반 범위로 변환하려면 [디자인] 탭–[도구] 그룹–[범위로 변환]을 클릭합니다. '표를 정상 범위로 변환하시 겠습니까?'라는 메시지가 나타나면 [예]를 클릭합니다. 필드명에 필터 단추▼가 사라지고 일반 표 형 태로 변환됩니다.

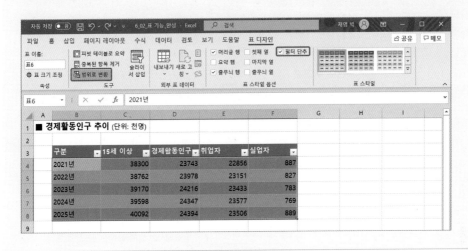

표 기능을 이용하면 앞서 만들어진 표에서 쉽게 특정 수식 필드를 추가할 수 있습니다. 표는 가장 오른쪽 열 혹은 가장 아래 행에 데이터를 추가하면 자동으로 추가된 표 범위로 인식하고 확장됩니다.

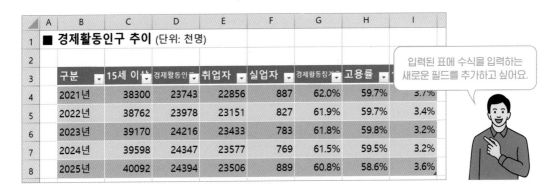

앞에서 만든 경제활동인구 추이 표에서 [경제활동참가율], [고용률], [실업률] 등 필드를 추가하는 방법을 알아보겠습니다. [수식입력] 시트에서 작업합니다.

01 [G3] 셀에 **경제활동참가율**, [H3] 셀에 **고용률**, [I3] 셀에 **실업률**을 각각 입력하면 [G4:I8] 범위에 자동으로 표 서식이 적용되면서 표가 확장됩니다.

02 [G4] 셀에 **=**를 입력합니다. [D4] 셀을 클릭한 후 **/**를 입력하고 [C4] 셀을 클릭합니다. Enter 를 누르면 [G4] 셀에 **=[@경제활동인구]/[@[15세 이상]]**라는 수식이 완성됩니다. [G4] 셀에 입력된 수식은 [G5:G8] 범위에도 동일하게 입력됩니다.

03 동일한 방법으로 [H4] 셀에는 수식 **=[@취업자]/[@[15세 이상]]**, [I4] 셀에는 수식 **=[@실업자]/[@경제활동인구]**를 입력합니다. [G4:I8] 범위의 셀 서식을 백분율(소수 자릿수는 **1**로 지정)로 지정하여 표를 완성합니다.

예제 파일 CHAPTER 06\03_정렬 기능.xlsx

데이터베이스의 기본은 정렬입니다. 간단한 형태의 데이터를 한 가지 혹은 두 가지 이상의 기준에 따라 오름차순 및 내림차순으로 정리하는 방법을 알아봅니다.

	A	B	C	D	E	F
1		■ 주간 판매현황 (9/6~9/10)				
2						
3		일자	지역	품목	판매량	재고량
4		2021-09-06	부산	배	2,104	2,759
5		2021-09-07	대구	배	9,487	3,804
6		2021-09-07	대전	배	6,021	2,330
7		2021-09-09	대전	배	4,394	1,772
8		2021-09-08	서울	배	7,520	3,343
9		2021-09-10	대전	배	7,085	2,594
10		2021-09-10	대구	배	1,505	2,389
11		2021-09-09	서울	배	5,962	2,561
12		2021-09-07	서울	배	6,890	1,605
13		2021-09-10	부산	배	9,587	2,717
14		2021-09-06	대구	배	5,722	1,752
15		2021-09-06	서울	배	4,280	1,883
16		2021-09-06	대전	배	6,904	2,885

원하는 기준으로 데이터베이스를 정렬하고 싶어요.

정렬은 각 필드에 원하는 기준을 설정한 후 오름차순 혹은 내림차순 순서만 지정하면 됩니다. 주간 판매 현황 자료를 품목 기준에 따라 오름차순으로 정렬해보겠습니다. [품목기준정렬] 시트에서 작업합니다.

01 [B3:F63] 범위를 지정한 후 [데이터] 탭-[정렬 및 필터] 그룹-[정렬]을 클릭합니다.

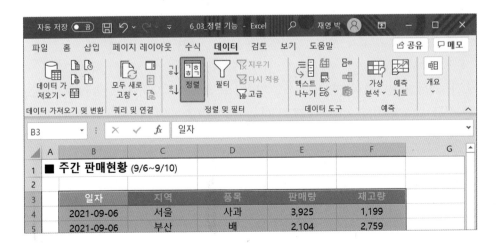

02 [정렬] 대화상자에서 [정렬 기준]을 [품목], [셀 값], [오름차순]으로 각각 선택하고 [확인]을 클릭
합니다.

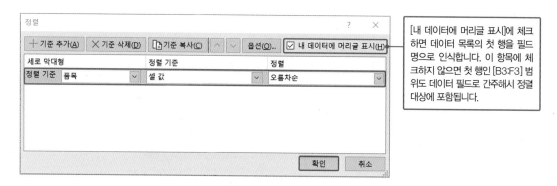

> [내 데이터에 머리글 표시]에 체크하면 데이터 목록의 첫 행을 필드명으로 인식합니다. 이 항목에 체크하지 않으면 첫 행인 [B3:F3] 범위도 데이터 필드로 간주해서 정렬 대상에 포함됩니다.

TIP 숫자는 오름차순으로 정렬할 경우 작은 숫자부터 큰 숫자(1~9)로 정렬되고, 문자는 오름차순으로 정렬할 경우 가나다순으로 정렬됩니다. 내림차순일 경우에는 이와 반대의 순서로 정렬됩니다.

정렬은 한 가지 이상의 여러 가지 기준을 동시에 적용해서 실행할 수도 있습니다.

	A	B	C	D	E	F
1		■ **주간 판매현황** (9/6~9/10)				
2						
3		일자	지역	품목	판매량	재고량
4		2021-09-06	서울	배	4,280	1,883
5		2021-09-07	서울	배	6,890	1,605
6		2021-09-08	서울	배	7,520	3,343
7		2021-09-09	서울	배	5,962	2,561
8		2021-09-10	서울	배	1,392	2,062
9		2021-09-06	서울	사과	3,925	1,199
10		2021-09-07	서울	사과	1,610	2,584
11		2021-09-08	서울	사과	3,030	1,082
12		2021-09-09	서울	사과	1,498	2,704
13		2021-09-10	서울	사과	9,757	2,742
14		2021-09-06	서울	포도	7,050	2,831
15		2021-09-07	서울	포도	2,206	2,098
16		2021-09-08	서울	포도	7,298	3,092

> 여러 기준을 동시에 적용해서 정렬하고 싶어요.

주간 판매 현황 자료에서 [지역], [품목], [일자] 필드를 기준으로 정렬하되 [지역] 필드는 내림차순으로, [품목] 및 [일자] 필드는 오름차순으로 정렬해보겠습니다. [여러가지기준정렬] 시트에서 작업합니다.

01 [B3:F63] 범위를 지정한 후 [데이터] 탭-[정렬 및 필터] 그룹-[정렬]을 클릭합니다.

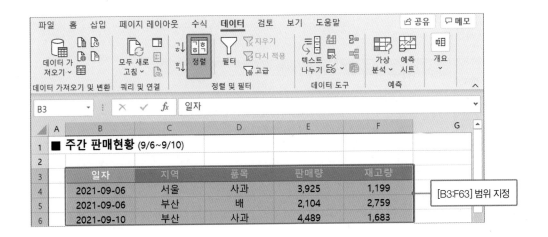

02 [정렬] 대화상자에서 [정렬 기준]을 [지역], [셀 값], [내림차순]으로 각각 선택합니다. [기준 추가]를 클릭하고 첫 번째 [다음 기준]을 [품목], [셀 값], [오름차순]으로 각각 선택합니다. 다시 [기준 추가]를 클릭하고 이번에는 두 번째 [다음 기준]을 [일자], [셀 값], [오름차순]으로 각각 선택합니다. 기준 설정이 완료되면 [확인]을 클릭합니다.

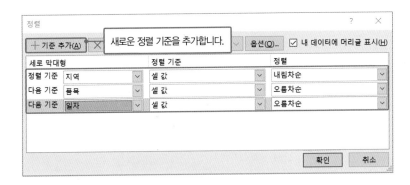

STEP 04 데이터 정렬 응용하기

예제 파일 CHAPTER 06\03_정렬 기능.xlsx

지금까지 기본적인 정렬 기법에 대해 알아보았습니다. 기본적인 정렬 기법을 응용하면 조금 더 복잡한 정렬 작업도 할 수 있습니다. 특정 항목에 대해 오름차순이나 내림차순이 아닌 임의로 지정한 순서대로 정렬하는 사용자 지정 목록이나 글자 색상을 기준으로 정렬하는 방법을 알아보겠습니다.

먼저 사용자 정의 목록을 활용한 정렬 방법부터 익혀보겠습니다. 오름차순과 내림차순이 아니라 사용자가 지정한 임의의 순서를 통해 데이터를 정렬할 수 있습니다.

일자	지역	품목	판매량	재고량
■ 주간 판매현황 (9/6~9/10)				
2021-09-06	서울	사과	3,925	1,199
2021-09-09	서울	사과	1,498	2,704
2021-09-08	서울	배	7,520	3,343
2021-09-07	서울	사과	1,610	2,584
2021-09-09	서울	배	5,962	2,561
2021-09-10	서울	포도	2,714	1,324
2021-09-07	서울	배	6,890	1,605
2021-09-08	서울	사과	3,030	1,082
2021-09-07	서울	포도	2,206	2,098
2021-09-06	서울	포도	7,050	2,831
2021-09-06	서울	배	4,280	1,883
2021-09-10	서울	배	1,392	2,062
2021-09-09	서울	포도	2,041	2,588

오름차순, 내림차순이 아닌 내가 원하는 순서대로 정렬하고 싶어요.

주간 판매 현황 자료에서 [지역] 필드를 기준으로 정렬할 때 오름차순으로 정렬하면 '대구, 대전, 부산, 서울', 내림차순으로 정렬하면 '서울, 부산, 대전, 대구'로 정렬됩니다. 이런 방법 외에 '서울, 대전, 대구, 부산'의 순서로 정렬하고 싶다면 사용자 지정 목록을 이용해 쉽게 해결할 수 있습니다. [사용자 정의기준정렬] 시트에서 작업합니다.

01 [B3:F63] 범위를 지정한 후 [데이터] 탭-[정렬 및 필터] 그룹-[정렬]을 클릭합니다. [정렬] 대화 상자에서 [정렬 기준]을 [지역], [셀 값], [사용자 지정 목록]으로 각각 선택합니다.

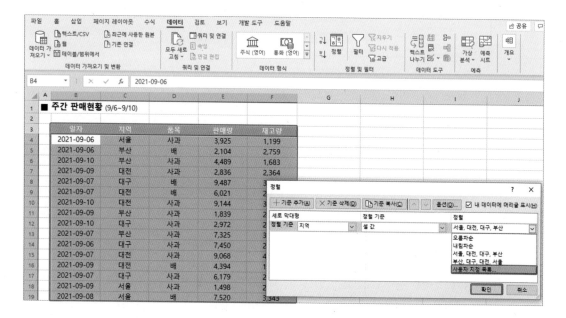

02 [사용자 지정 목록] 대화상자가 나타나면 [새 목록]을 클릭한 후 [목록 항목]에 **서울, 대전, 대구, 부산**을 입력합니다. [추가]를 클릭하고 [확인]을 클릭합니다.

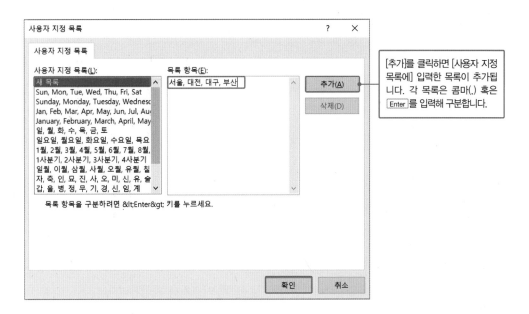

03 [정렬] 대화상자에서 [정렬]에 [서울, 대전, 대구, 부산]이 선택되면 [확인]을 클릭합니다.

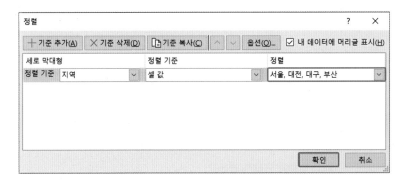

TIP 사용자 지정 목록은 [파일] 탭-[옵션]을 클릭한 후 [Excel 옵션] 대화상자에서 [고급] 항목에 있는 [사용자 지정 목록 편집]을 클릭해서 편집할 수도 있습니다. 이렇게 지정한 사용자 지정 목록은 정렬은 물론 자동 채우기 기능에도 적용됩니다. 예를 들어 빈 셀에 서울이라고 입력한 후 자동 채우기를 실행하면 '서울, 대전, 대구, 부산'이라는 값이 반복적으로 채워집니다.

정렬은 글꼴 색 또는 셀 색상 등 셀 서식을 기준으로도 설정할 수 있습니다.

	일자	지역	품목	판매량	재고량
	2021-09-06	서울	사과	3,925	1,199
	2021-09-07	대구	배	9,487	3,804
	2021-09-07	부산	사과	7,325	3,100
	2021-09-07	대구	사과	6,179	2,705
	2021-09-10	서울	포도	2,714	1,324
	2021-09-10	부산	배	9,587	2,717
	2021-09-10	대전	포도	4,280	1,945
	2021-09-07	서울	포도	2,206	2,098
	2021-09-06	대전	포도	2,397	2,195
	2021-09-06	대전	사과	5,534	1,422
	2021-09-09	부산	포도	7,276	2,548

■ 주간 판매현황 (9/6~9/10)

글자 색상을 기준으로 정렬하고 싶어요.

주간 판매현황 자료에서 [재고량] 필드의 글자 색상이 빨간색, 노란색, 파란색 등으로 지정되어 있을 경우 글꼴 색을 기준으로 정렬할 수 있습니다. [셀서식기준정렬] 시트에서 작업합니다.

01 [B3:F63] 범위를 지정한 후 [데이터] 탭–[정렬 및 필터] 그룹–[정렬]을 클릭합니다. [정렬] 대화 상자에서 [정렬 기준]을 [재고량], [글꼴 색], [빨간색], [위에 표시]로 각각 선택합니다.

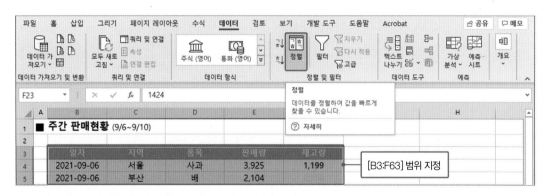

02 [기준 추가]를 클릭한 후 [다음 기준]을 [재고량], [글꼴 색], [노란색], [아래쪽에 표시]로 각각 선택합니다.

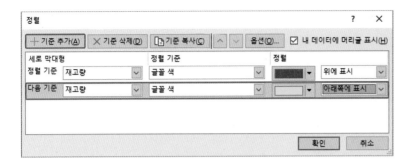

03 다시 [기준 추가]를 클릭한 후 두 번째 [다음 기준]을 [재고량], [글꼴 색], [파란색], [아래쪽에 표시]로 각각 선택합니다. [확인]을 클릭합니다.

04 데이터의 [재고량] 필드에 입력된 텍스트가 앞서 지정한 글꼴 색 순서로 정렬됩니다.

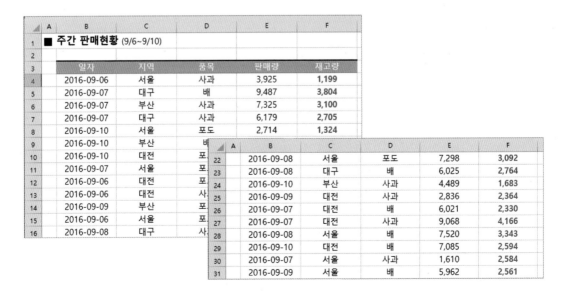

필터의 다양한 기능 이용하기

필터는 데이터에서 특정 조건을 만족하는 값만 추출하는 기능입니다. 공기청정기나 정수기의 필터가 나쁜 성분은 걸러내고 좋은 것들만 통과시켜 깨끗한 공기와 물을 얻듯이, 엑셀의 필터 기능을 이용하면 불필요한 데이터를 걸러내고 원하는 데이터만 얻을 수 있습니다.

이번 실습에서는 필터와 관련된 주요 기법들을 배워보겠습니다. 엑셀에서 필터를 적용하고 해제하는 방법, 텍스트 필터, 날짜 필터, 숫자 필터, 사용자 지정 필터 등 각 종류별 필터링 방법을 예제와 함께 실습해보고, 고급 필터를 이용하여 여러 조건으로 필터링하는 방법도 알아보겠습니다.

STEP 01 | 필터 적용 및 해제하기

예제 파일 CHAPTER 06\04_필터 기능.xlsx

먼저 필터를 적용하는 간단한 방법부터 익혀보겠습니다. 필터 기능을 이용하면 다음과 같이 표에서 필요한 데이터만 간단히 추출할 수 있습니다.

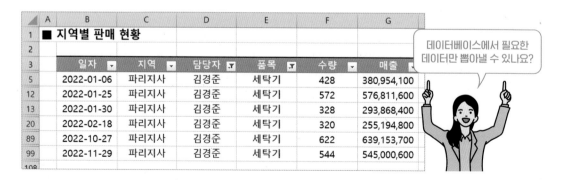

다음은 지역별 판매 현황 자료의 [담당자] 필드에서 **김경준**인 항목을 먼저 추출하고, 다음에 [품목] 필드에서 **세탁기**의 거래 내역만 추출하는 방법입니다. [필요한데이터추출] 시트에서 작업합니다.

01 [B3:G107] 범위를 지정한 후 [데이터] 탭–[정렬 및 필터] 그룹–[필터]를 클릭합니다.

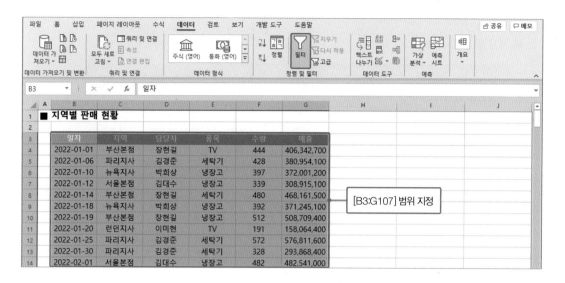

02 [담당자] 필드명이 있는 [D3] 셀의 필터 단추▼를 클릭합니다. [모두 선택]의 체크를 해제하고 [김경준]에만 체크한 후 [확인]을 클릭합니다.

03 **세탁기**가 입력된 [E5] 셀을 마우스 오른쪽 버튼으로 클릭하고 [필터]–[선택한 셀 값으로 필터링] 을 클릭합니다.

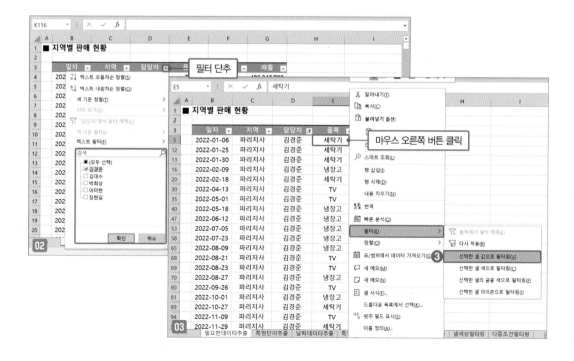

앞서 데이터에 적용된 필터를 해제해보겠습니다.

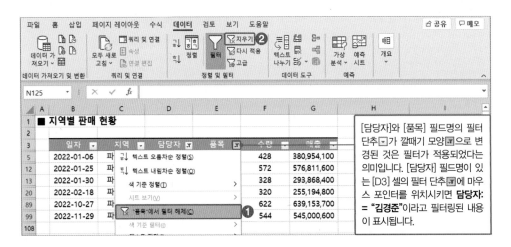

적용된 필터는 특정 필드의 필터만 해제하거나 모두 해제할 수도 있습니다. 적용된 필터를 해제해보겠습니다. 앞의 실습에서 이어서 작업합니다.

01 [품목] 필드명이 있는 [E3] 셀의 필터 단추를 클릭한 후 ["품목"에서 필터 해제]를 클릭합니다. 이 경우 [품목] 필드에 적용된 필터만 해제됩니다.

02 [담당자]와 [품목] 필드에 적용된 필터를 한번에 해제하려면 [데이터] 탭-[정렬 및 필터] 그룹-[지우기]를 클릭합니다.

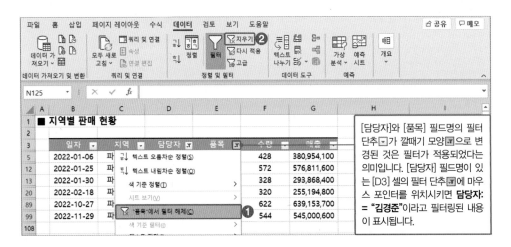

STEP 02 텍스트 필터와 날짜 필터 적용하기

예제 파일 CHAPTER 06\04_필터 기능.xlsx

텍스트 필터를 이용하면 시작 문자, 끝 문자, 셀에 포함된 문자 등으로 데이터를 추출할 수 있습니다. 그리고 날짜 필터를 이용하면 날짜 형식의 데이터에서 일, 월, 분기, 연도 등을 기준으로 데이터를 추출할 수 있고, 컴퓨터의 현재 날짜를 기준으로 현재 월, 이번 주, 지난 달, 지난 주 등의 데이터도 쉽게 추출할 수 있습니다.

텍스트 필터를 활용하여 특정 단어가 포함된 단어를 추출할 수 있습니다.

지역별 판매 현황 자료를 보면 본점과 지사의 판매 현황이 모두 입력되어 있습니다. 이 중에서 **본점**의 데이터만 텍스트 필터로 추출할 수 있습니다. [특정단어추출] 시트에서 작업합니다.

01 [지역] 필드명이 있는 [C3] 셀의 필터 단추▼를 클릭한 후 [텍스트 필터]–[끝 문자]를 클릭합니다.

02 [사용자 지정 자동 필터] 대화상자에서 [찾을 조건]의 [지역]에 [끝 문자]를 선택하고 **본점**을 입력합니다. [확인]을 클릭합니다.

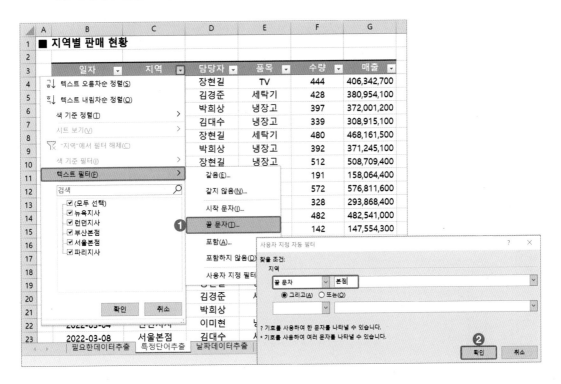

추출해야 할 데이터의 서식이 날짜 형식인 경우 날짜 필터를 이용하면 특정 일, 월, 분기, 연도 등의 데이터를 쉽게 추출할 수 있습니다.

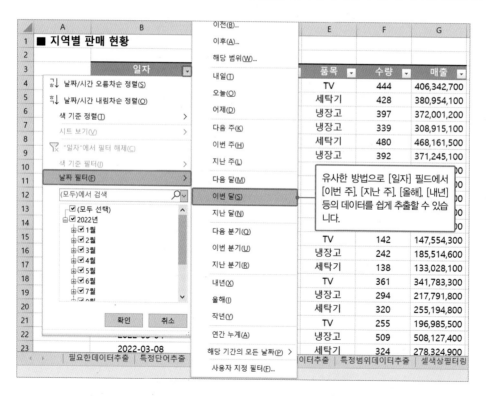

특정 날짜에 속하는 데이터만 추출하고 싶어요.

지역별 판매 현황 자료에서 이번 달의 거래 내역만 추출해보겠습니다. 이 경우 컴퓨터에서 인식하는 현재일을 기준으로 해당 월 데이터를 추출합니다. [날짜데이터추출] 시트에서 작업합니다.

01 [일자] 필드명이 있는 [B3] 셀의 필터 단추▼를 클릭한 후 [날짜 필터]-[이번 달]을 클릭합니다.

유사한 방법으로 [일자] 필드에서 [이번 주], [지난 주], [올해], [내년] 등의 데이터를 쉽게 추출할 수 있습니다.

02 [일자] 필드에서 현재 실습 날짜를 기준으로 이번 달에 해당하는 데이터만 추출됩니다.

	A	B	C	D	E	F	G	H
1		■ 지역별 판매 현황						
2								
3		일자 🔽	지역 🔽	담당자 🔽	품목 🔽	수량 🔽	매출 🔽	
35		2022-05-01	파리지사	김경준	TV	180	153,610,200	
36		2022-05-03	부산본점	장현길	TV	499	491,701,400	
37		2022-05-06	런던지사	이미현	세탁기	132	128,254,900	
38		2022-05-11	뉴욕지사	박희상	냉장고	515	521,089,300	
39		2022-05-16	런던지사	이미현	세탁기	335	304,567,000	
40		2022-05-18	파리지사	김경준	냉장고	296	220,907,500	
41		2022-05-22	부산본점	장현길	TV	472	447,295,500	
42		2022-05-26	서울본점	김대수	세탁기	420	379,018,300	
43		2022-05-31	서울본점	김대수	냉장고	368	343,209,400	
108								

TIP 실습하는 일자에 따라 [이번달] 날짜 필터 옵션에 해당하는 날짜 데이터가 없을 경우 결과가 나타나지 않을 수 있습니다. 이 때는 다른 날짜 필터 옵션을 클릭해 어떤 결과가 나타나는지 확인합니다.

STEP 03 숫자 필터와 사용자 지정 필터 적용하기

예제 파일 CHAPTER 06\04_필터 기능.xlsx

숫자 필터를 이용하면 상위 몇 위 또는 몇 퍼센트에 해당하는 데이터를 추출할 수 있습니다. 이 경우 [수량] 또는 [매출] 필드처럼 숫자 형식의 데이터로 입력되어야 합니다. 그리고 사용자 지정 필터를 이용하면 한 가지 이상의 여러 조건을 충족하는 데이터를 쉽게 추출할 수 있습니다.

먼저 숫자 필터를 이용하여 특정 값보다 크거나 작은 값, 또는 상위/하위의 특정 비율에 해당하는 값을 추출하는 방법을 배워보겠습니다. 숫자 데이터를 사용한 필터는 필드의 값이 숫자일 경우에만 적용할 수 있습니다.

> 매출 데이터 중 상위 20%의 매출만 추출할 수 있나요?

	A	B	C	D	E	F	G
1		■ 지역별 판매 현황					
2							
3		일자 🔽	지역 🔽	담당자 🔽	품목 🔽	수량 🔽	매출 🔽
12		2022-01-25	파리지사	김경준	세탁기	572	576,811,600
24		2022-03-16	서울본점	김대수	TV	534	534,618,800
38		2022-05-11	뉴욕지사	박희상	냉장고	515	521,089,300
53		2022-07-05	파리지사	김경준	냉장고	605	626,397,500
56		2022-07-13	런던지사	이미현	세탁기	563	571,662,500
61		2022-07-29	런던지사	이미현	TV	514	512,094,700
65		2022-08-09	파리지사	김경준	냉장고	585	599,660,100

다음은 지역별 판매 현황 자료에서 매출을 기준으로 상위 20%에 해당하는 데이터를 추출하는 방법입니다. [특정비율데이터추출] 시트에서 작업합니다.

01 [매출] 필드명이 있는 [G3] 셀의 필터 단추▼를 클릭한 후 [숫자 필터]–[상위 10]을 클릭합니다.

02 [상위 10 자동 필터] 대화상자에서 [표시]의 [상위], [20], [%]를 각각 선택한 후 [확인]을 클릭합니다.

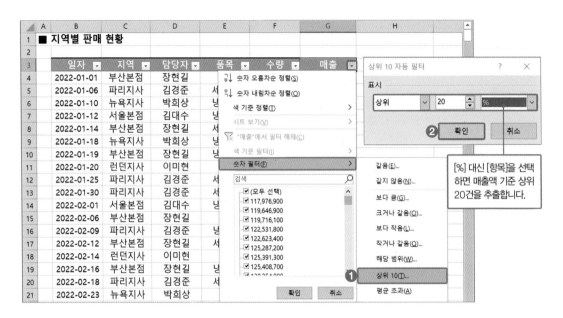

숫자 필터를 응용하면 다음과 같이 특정 범위에 있는 값들만 추출할 수도 있습니다.

	일자	지역	담당자	품목	수량	매출
16	2022-02-09	파리지사	김경준	냉장고	242	185,514,600
19	2022-02-16	부산본점	장현길	냉장고	294	217,791,800
21	2022-02-23	뉴욕지사	박희상	TV	255	196,985,500
28	2022-04-08	런던지사	이미현	TV	244	190,086,
31	2022-04-15	부산본점	장현길	냉장고	226	182,764,
40	2022-05-18	파리지사	김경준	냉장고	296	220,907,
46	2022-06-09	런던지사	이미현	냉장고	226	185,349,
48	2022-06-13	부산본점	장현길	TV	218	165,297,600
70	2022-08-27	파리지사	김경준	냉장고	299	227,884,200
77	2022-09-17	부산본점	장현길	TV	255	191,248,200
84	2022-10-10	뉴욕지사	박희상	TV	223	177,508,600
100	2022-12-01	서울본점	김대수	TV	283	200,474,100
105	2022-12-23	뉴욕지사	박희상	세탁기	298	223,655,600

원하는 범위에 해당하는 데이터만 추출하고 싶어요.

지역별 판매 현황 자료에서 판매 수량이 200개 이상, 300개 미만인 데이터만 추출해 보겠습니다. [특정범위데이터추출] 시트에서 작업합니다.

01 [수량] 필드명이 있는 [F3] 셀의 필터 단추⏷를 클릭한 후 [숫자 필터]–[사용자 지정 필터]를 클릭합니다.

02 [사용자 지정 자동 필터] 대화상자가 나타납니다. [찾을 조건]에 [>=]를 선택하고 **200**을 입력합니다. [그리고]를 클릭한 후 다음 조건으로 [<]를 선택하고 **300**을 입력한 후 [확인]을 클릭합니다.

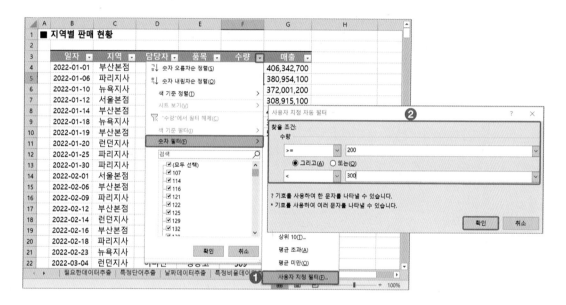

STEP 04 **고급 필터 이용하기**

예제 파일 CHAPTER 06\04_필터 기능.xlsx

필터 기능을 응용하여 글꼴 색, 셀 색을 기준으로 필터링할 수 있습니다. 그리고 각 필드에 여러 가지 조건을 동시에 입력해서 조건에 맞는 데이터만 한번에 추출할 수도 있습니다.

먼저 셀 색을 기준으로 필터링하는 방법을 알아보겠습니다. 다음과 같이 한 필드에 다양한 셀 색이 적용된 데이터에서 원하는 색이 적용된 데이터만 추출할 수 있습니다.

일자	지역	담당자	품목	수량	매출
2022-01-01	부산본점	장현길	TV	444	406,342,700
2022-01-06	파리지사	김경준	세탁기	428	380,954,100
2022-01-10	뉴욕지사	박희상	냉장고	397	372,001,200
2022-01-12	서울본점	김대수	냉장고	339	308,915,100
2022-01-14	부산본섬	장현길	세탁기	480	468,161,500
2022-01-18	뉴욕지사	박희상	냉장고	392	371,245,100
2022-01-19	부산본점	장현길	냉장고	512	508,709,400
2022-01-20	런던지사	이미현	TV	191	158,064,400
2022-01-25	파리지사	김경준	세탁기	572	576,811,600
2022-01-30	파리지사	김경준	세탁기	328	293,868,400
2022-02-01	서울본점	김대수	냉장고	482	482,541,000

> 여러 가지 색으로 셀 색이 지정된 데이터 중에서 원하는 데이터만 추출하고 싶어요.

다음은 지역별 판매 현황 자료에서 매출액에 노란색으로 셀 색이 적용된 데이터만 추출하는 방법입니다. [셀색상필터링] 시트에서 작업합니다.

01 [매출] 필드명이 있는 [G3] 셀의 필터 단추 ▾ 를 클릭한 후 [색 기준 필터]를 클릭합니다.

02 [셀 색 기준 필터]에서 [노란색]을 클릭합니다.

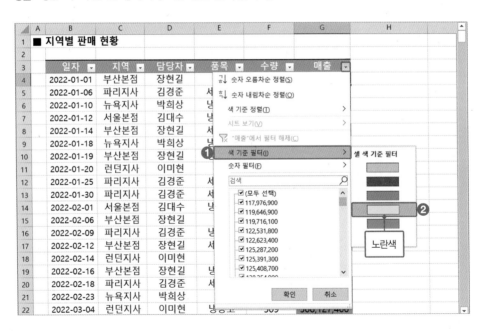

TIP 글꼴 색 또는 셀 색이 여러 개로 설정되어 있을 경우에만 필터에 [색 기준 필터]가 나타납니다. 이번 예제에서는 셀 색만 여러 개이므로 [색 기준 필터]에 [셀 색 기준 필터]만 나타나지만, 글꼴 색까지 지정되어 있을 경우에는 [글꼴 색 기준 필터]도 동시에 나타납니다.

고급 필터 기능을 사용하면 여러 가지 조건을 동시에 만족하는 데이터를 한번에 필터링할 수 있습니다.

	A	일자	품목	수량	E	F	G
1		**일자**	**품목**	**수량**			
2		>=2022-7-1	세탁기	>=400			
3							
4		**일자**	**지역**	**담당자**	**품목**	**수량**	**매출**
56		2022-07-09	서울본점	김대수	세탁기	471	445,855,900
57		2022-07-13	런던지사	이미현	세탁기	563	571,662,500
60		2022-07-26	서울본점	김대수	세탁기	467	432,911,400
72		2022-08-29	런던지사	이미현	세탁기	472	448,100,6
79		2022-09-20	뉴욕지사	박희상	세탁기	533	534,091,1
84		2022-10-08	런던지사	이미현	세탁기	513	511,441,4
86		2022-10-11	뉴욕지사	박희상	세탁기	501	501,444,900
90		2022-10-27	파리지사	김경준	세탁기	622	639,153,700
99		2022-11-22	런던지사	이미현	세탁기	477	455,336,60
100		2022-11-29	파리지사	김경준	세탁기	544	545,000,600
104		2022-12-11	런던지사	이미현	세탁기	527	526,239,700
108		2022-12-27	뉴욕지사	박희상	세탁기	499	491,155,400

여러 가지 조건을 만족하는 데이터를 필터링할 수 있나요?

2022년 7월 1일 이후에 400개 이상 거래된 세탁기 데이터를 필터링해보겠습니다. [다중조건필터링] 시트에서 작업합니다.

01 [B2] 셀에 **>=2022-7-1**을, [C2] 셀에 **세탁기**를, [D2] 셀에 **>=400**를 필터링 조건으로 각각 입력합니다. [데이터] 탭-[정렬 및 필터] 그룹-[고급]을 클릭합니다.

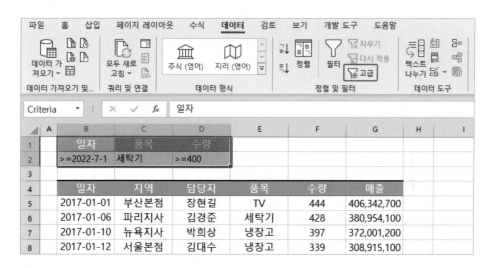

TIP 고급 필터 기능을 사용하기 위해서는 필터링 조건을 셀에 직접 입력합니다. 이때 텍스트 데이터는 직접 입력하거나 와일드카드를 사용하고, 숫자 데이터는 등호와 부등호를 사용해 입력합니다.

02 [고급 필터] 대화상자에서 [현재 위치에 필터]를 클릭하고 [목록 범위]는 [B4:G108] 범위를 지정합니다. [조건 범위]는 [B1:D2] 범위를 지정한 후 [확인]을 클릭합니다. 지정된 조건에 맞는 데이터가 필터링됩니다.

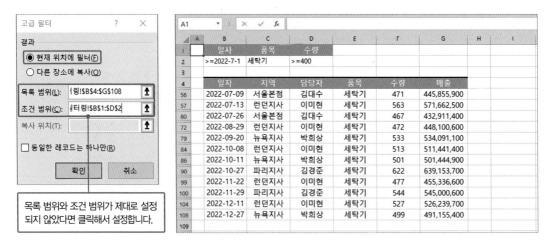

TIP [다른 장소에 복사]를 클릭하면 [복사 위치]를 별도로 지정해야 합니다. 지정된 위치에 필터링된 데이터가 따로 추출됩니다.

본격
실습

그룹, 데이터 통합, 부분합 익히기

데이터의 특정 범위를 묶어서 보여주는 개요 및 그룹 기능, 여러 시트 또는 파일을 하나로 취합하여 보여주는 데이터 통합 기능, 표에서 동일 항목끼리 묶어서 합계, 평균, 최댓값, 최솟값 등을 계산해주는 부분합 기능 등을 배워보겠습니다.

STEP 01 개요 및 그룹 기능 사용하기

예제 파일 CHAPTER 06\05_개요 및 그룹 기능.xlsx

개요와 그룹 기능을 사용하면 데이터 목록에서 유사한 범주의 데이터끼리 그룹으로 만들어 원하는 데이터만 화면에 표시할 수 있습니다. 자동으로 그룹화하는 작업은 개요 기능을 이용하고, 수동으로 원하는 행 또는 열의 일정 부분만 그룹화하려면 그룹 기능을 이용합니다.

먼저 개요 기능을 배워보겠습니다. 개요 기능을 이용하면 데이터 목록의 각 항목들을 엑셀에서 자동으로 인식하여 그룹화합니다.

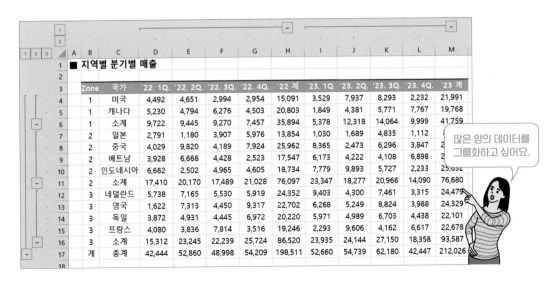

다음은 지역별 분기별 매출 자료에서 자동 개요를 설정하는 방법입니다. 자동 개요를 설정하면 시트 왼쪽과 상단에 표시되는 개요 버튼을 이용하여 하위 항목을 쉽게 표시하거나 숨길 수 있습니다. [개요기능] 시트에서 작업합니다.

01 [데이터] 탭-[개요] 그룹-[그룹]-[자동 개요]을 클릭합니다.

A B	C	D	E	F	G	H	I	J	K	L	M	N
■ 지역별 분기별 매출												
Zone	국가	'22. 1Q.	'22. 2Q.	'22. 3Q.	'22. 4Q.	'22 계	'23. 1Q.	'23. 2Q.	'23. 3Q.	'23. 4Q.	'23 계	
1	미국	4,492	4,651	2,994	2,954	15,091	3,529	7,937	8,293	2,232	21,991	
1	캐나다	5,230	4,794	6,276	4,503	20,803	1,849	4,381	5,771	7,767	19,768	
1	소계	9,722	9,445	9,270	7,457	35,894	5,378	12,318	14,064	9,999	41,759	
2	일본	2,791	1,180	3,907	5,976	13,854	1,030	1,689	4,835	1,112	8,666	
2	중국	4,029	9,820	4,189	7,924	25,962	8,365	2,473	6,296	3,847	20,981	
2	베트남	3,928	6,668	4,428	2,523	17,547	6,173	4,222	4,108	6,898	21,401	
2	인도네시아	6,662	2,502	4,965	4,605	18,734	7,779	9,893	5,727	2,233	25,632	
2	소계	17,410	20,170	17,489	21,028	76,097	23,347	18,277	20,966	14,090	76,680	
3	네덜란드	5,738	7,165	5,530	5,919	24,352	9,403	4,300	7,461	3,315	24,479	

02 데이터에 자동으로 개요 기능이 설정됩니다. 워크시트 상단의 세로 방향 개요 버튼에서 ①을 클릭하고, 왼쪽의 가로 방향 개요 버튼에서 ②를 클릭하면 다음과 같이 연도별, Zone별 매출 합계 데이터만 간단히 표시됩니다.

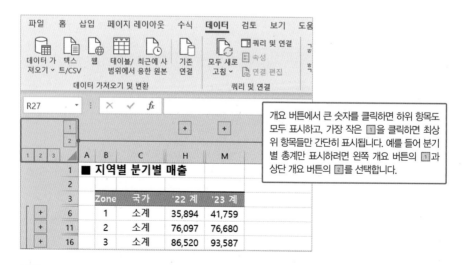

> 개요 버튼에서 큰 숫자를 클릭하면 하위 항목도 모두 표시하고, 가장 작은 ①을 클릭하면 최상위 항목들만 간단히 표시됩니다. 예를 들어 분기별 총계만 표시하려면 왼쪽 개요 버튼의 ①과 상단 개요 버튼의 ②를 선택합니다.

TIP 시트 안에 데이터 목록이 여러 개 있을 경우에도 각 데이터 목록에 자동 개요가 적용됩니다. 여러 데이터 목록 중에서 하나의 데이터 목록에만 자동 개요를 적용하려면 원하는 데이터 범위만 선택한 상태에서 [자동 개요]를 클릭합니다. 자동 개요를 해제하려면 [데이터] 탭 – [개요] 그룹 – [그룹 해제] – [개요 지우기]를 클릭합니다.

자동 개요 기능을 이용하지 않고 원하는 부분에만 수동으로 그룹을 설정할 수도 있습니다. 이처럼 그룹 기능은 사용자가 원하는 행 또는 열의 일정 부분만 그룹화할 경우에 사용합니다.

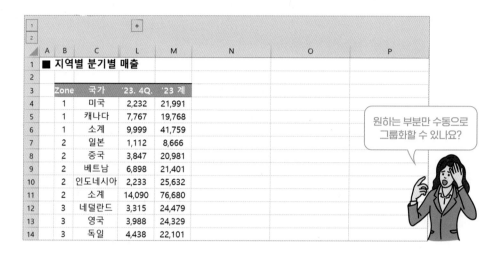

지역별 분기별 매출 자료에서 2022년 1분기부터 2023년 3분기까지 영역인 D열부터 K열까지 열 방향만 그룹화해보겠습니다. [그룹기능] 시트에서 작업합니다.

01 [D3:K3] 범위를 지정한 후 [데이터] 탭-[개요] 그룹-[그룹]을 클릭합니다.

02 [그룹] 대화상자에서 [열]을 클릭한 후 [확인]을 클릭합니다. 상단 개요 버튼에서 1을 클릭하면 통합된 [D:K] 열 범위가 화면에서 사라지고 2023년 4분기와 2023년의 합계만 표시됩니다.

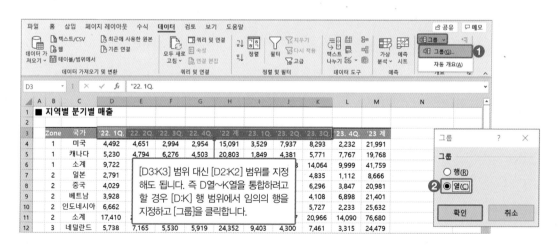

TIP 시트 상단 개요 버튼의 2 또는 +를 클릭하면 다시 전체가 표시됩니다. 개요 버튼을 없애려면 [데이터] 탭 - [개요] 그룹-[그룹 해제]를 클릭한 후 [그룹 해제] 또는 [개요 지우기]를 클릭하면 됩니다. [그룹 해제]는 행 또는 열의 특정 부분만 그룹 해제할 경우에 사용하고, [개요 지우기]는 전체 데이터 목록의 개요들을 모두 지울 때 사용합니다.

예제 파일 CHAPTER 06\06_데이터 통합 기능_위치.xlsx, 07_데이터 통합 기능_레이블.xlsx

통합 기능을 활용하면 여러 파일 또는 시트에 있는 데이터들을 하나의 시트에 통합할 수 있습니다. 위치를 기준으로 통합하는 방법과 레이블을 기준으로 통합하는 방법이 있습니다.

먼저 위치를 기준으로 데이터를 통합하는 방법을 알아보겠습니다. 이 방법은 여러 시트에 입력된 특정 데이터의 셀 주소가 똑같은 데이터를 통합할 때 사용합니다.

	A	B	C	D	E	F
1		■ 1분기 지사별 월평균 매출				
2						
3		지역	식품	음료	제과	계
4		강동지사	101,839	117,818	182,775	402,432
5		강서지사	216,289	238,351	126,430	581,070
6		강남지사	187,123	113,583	117,384	418,090
7		강북지사	251,666	144,641	163,288	559,595
8		계	756,917	614,393	589,877	1,961,187
9						

위치로 통합 | 1월 | 2월 | 3월 | ⊕

평균: 392,237   개수: 20   합계: 7,844,748

> 각각 다른 시트에 있는 데이터를 한 곳으로 모으고 싶어요.

각각 다른 시트에 있지만 같은 모양의 서식에 입력된 데이터를 하나의 시트에 합계, 개수, 평균, 최댓값, 최솟값 등으로 통합할 수 있습니다. **06_데이터 통합 기능_위치.xlsx** 예제 파일로 작업합니다.

01 [1월], [2월], [3월] 시트에 있는 표와 동일한 양식의 빈 표가 있는 [위치로 통합] 시트에서 통합하려는 표의 첫 번째 셀인 [C4] 셀을 클릭합니다.

02 [데이터] 탭-[데이터 도구] 그룹-[통합 🔡]을 클릭합니다.

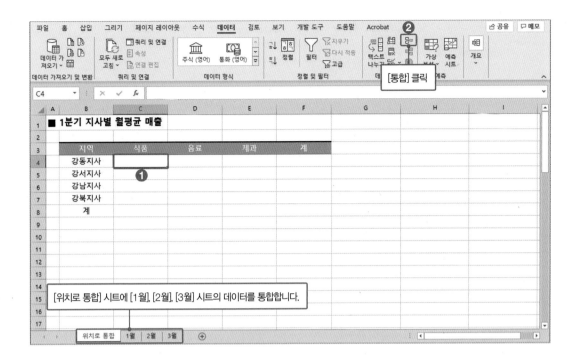

03 [통합] 대화상자의 [함수]에서 [합계]를 선택하고 [참조] 오른쪽의 ⬆를 클릭합니다. [1월] 시트의 [C4:F8] 범위를 지정하고 [추가]를 클릭합니다.

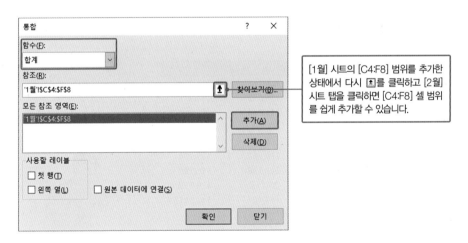

[1월] 시트의 [C4:F8] 범위를 추가한 상태에서 다시 ⬆를 클릭하고 [2월] 시트 탭을 클릭하면 [C4:F8] 셀 범위를 쉽게 추가할 수 있습니다.

TIP 통합하려는 시트가 같은 파일에 있지 않고 다른 파일에 있다면 해당 파일을 열어 놓은 상태에서 통합하려는 범위를 지정해 추가하면 됩니다.

04 [2월] 시트의 [C4:F8] 범위와 [3월 시트]의 [C4:F8] 범위도 동일한 방법으로 추가한 후 [확인]을 클릭합니다.

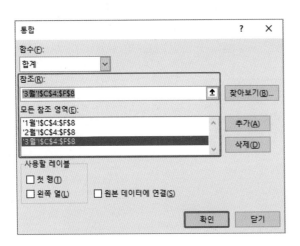

앞에서 위치를 기준으로 통합하는 기능을 배웠습니다. 하지만 이 방법은 시트마다 표의 위치와 모양이 동일할 때만 사용합니다. 각 시트마다 레이블(항목명)의 순서가 다를 경우에는 행 또는 열의 레이블을 기준으로 통합하는 방법을 사용해야 합니다. 다음은 레이블이 각각 다른 표에서 레이블명을 기준으로 통합하는 방법입니다.

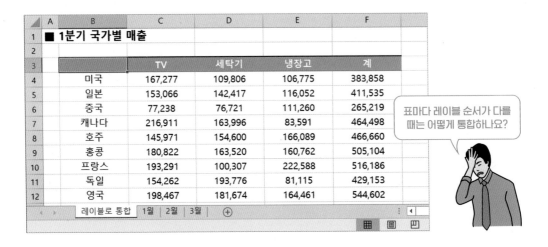

국가명 및 품목명의 순서가 각기 다른 순서로 정리된 [1월], [2월], [3월] 시트의 품목별 매출 자료를 하나의 시트에 통합해 보겠습니다. **06_데이터 통합 기능_레이블.xlsx** 예제 파일로 작업합니다.

01 [1월], [2월], [3월] 시트에 있는 표와 유사한 양식의 표가 있는 [레이블로 통합] 시트에 통합하려는 첫 번째 셀인 [B3] 셀을 선택합니다. [데이터] 탭-[데이터 도구] 그룹-[통합 █]을 클릭합니다.

02 [통합] 대화상자의 [함수]를 [합계]로 선택하고 [사용할 레이블]의 [첫 행]과 [왼쪽 열]에 모두 체크합니다. [참조]의 █를 클릭합니다 [1월] 시트의 [B3:F17] 범위를 지정하고 [추가]를 클릭합니다.

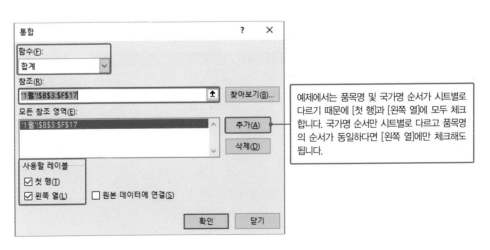

예제에서는 품목명 및 국가명 순서가 시트별로 다르기 때문에 [첫 행]과 [왼쪽 열]에 모두 체크합니다. 국가명 순서만 시트별로 다르고 품목명의 순서가 동일하다면 [왼쪽 열]에만 체크해도 됩니다.

03 [통합] 대화상자에서 [2월] 시트의 [B3:F17] 범위, [3월] 시트의 [B3:F14] 범위도 동일하게 추가합니다. [확인]을 클릭합니다.

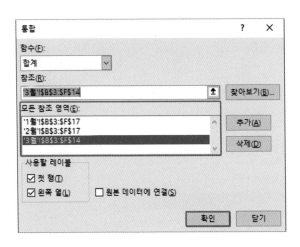

> **TIP** 위치를 기준으로 통합할 경우에는 레이블을 제외한 숫자 데이터 범위만 지정했지만, 레이블을 기준으로 통합하는 경우에는 레이블을 포함한 범위를 지정해야 합니다.

STEP 03 **부분합 기능 사용하기**

예제 파일 CHAPTER 06\08_부분합 기능.xlsx

부분합은 여러 항목들이 있을 경우 동일 항목끼리 묶어서 합계, 평균, 최댓값, 최솟값 등을 계산합니다. 단일 항목에 대한 부분합은 물론 두 개 이상의 항목별 계산도 가능합니다.

부분합 기능을 이용하면 여러 거래처가 섞여 있는 거래처별 매출 자료에서 같은 거래처의 판매량만 뽑아 합산할 수 있습니다. 다만 부분합을 적용하려면 먼저 거래처를 기준으로 데이터를 정렬해야 합니다. [거래처별_합계] 시트에서 작업합니다.

01 [B3:E93] 범위를 지정한 후 [데이터] 탭-[정렬 및 필터] 그룹-[정렬]을 클릭합니다.

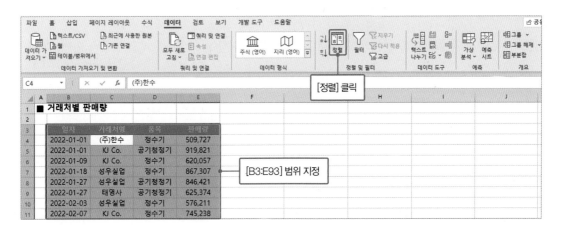

02 [정렬] 대화상자에서 [정렬 기준]을 [거래처명], [셀 값], [오름차순]으로 각각 선택한 후 [확인]을 클릭합니다.

03 정렬된 [B3:E93] 범위가 지정된 상태에서 [데이터] 탭-[개요] 그룹-[부분합]을 클릭합니다.

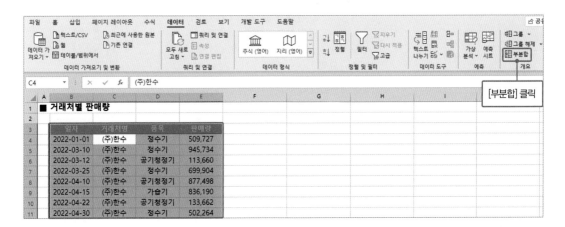

04 [부분합] 대화상자의 [그룹화할 항목]에 [거래처명]을, [사용할 함수]에 [합계]를 선택하고 [부분합 계산 항목]은 [판매량]에 체크한 후 [확인]을 클릭합니다.

05 부분합 결과에서 시트 왼쪽의 요약 버튼 중 2 를 클릭하여 거래처별 매출 합계만 화면에 표시합니다.

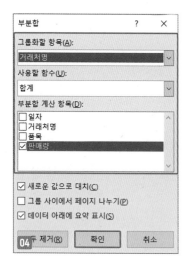

부분합은 두 개 이상의 항목에 대한 항목별 계산도 가능합니다.

부분합 기능을 이용해 일자별로 나열된 거래처별 판매량 자료에서 동일한 거래처 및 품목별 합계를 계산해보겠습니다. 이 경우 거래처별 부분합을 먼저 적용한 후 다시 품목별 부분합을 적용해야 합니다. 이러한 기법을 **이중 부분합**이라고 합니다. [거래처별_품목별_합계] 시트에서 작업합니다.

01 [B3:E93] 범위를 지정한 후 [데이터] 탭-[정렬 및 필터] 그룹-[정렬]을 클릭합니다.

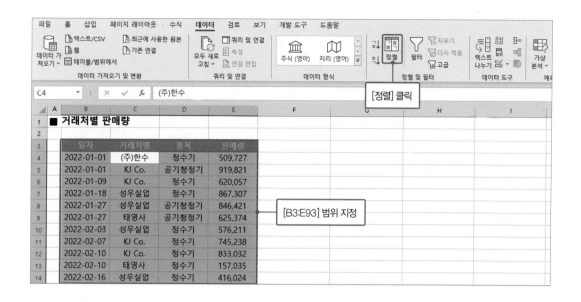

02 [정렬] 대화상자에서 [정렬 기준]을 [거래처명], [셀 값], [오름차순]으로 각각 선택합니다. [기준 추가]를 클릭하고 [다음 기준]은 [품목], [셀 값], [오름차순]으로 각각 선택한 후 [확인]을 클릭합니다.

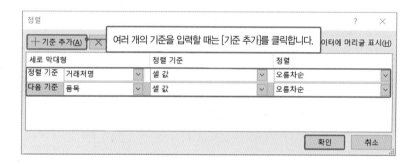

03 [B3:E93] 범위가 지정된 상태에서 [데이터] 탭-[개요] 그룹-[부분합]을 클릭합니다. [부분합] 대화상자의 [그룹화할 항목]에 [거래처명]을, [사용할 함수]에 [합계]를 선택하고 [부분합 계산 항목]은 [판매량]에 체크한 후 [확인]을 클릭합니다.

04 다시 [데이터] 탭-[개요] 그룹-[부분합]을 클릭합니다. [부분합] 대화상자의 [그룹화할 항목]에 [품목]을, [사용할 함수]에 [합계]를 선택하고 [부분합 계산 항목]은 [판매량]에 체크합니다. [새로운 값으로 대치]의 체크를 해제한 후 [확인]을 클릭합니다.

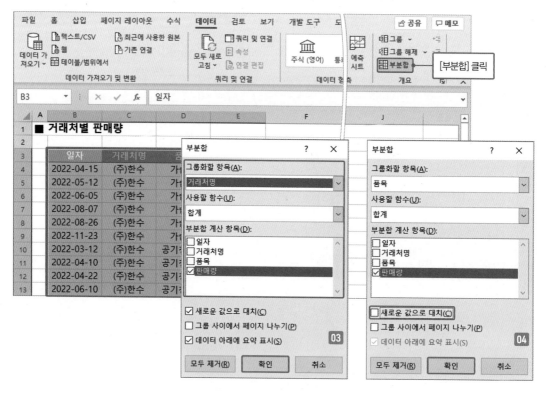

TIP [새로운 값으로 대치]에 체크하면 먼저 적용된 [거래처명]별 부분합은 해제되고 [품목]별 부분합만 적용됩니다. 따라서 이중 부분합을 작성할 때는 반드시 [새로운 값으로 대치]의 체크를 해제해야 합니다.

05 이중 부분합 결과에서 워크시트 왼쪽의 개요 버튼 숫자를 각각 클릭해 각 거래처 및 품목별 매출 합계를 어떻게 화면에 표시할 수 있는지 확인합니다.

TIP 개요와 마찬가지로 부분합도 개요 버튼을 사용해 데이터를 확장하고 축소할 수 있습니다. ①, ②, ③을 각각 클릭해 보여줄 개요 수준을 변경하거나, ⊟, ⊞를 클릭해 개요를 확장하고 축소합니다.

예제로 배워서 업무에 응용해보자!

데이터 분석의 마술사 피벗 테이블 익히기

피벗 테이블은 원본 데이터를 행/열 구조의 표로 변환할 때 주로 사용합니다. 또 필요에 따라 특정 행이나 열로만 이루어진 표도 만들 수 있습니다.

행 레이블 형식의 피벗 테이블 만들기, 행 레이블과 열 레이블이 함께 있는 피벗 테이블 만들기, 일별 자료에서 월별, 품목별 피벗 테이블 및 연도별, 지역별 피벗 테이블 만들기, 피벗 차트 만들기 등 피벗 테이블에 관한 다양한 기능과 기법을 알아보겠습니다.

STEP 01 행 레이블 형식의 피벗 테이블 만들기

예제 파일 CHAPTER 06\09_피벗 테이블 기능.xlsx

원본 데이터에서 행 레이블로만 이루어진 간단한 형태의 피벗 테이블을 만들고 피벗 테이블에 간단한 서식을 적용하는 방법을 알아보겠습니다.

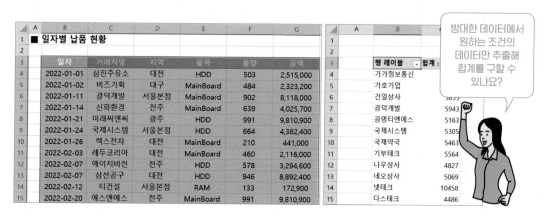

피벗 테이블 기능을 이용하여 일자별 납품 현황 자료에서 거래처별 물량의 합계만 구해보겠습니다. [기초자료] 시트의 데이터 범위를 우선 이름으로 정의한 후 [간단한형태의피벗테이블] 시트에 피벗 테이블을 삽입하겠습니다.

01 [기초자료] 시트의 [B3:G500] 범위를 지정한 후 [수식] 탭–[정의된 이름] 그룹–[이름 정의]를 클릭합니다. [새 이름] 대화상자에서 [이름]에 **납품현황**을 입력하고 [범위]는 [통합 문서]를 선택한 후 [확인]을 클릭합니다.

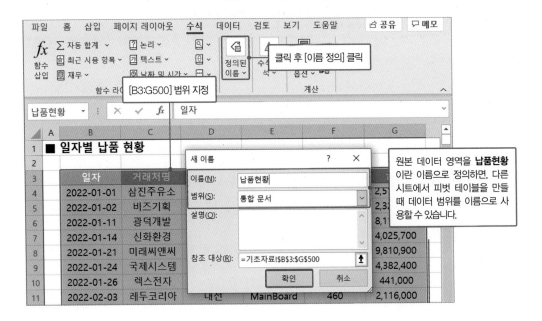

02 [간단한형태의피벗테이블] 시트에서 [B3] 셀을 클릭한 후 [삽입] 탭–[표] 그룹–[피벗 테이블]을 클릭합니다. [피벗 테이블 만들기] 대화상자의 [표/범위]에 **납품현황**을 직접 입력하고 [피벗 테이블 보고서를 넣을 위치를 선택하십시오]는 [기존 워크시트]를 클릭한 후 [확인]을 클릭합니다.

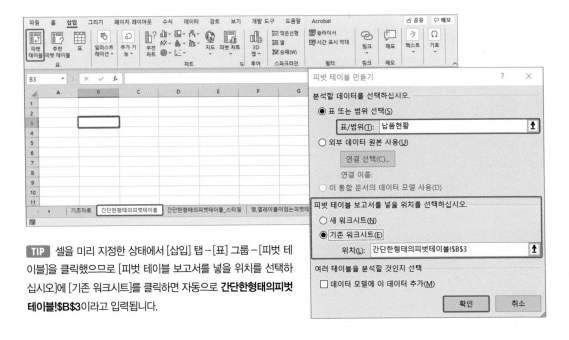

TIP 셀을 미리 지정한 상태에서 [삽입] 탭–[표] 그룹–[피벗 테이블]을 클릭했으므로 [피벗 테이블 보고서를 넣을 위치를 선택하십시오]에 [기존 워크시트]를 클릭하면 자동으로 **간단한형태의피벗테이블!$B$3**이라고 입력됩니다.

03 [피벗 테이블 필드] 작업 창에서 [거래처명]은 [행] 영역으로 드래그하고, [물량]은 [값] 영역으로 드래그합니다.

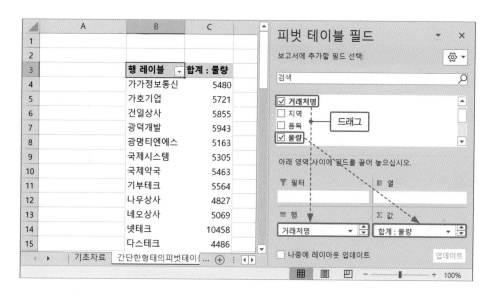

만들어진 피벗 테이블은 가장 기초적인 표 형태로 표시됩니다. 피벗 테이블에 원하는 스타일 및 셀 서식을 지정할 수 있습니다.

다음은 앞에서 만든 거래처별 물량 합계 피벗 테이블에 스타일 및 셀 서식을 적용하는 방법입니다.

01 피벗 테이블 영역 내 임의의 셀을 지정한 상태에서 [디자인] 탭–[피벗 테이블 스타일] 그룹 갤러리의 원하는 스타일을 선택하면 피벗 테이블에 스타일이 지정됩니다. [피벗 테이블 스타일 옵션] 그룹에서 [줄무늬 행]에 체크하면 전체 행에 줄무늬 양식이 적용됩니다.

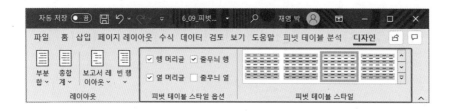

02 피벗 테이블 영역 내 숫자가 있는 임의의 셀을 클릭한 상태에서 마우스 오른쪽을 클릭한 후 [필드 표시 형식]를 클릭합니다. [셀 서식] 대화상자에서 [범주]의 [숫자]를 클릭한 후 [1000 단위 구분 기호(,) 사용]에 체크하고 [확인]을 클릭합니다. 숫자 열 전체에 해당 서식이 지정됩니다.

행/열 구조의 피벗 테이블 적용하기

예제 파일 CHAPTER 06\09_피벗 테이블 기능.xlsx

앞서 행 레이블만 있는 단순한 형태의 피벗 테이블을 만드는 방법을 아아보았습니다. 이번에는 행 레이블과 열 레이블 둘 다 있는 형태의 피벗 테이블을 만드는 방법을 알아보겠습니다.

합계 : 금액	열 레이블 ▼				
행 레이블 ▼	CPU	HDD	MainBoard	RAM	총합계
가가정보통신	9255100	11417100	13802800	3994200	38...
가호기업		15360900	8231200	17938900	41...
건일상사	3314500	2150700	20083900	17803100	43352200
광덕개발	13175900		17269600	13905900	44351400
광명티엔에스	17712700	6640000	3164000	8024700	35541400
국제시스템	16131200	8338800	2399000	9956500	36825500
국제약국	1310400	18854900	2475000	16083300	38723600
기부테크	4777300	2565400	14450800	17998200	39791700

> 기초 자료에서 거래처별, 품목별 데이터를 뽑아 합계를 구하고 싶어요.

다음은 납품 현황 자료에서 행 레이블은 거래처명, 열 레이블은 품목을 기준으로 적용해서 납품 금액 합계를 표시하는 피벗 테이블을 만드는 방법입니다. [행,열레이블이있는피벗테이블] 시트에서 작업합니다.

01 [A3] 셀을 클릭한 후 [삽입] 탭-[표] 그룹-[피벗 테이블]을 클릭합니다.

02 [피벗 테이블 만들기] 대화상자의 [표/범위]에 **납품현황**을 입력합니다. [피벗 테이블 보고서를 넣을 위치를 선택하십시오]에 [기존 워크시트]를 클릭한 후 [확인]을 클릭합니다.

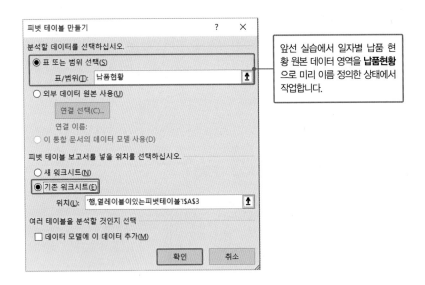

앞선 실습에서 일자별 납품 현황 원본 데이터 영역을 **납품현황**으로 미리 이름 정의한 상태에서 작업합니다.

03 [피벗 테이블 필드] 작업 창에서 [거래처명]을 [행] 영역으로, [품목]을 [열] 영역으로, [금액]을 [값] 영역으로 각각 드래그합니다.

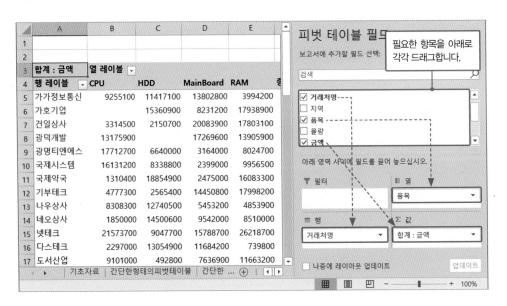

필요한 항목을 아래로 각각 드래그합니다.

앞에서 만든 거래처별 품목별 납품 금액 합계 자료에서 조금 더 응용해서 특정 지역에 대한 거래처별 납품 금액 합계를 일목요연하게 파악할 수 있는 피벗 테이블을 만들 수도 있습니다.

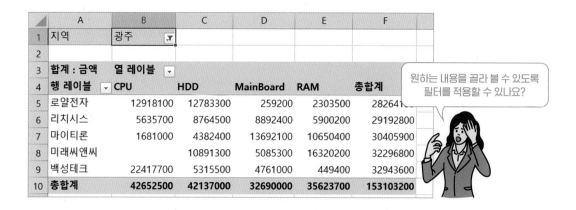

	A	B	C	D	E	F
1	지역	광주				
2						
3	합계 : 금액	열 레이블				
4	행 레이블	CPU	HDD	MainBoard	RAM	총합계
5	로얄전자	12918100	12783300	259200	2303500	28264100
6	리치시스	5635700	8764500	8892400	5900200	29192800
7	마이티론	1681000	4382400	13692100	10650400	30405900
8	미래씨앤씨		10891300	5085300	16320200	32296800
9	백성테크	22417700	5315500	4761000	449400	32943600
10	총합계	42652500	42137000	32690000	35623700	153103200

원하는 내용을 골라 볼 수 있도록 필터를 적용할 수 있나요?

다음은 납품 현황 자료에서 광주 지역에 대한 거래처별, 품목별 납품 금액 합계 테이블을 만드는 방법입니다. 앞 실습에서 이어서 진행하거나 [특정조건피벗테이블] 시트에서 작업해도 됩니다.

01 거래처별 품목별 피벗 테이블 안에 있는 임의의 셀을 클릭하고 [피벗 테이블 분석] 탭-[필드 목록]을 클릭합니다. [피벗 테이블 필드] 작업 창에서 [지역]을 [필터] 영역으로 드래그합니다.

02 [B1] 셀에 지역을 선택하는 필터 목록이 표시됩니다. 필터 목록에서 [광주]를 클릭하고 [확인]을 클릭합니다. 광주 지역의 거래처별 품목의 납품 금액 합계가 표시됩니다.

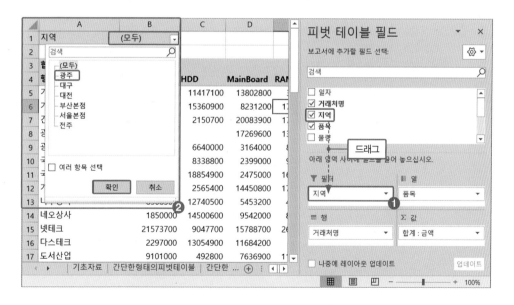

예제 파일 CHAPTER 06\09_피벗 테이블 기능.xlsx

원본 데이터 형태가 일자별로 나열된 상태에서 피벗 테이블을 이용하면 월별 또는 연도별로 정리된 형태의 자료를 쉽게 만들 수 있습니다. 다음은 [일자] 필드를 기초로 월별, 연도별 자료를 피벗 테이블로 추출하는 방법입니다.

합계 : 금액	열 레이블				
행 레이블	CPU	HDD	MainBoard	RAM	총합계
⊞2022년	65912000	61663900	96178800	74032500	297787200
⊞2023년	83578200	58429700	69011600	55421300	266440800
⊞2024년	42190700	54436100	71129600	71503200	239259600
⊞2025년	62368300	78129700	77090200	79432900	297021100
⊞2026년	68424000	56318900	72034800	80762500	277540200
⊞2027년	54165600	71217500	39635500	63644900	22866...
⊟2028년	32365100	8082400	7742900	55748200	10393...
1월	11259500	2608800	4115200	20766200	38749700
2월	1958000	172900	583200	10597300	13311400
3월	7293200			10458600	17751800
4월	9820400	3164000	2640500	9810900	25435800
5월	2034000	2136700	404000	4115200	8689900
총합계	409003900	388278200	432823400	480545500	1710651000

> 일자별로 입력된 기초 자료로 월별, 연도별 피벗 테이블을 만들 수 있나요?

일별로 정리되어 있는 납품 현황 자료에서 월별, 연도별로 품목별 납품 금액 합계를 산출하는 피벗 테이블을 만들 수 있습니다. [월별품목별테이블만들기] 시트에서 작업합니다.

01 [A3] 셀을 클릭한 후 [삽입] 탭-[표] 그룹-[피벗 테이블]을 클릭합니다.

02 [피벗 테이블 만들기] 대화상자의 [표/범위]에 **납품현황**을 입력하고 [피벗 테이블 보고서를 넣을 위치를 선택하십시오]에서 [기존 워크시트]를 클릭한 후 [확인]을 클릭합니다.

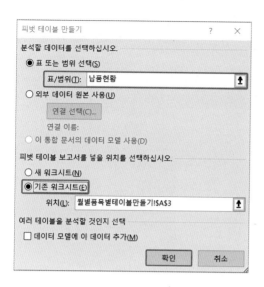

03 [피벗 테이블 필드] 작업 창에서 [품목]을 [열] 영역으로, [금액]을 [값] 영역으로 각각 드래그합니다.

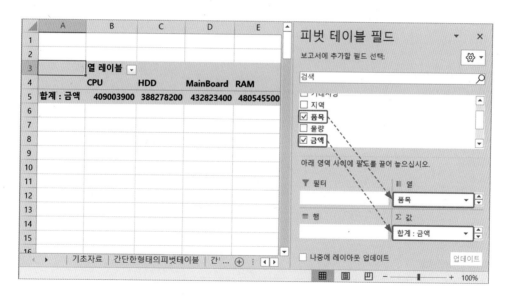

04 [일자]를 [행] 영역으로 드래그합니다. 피벗 테이블의 A열 날짜 부분에서 임의의 셀 하나를 지정하고 [피벗 테이블 분석] 탭-[그룹] 그룹-[필드 그룹화]를 클릭합니다.

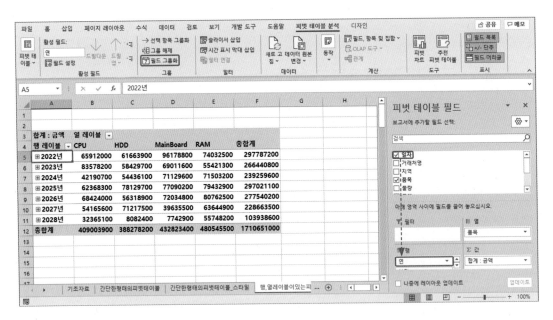

TIP 날짜 데이터인 [일자]를 [행] 영역으로 드래그하면 [연], [분기], [일자]가 자동으로 입력됩니다. 연도별, 월별 자료를 추출하므로 [피벗 테이블 필드] 작업 창에서 [행] 영역에 [연]과 [일자]는 순서대로 배치합니다. [일자]를 [행] 영역으로 드래그하면 자동으로 [월]과 [분기]도 표시됩니다.

05 [그룹화] 대화 상자에서 [단위]에 [연]과 [월]을 각각 선택한 후 [확인]을 클릭합니다. 피벗 테이블의 A열 [행 레이블] 부분이 연, 월 단위로 표시됩니다.

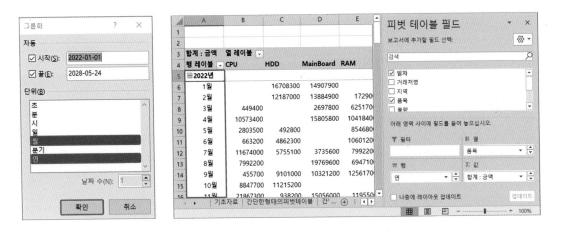

일별 자료에서 연도를 기준으로 지역별, 품목별 피벗 테이블을 만들 수도 있습니다.

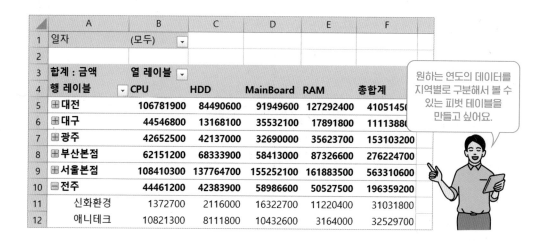

	A	B	C	D	E	F
1	일자	(모두) ▾				
2						
3	합계 : 금액	열 레이블 ▾				
4	행 레이블 ▾	CPU	HDD	MainBoard	RAM	총합계
5	⊞ 대전	106781900	84490600	91949600	127292400	4105145(
6	⊞ 대구	44546800	13168100	35532100	17891800	1111388(
7	⊞ 광주	42652500	42137000	32690000	35623700	153103200
8	⊞ 부산본점	62151200	68333900	58413000	87326600	276224700
9	⊞ 서울본점	108410300	137764700	155252100	161883500	563310600
10	⊟ 전주	44461200	42383900	58986600	50527500	196359200
11	신화환경	1372700	2116000	16322700	11220400	31031800
12	애니테크	10821300	8111800	10432600	3164000	32529700

원하는 연도의 데이터를 지역별로 구분해서 볼 수 있는 피벗 테이블을 만들고 싶어요.

특정 연도를 필터로 선택하면 해당 연도의 각 지역 및 거래처명이 행 레이블에 표시되고 품목명이 열 레이블에 표시되며 납품 금액 합계를 산출되는 피벗 테이블을 구성해보겠습니다. [연도별지역별품목별테이블만들기] 시트에서 작업합니다.

01 [A3] 셀을 클릭한 후 [삽입] 탭–[표] 그룹–[피벗 테이블]을 클릭합니다. [피벗 테이블 만들기] 대화상자의 [표/범위]에 **납품현황**을 입력하고 [피벗 테이블 보고서를 넣을 위치를 선택하십시오]에 [기존 워크시트]를 클릭한 후 [확인]을 클릭합니다.

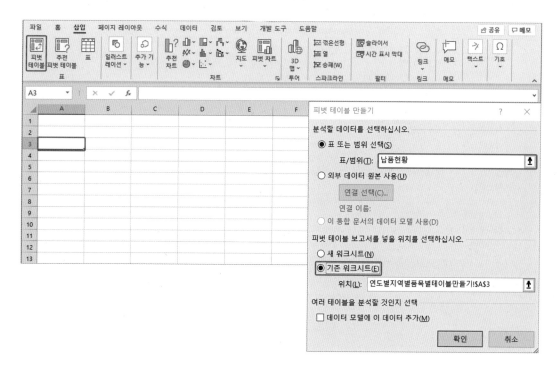

02 [피벗 테이블 필드] 작업 창에서 [연]을 [필터] 영역으로, [품목]을 [열] 영역으로, [금액]을 [값] 영역으로 각각 드래그합니다.

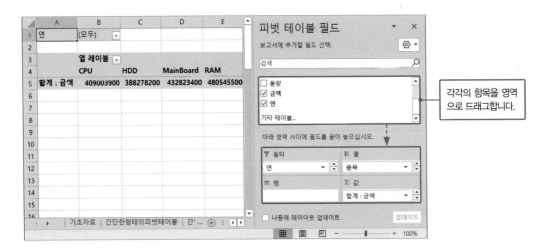

03 [지역]과 [거래처명]을 모두 [행] 영역에 차례대로 드래그합니다. [B1] 셀에서 [2022년]을 선택하면 2022년 지역별 거래처별 품목별 납품 금액 합계가 표시됩니다 .

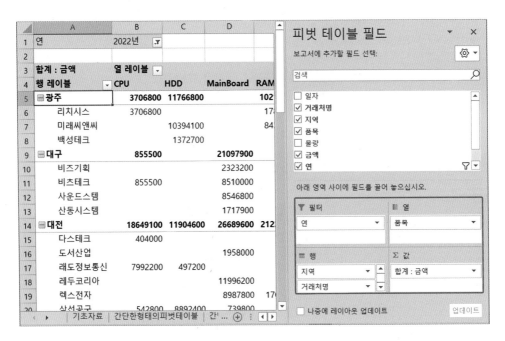

예제 파일 CHAPTER 06 \ 09_피벗 테이블 기능.xlsx

피벗 차트 기능을 이용하면 피벗 테이블의 결괏값을 차트로 나타낼 수 있습니다. 일반 차트 기능을 이용할 경우 원본 데이터 형태로만 차트를 만들 수 있지만, 피벗 차트 기능을 이용하면 피벗 테이블 형태로 원본 데이터를 재구성한 상태에서 차트를 삽입(직접 구성)할 수 있어 편리합니다.

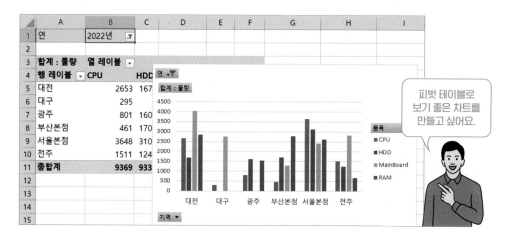

납품 현황 자료로 만든 피벗 테이블 필터에서 특정 연도를 선택하면 해당 연도의 지역별, 품목별 납품 물량 합계를 피벗 테이블로 만들고, 피벗 차트 기능을 이용하여 막대형 차트로 표시할 수 있습니다. [피벗 차트] 시트에서 작업합니다.

01 [A3] 셀을 클릭한 후 [피벗 테이블 분석] 탭-[도구] 그룹-[피벗 차트]를 클릭합니다.

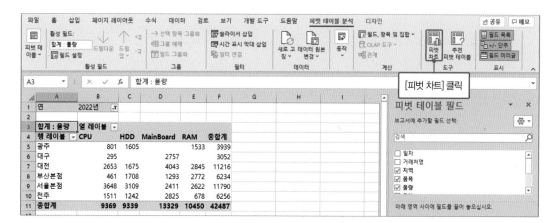

02 [차트 삽입] 대화상자에서 [세로 막대형] 차트를 클릭하고 [묶은 세로 막대형]의 첫 번째 차트를 클릭합니다. [확인]을 클릭합니다.

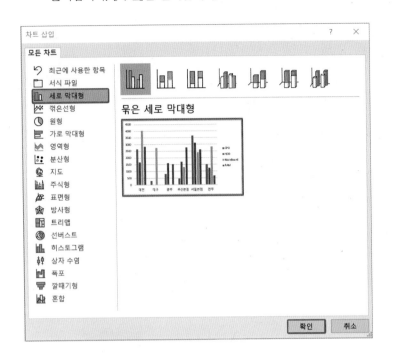

03 피벗 차트를 삽입한 후 선택하면 [피벗 차트 분석] 탭이 활성화됩니다. [피벗 차트 분석] 탭에서 차트 디자인과 관련된 서식 외에 피벗 차트와 관련된 다양한 설정이 가능합니다. 특히 일반 차트와 달리 피벗 차트에 나타나는 개별 필드의 테이블 단추는 [표시/숨기기] 그룹-[필드 단추]에서 설정할 수 있습니다.

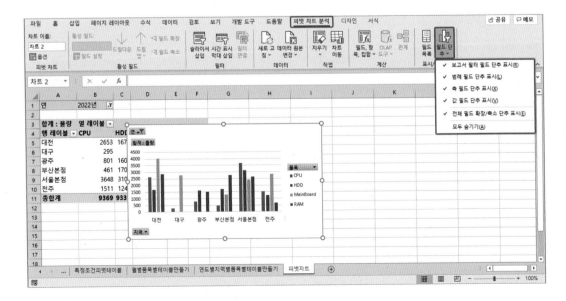

학습 점검

배운 내용을 내 것으로 만들어보자!

핵심 내용 실습 점검

예제 파일 CHAPTER 06\10_학습점검.xlsx

01 지역별, 상품별 매출 자료에서 [상품] 필드를 기준으로 오름차순으로 정렬하세요.

	A	B	C	D	E	F	G	H
1								
2		지역	상품	매출				
3		서울	TV	2,458				
4		대전	세탁기	3,454				
5		서울	세탁기	8,271				
6		대구	세탁기	4,828				
7		부산	TV	7,250				
8		서울	냉장고	3,275				
9		대전	냉장고	7,879				
10		부산	냉장고	5,206				
11		대구	TV	3,541				
12		대전	세탁기	9,483				
13		서울	냉장고	6,471				
14		대구	TV	4,994				
15		부산	세탁기	5,783				

Help! 표 형태로 구성된 데이터에서 특정 필드를 기준으로 정렬하려면 [데이터] 탭 - [정렬 및 필터] 그룹 - [정렬]을 클릭합니다.
▶p.309

02 [지역] 필드를 **서울, 대전, 대구, 부산** 순서로 정렬하세요.

	A	B	C	D	E	F	G	H
1								
2		지역	상품	매출				
3		서울	TV	2,458				
4		대전	세탁기	3,454				
5		서울	세탁기	8,271				
6		대구	세탁기	4,828				
7		부산	TV	7,250				
8		서울	냉장고	3,275				
9		대전	냉장고	7,879				
10		부산	냉장고	5,206				
11		대구	TV	3,541				
12		대전	세탁기	9,483				

Help! 데이터를 내림차순이나 오름차순이 아닌 사용자가 임의로 지정한 순서로 정렬하려면 사용자 지정 목록 기능을 활용합니다. 사용자 지정 목록 기능은 [정렬] 대화상자에서 [정렬 기준]의 [정렬] - [사용자 지정 목록]을 선택한 후 [사용자 지정 목록] 대화상자에서 원하는 목록 순서를 추가합니다. ▶p.312

03 텍스트 필터 기능을 이용하여 [상품] 필드에서 **세탁기**인 자료만 추출하세요.

	A	B	C	D	E	F	G	H
1								
2		지역 ▼	상품 ▼	매출 ▼				
4		대전	세탁기	3,454				
5		서울	세탁기	8,271				
6		대구	세탁기	4,828				
12		대전	세탁기	9,483				
15		부산	세탁기	5,783				
16								
17								

Help! 필터 기능은 표 형태로 입력된 데이터에서 임의의 셀을 선택한 후 [데이터] 탭 – [정렬 및 필터] 그룹 – [필터]를 클릭해 적용합니다. 적용된 필터는 각 필드명에 생성된 필터 단추 ▼ 를 클릭한 후 원하는 필터링 기준을 지정합니다. ▶ p.316

04 날짜 필터 기능을 이용하여 [일자] 필드에서 6월 매출만 추출하세요.

	A	B	C	D	E	F	G	H
1								
2		일자 ▼	상품 ▼	수량 ▼	매출 ▼			
9		2022-06-03	세탁기	529	838,445			
10		2022-06-08	냉장고	162	684,230			
11		2022-06-13	TV	706	372,921			
12		2022-06-16	냉장고	479	291,161			
13		2022-06-20	세탁기	688	911,397			
14		2022-06-25	세탁기	971	780,904			
16								
17								

Help! 필터 기능은 표 형태로 입력된 데이터에서 임의의 셀을 선택한 후 [데이터] 탭 – [정렬 및 필터] 그룹 – [필터]를 클릭해 적용합니다. 날짜 필터도 동일하게 날짜 필드명에 생성된 필터 단추 ▼ 를 클릭한 후 원하는 필터링 기준을 지정합니다. ▶ p.320

05 숫자 필터 기능을 이용하여 [수량] 필드 기준 상위 20%에 해당하는 데이터를 추출하세요.

	A	B	C	D	E	F	G	H
1								
2		일자 ▼	상품 ▼	수량 ▼	매출 ▼			
3		2022-05-02	TV	708	906,544			
13		2022-06-20	세탁기	688	911,397			
16								
17								
18								

Help! 상위 몇 %, 몇 위에 해당하는 필터는 숫자 데이터가 입력된 필드에 적용할 수 있습니다. 필터 단추 ▼ 를 클릭한 후 [숫자 필터] – [상위 10]을 클릭하면 [상위 10 자동 필터] 대화상자가 나타납니다. 여기서 숫자 조건을 입력하고(예제에서는 **20**) [상위] 대신 [%]를 선택한 후 [확인]을 클릭하면 필터가 적용됩니다. ▶ p.321

06 자동 개요 기능을 이용하여 Zone별, 국가별 자료에서 개요를 설정하세요.

	zone	국가	1월	2월	3월	매출계
3	zone 1	미국	2,763	5,596	3,364	11,723
4	zone 2	일본	7,115	9,258	9,982	26,355
5	zone 3	중국	9,862	1,339	2,053	13,254
6	zone 4	미국	9,292	390	6,762	16,444
7	zone 1	일본	8,788	6,005	9,194	23,987
8	zone 2	중국	1,172	1,413	1,514	4,099
9	zone 3	미국	8,920	7,063	8,983	24,966
10	zone 4	일본	162	9,420	3,744	13,326
11	zone 1	중국	7,461	7,487	2,127	17,075
12	zone 2	미국	4,029	2,036	6,339	12,404
13	zone 3	일본	8,814	1,376	1,330	11,520
14	zone 4	중국	9,898	8,805	1,148	19,851
15	Zone 계	국가 계	78,276	60,188	56,540	195,004

Help! 해당 실습에서 [데이터] 탭－[개요] 그룹－[그룹]－[자동 개요]를 클릭하면 '개요를 만들 수 없습니다'라는 에러가 나타납니다. [매출계] 필드에 해당하는 G열의 데이터와, 15행의 데이터를 확인하면 합계 대신 값이 직접 입력되어 있습니다. 자동 개요는 표 형식의 데이터에서 평균, 합계를 구하는 SUM, AVERAGE와 같이 수식으로 입력된 셀을 기준으로 개요 단계를 구분하기 때문입니다. 이번 실습에서는 [G3:G15] 범위와 [D15:F15] 범위의 숫자 데이터를 삭제하고 [홈] 탭－[편집] 그룹－[자동 합계∑]을 이용해 합계를 구한 후 진행합니다. ▶p.327

07 그룹 기능을 이용하여 1월부터 3월까지 그룹을 설정하세요.

	zone	국가	1월	2월	3월	매출계
3	zone 1	미국	2,763	5,596	3,364	11,723
4	zone 2	일본	7,115	9,258	9,982	26,355
5	zone 3	중국	9,862	1,339	2,053	13,254
6	zone 4	미국	9,292	390	6,762	16,444
7	zone 1	일본	8,788	6,005	9,194	23,987
8	zone 2	중국	1,172	1,413	1,514	4,099
9	zone 3	미국	8,920	7,063	8,983	24,966
10	zone 4	일본	162	9,420	3,744	13,326
11	zone 1	중국	7,461	7,487	2,127	17,075
12	zone 2	미국	4,029	2,036	6,339	12,404
13	zone 3	일본	8,814	1,376	1,330	11,520
14	zone 4	중국	9,898	8,805	1,148	19,851
15	Zone 계	국가 계	78,276	60,188	56,540	195,004

Help! 그룹 기능을 지정하려면 예제에서는 [D2:F2] 범위를 지정한 후 [데이터] 탭－[개요] 그룹－[그룹]－[그룹]을 클릭합니다. [그룹] 대화상자가 나타나면 [열]을 클릭한 후 [확인]을 클릭합니다. ▶p.329

08 부분합 기능을 이용해 각 국가별의 매출 합계만 나타나도록 부분합을 설정합니다.

1 2 3		A	B	C	D	E	F	G	H
	1								
	2		zone	국가	1월	2월	3월	매출계	
−	3			총합계				390,008	
+	4			국가 계 요약				195,004	
+	6			미국 요약				65,537	
+	11			일본 요약				75,188	
+	16			중국 요약				54,279	
	21								

Help! 우선 각 국가별로 부분합을 구하려면 [국가] 필드를 국가명을 기준으로 정렬한 후 진행합니다. 정렬된 표에서 임의의 셀을 클릭한 후 [데이터] 탭 − [개요] 그룹 − [부분합]을 클릭합니다. [부분합] 대화상자가 나타나면 [그룹화할 항목]은 [국가]로 선택하고, [사용할 함수]는 [합계], [부분합 계산 항목]은 [매출계]만 체크합니다. [총합계]가 부분합 가장 상단에 위치하도록 설정하려면 [데이터 아래에 요약 표시]의 체크를 해제하고 [확인]을 클릭합니다. ▶p.334

09 피벗 테이블 기능을 이용하여 지역별(행 레이블), 거래처별(열 레이블) 매출 합계를 추출하세요. 피벗 테이블은 동일한 시트의 [G3] 셀에 표시하세요.

	A	B	C	D	E	F	G	H	I	J	K
1											
2		연도	지역	거래처	매출						
3		2022년	서울	A전자	28,936		합계 : 매출	열 레이블 ▼			
4		2022년	부산	A전자	46,670		행 레이블 ▼	A전자	B전자	C전자	총합계
5		2022년	서울	B전자	57,505		서울	96823	207284	77755	381862
6		2022년	서울	C전자	77,755		부산	108928	25360	60910	195198
7		2022년	부산	C전자	10,728		총합계	205751	232644	138665	577060
8		2022년	서울	B전자	61,247						
9		2022년	부산	B전자	25,360						
10		2023년	부산	C전자	22,224						
11		2023년	부산	C전자	11,969						
12		2023년	서울	A전자	67,887						
13		2023년	부산	A전자	28,135						
14		2023년	서울	B전자	88,532						
15		2023년	부산	C전자	15,989						
16		2023년	부산	A전자	34,123						

Help! 표 데이터를 피벗 테이블로 정리하려면 임의의 셀을 클릭한 후 [삽입] 탭 − [표] 그룹 − [피벗 테이블]을 클릭합니다. 선택한 표를 피벗 테이블로 정리할 수 있다면 표 범위가 자동으로 선택됩니다. 피벗 테이블을 삽입할 위치는 [기존 워크시트]를 선택하고 [위치]에서 [G3] 셀을 지정하면 됩니다. [피벗 테이블 필드] 작업 창이 나타나면 [거래처]는 [열] 항목으로, [지역]은 [행] 항목으로, [매출]은 [값] 항목으로 각각 드래그합니다. ▶p.343

10 피벗 테이블 기능을 이용하여 지역별(행 레이블), 거래처별(열 레이블) 매출 합계를 구하되, 연도 별로 필터 영역을 추출할 수 있도록 피벗 테이블을 작성한 후 2022년도의 값을 추출하세요. 피벗 테 이블은 동일 시트의 [G3] 셀에 표시하세요.

	A	B	C	D	E	F	G	H	I	J	K
1							연도	2022년 🔽			
2		연도	지역	거래처	매출						
3		2022년	서울	A전자	28,936		합계 : 매출	열 레이블 🔽			
4		2022년	부산	A전자	46,670		행 레이블 🔽	A전자	B전자	C전자	총합계
5		2022년	서울	B전자	57,505		서울	28936	118752	77755	225443
6		2022년	서울	C전자	77,755		부산	46670	25360	10728	82758
7		2022년	부산	C전자	10,728		총합계	75606	144112	88483	308201
8		2022년	서울	B전자	61,247						
9		2022년	부산	B전자	25,360						
10		2023년	부산	C전자	22,224						
11		2023년	부산	C전자	11,969						
12		2023년	서울	A전자	67,887						
13		2023년	부산	A전자	28,135						
14		2023년	서울	B전자	88,532						
15		2023년	부산	C전자	15,989						
16		2023년	부산	A전자	34,123						

Help! **09** 과정과 작업 방법은 동일합니다. 다만 연도별로 필터링하려면 [피벗 테이블 필드] 작업 창에서 [연도]를 [필터] 항목에 추가해야 합니다. [연도] 필터가 추가되면 [H1] 셀에서 [2022년]을 선택합니다. ▶p.345

다양한 업무 상황의 문제 해결 방법을 찾아보자!

실무 문제 해결 노트

데이터 목록 중간에 병합된 셀이 있어서 제대로 정렬 기능이 적용되지 않는데, 효율적인 데이터베이스 작성법이 있나요? **Q**

데이터베이스를 작성하는 일정한 원칙이 있습니다. 이 원칙을 잘 준수하면 엑셀에서 데이터베이스 기능을 효율적으로 이용할 수 있습니다. 자세한 내용은 294쪽을 참고합니다. ····· **A**

Q 웹 페이지의 데이터를 일일이 복사하여 시트에 붙여 넣고 있습니다. 웹 데이터를 엑셀에 일일이 붙여 넣지 않고 좀 더 효율적으로 자료를 끌어올 수 있나요?

A ····· [데이터] 탭–[데이터 가져오기] 기능을 사용하면 다양한 형태의 데이터를 시트로 가져올 수 있습니다. 웹 페이지의 경우 [기타 원본에서]–[웹]을 클릭하면 나타나는 쿼리 기능을 사용해 웹 브라우저를 열지 않고도 해당 웹 페이지의 자료를 시트로 가져올 수 있습니다.

Q 여러 시트에 있는 데이터를 하나로 통합하기 위해 일일이 데이터를 복사하고 SUM 함수를 사용하여 합산한 적이 있는데, 간단하게 데이터를 통합할 수 있나요?

A [데이터] 탭–[데이터 도구] 그룹–[통합]을 클릭하면 나타나는 [통합] 대화상자에서 여러 시트나 파일에 있는 데이터를 하나로 통합할 수 있습니다.

일별 자료를 기초로 월별 합계를 산출하려고 합니다. 일별 자료를 따로 합산하지 않고 월별 자료를 만드는 효율적인 작업 방법이 있나요? **Q**

피벗 테이블을 활용하면 일별 자료에서 월별 합계를 바로 산출할 수 있습니다. 피벗 테 **A** 이블은 전체 날짜 데이터를 연, 월, 일 단위로 그룹화하여 보여주는 기능이 있습니다.

Q 피벗 테이블로 추출한 자료를 이용해서 차트를 삽입하려고 합니다. 피벗 테이블의 결과를 다른 시트로 복사해서 차트를 따로 그렸는데, 피벗 테이블의 결괏값을 바로 차트로 삽입할 수 있나요?

A 피벗 차트를 이용하면 피벗 테이블의 결괏값을 바로 표현할 수 있습니다.

찾아보기

찾아보기